Abb. 1: Theodor Storm im Jahre 1884, Ölgemälde von Marie v. Wartenberg (Nissenhaus/StA Husum).

Karl Ernst Laage

Theodor Storm
Biographie

Verlag Boyens & Co.

ISBN 3-8042-0856-8

Herstellung: Westholsteinische Verlagsanstalt und
Verlagsdruckerei Boyens GmbH & Co. KG, Heide

Inhalt

I

„Storm: ein vergeistigter Schifferkopf, etwas
schräg gehalten, Wetterfältchen in den Winkeln
der zugleich träumerischen und spähenden
blauen Augen, die Bitternis hochbedürftiger
und skrupulöser Anstrengung um den Mund…“

Thomas Mann: Theodor Storm, Essay (1930)

Theodor Storm – ein langer Nordfriese?

Als „lange Friesengestalt mit klugen grauen Augen“, hoch „aufgeschossen“, wortkarg, aber mit kräftiger Stimme, so stellen sich viele Theodor Storm vor und denken dabei unbewußt an den Deichgrafen Hauke Haien aus der „Schimmelreiter“-Novelle (III, 643, 685). Aber dieses Bild von dem Husumer Dichter ist als ganzes und in allen Details falsch.

Storm war von „kleiner Mittelgröße“, und den Oberkörper hielt er „etwas gebeugt“: Das bezeugt der Würzburger Professor Erich Schmidt, der sich unmittelbar nach seiner Begegnung mit dem Dichter im Jahre 1877 entsprechende Notizen gemacht hat[1]. Diesen Eindruck bestätigt Franziska von Reventlow, die Storm als junges Mädchen in ihrem Vaterhaus, im Husumer Schloß, erlebt hat; sie nennt ihn in ihren Erinnerungen einen „kleinen, etwas gebeugten Mann“[2]. Auch nach dem Zeugnis seines Dichterkollegen Wilhelm Jensen war Storm von „mittlerer Größe“[3]. Und von seiner ersten Begegnung im Jahre 1855 ist der Dichter dem Berliner Illustrator Ludwig Pietsch als ein „schlank gebauter, sich etwas gebückt haltender Herr“ im Gedächtnis geblieben[4].

Also als „lang“ und „aufgeschossen“ darf man sich Theodor Storm nicht vorstellen.

Den „scharfen“ Blick und die „klugen grauen Augen“ Hauke Haiens (III, 644, 685) hatte Storm ebenfalls nicht. Gerade die Augen des Dichters sind den Zeitgenossen aufgefallen, und so gibt es zahlreiche Zeugnisse: Sie sprechen durchweg von „leuchtenden“ und „schönen glänzenden blauen Augen“[5]. Als z. B. die 23jährige Münchener Malerin Hermione von Preuschen den Dichter im Jahre 1877 besuchte, war sie zunächst zwar etwas enttäuscht (sie hatte sich ihn „jugendfrischer und männlicher“ vorgestellt); aber von seinen „seelenvollen Augen, in deren Tiefe es noch immer wetterleuchten konnte“, war sie tief beeindruckt[6].

Wenn Wilhelm Jensen die Auffassung geäußert hat, daß den bekannten Bildern von Storm „das Eigentlichste an ihm“, das „seelische Gepräge, ... die Freundlichkeit des Blickes“ fehle (S. 504), so kennen wir heute doch eine ganze Reihe von Beschreibungen,

Abb. 2: Theodor Storm 1857 in Heiligenstadt. Ölgemälde von N. Sunde (StA Husum).

Abb. 3: Storm um 1865 in Husum, Foto Ström (StA Husum).

von Bildern, auch Fotos, die uns eine gute, wirklichkeitsgetreue Vorstellung von Storms Persönlichkeit geben.

Ludwig Pietsch z. B erinnert sich bei dem 37jährigen an ein „leicht gerötetes Antlitz“, das ein „koketter und gepflegter Schnurrbart schmückte“, von einem „dünnen, blonden Bart auf den Wangen und unter dem Kinn“ umgeben war und aus dem „ein paar blaue Augen“ mit einem „ganz seltsamem, schwärmerischem Glanz leuchteten“[7]. Die Ähnlichkeit mit dem 1857 in Heiligenstadt gemalten Porträt ist unverkennbar (vgl. Abb. 2). Storm selbst hat es als „sprechend ähnlich“ bezeichnet (an die Eltern, 31. 5. 57).

Natürlich hat sich das Antlitz des Dichters im Laufe der Zeit verändert. „Volles graues Haar und Bart“ attestiert ihm Erich Schmidt in seinen „Aufzeichnungen“ aus dem Jahre 1877, und die Fotos aus diesen Jahren bestätigen das (Abb. 3). Im Jahre 1886 war ein junger Pastor aus Mitau einige Tage im Hause des Dichters zu

Besuch. In seinem „Juni-Reisetagebuch" hat er uns seine Eindrücke geschildert und ein ausführliches Bild von Storm gezeichnet[8]:

> „Ein freundliches, mild blickendes Gesicht, das schon den Siebziger verrät und doch vom Reize edlen Wohlwollens jugendlich verschönt erscheint, tritt (...) aus dem dunklen Hintergrunde der Stube mir grüßend entgegen – es ist der Dichter des ‚Immensee'. Das Haar ist bereits schneeweiß, der geistvoll-gemütvolleKopf mit feinen Runenzügen einer reichen Geschichte des Herzens verrät bereits die Spuren des herannahenden Alters, aber das schöne, warme, sinnende Auge beweist auch hier wieder die Wahrheit, daß der echte Dichter nicht zu altern vermag und die ewige Jugend besitzt (...). Ganz besonders schön und leuchtend sah ich diesen unvergeßlich schönen Zug noch beim Abschied aus seinen Augen brechen."

Aus dieser Beschreibung ergibt sich eine deutliche Verlebendigung des bekannten Altersfotos von 1886 (vgl. Abb. 4).
Die „lange Friesengestalt" des Hauke Haien mit den „grauen Augen" ist also ein Phantasieprodukt und hat mit Theodor Storm selbst keine Ähnlichkeit. Und auch ein „Friese" war Storm seiner Herkunft nach nicht. Denn obwohl die Woldsen-Familie, der er mütterlicherseits angehörte, sich auf einen sagenhaften Stammvater aus dem südwestlich von Husum gelegenen, in der Sturmflut von 1634 untergegangenen Marschendorf Padelack zurückführt, gehört sie doch eher zum niederdeutschen als zum friesischen Kulturkreis; auch der Name „Wold" (= platt- bzw. niederdeutsch: Wald) spricht dafür. Und von Vaterseite her stammte der Dichter bekanntlich von Geestbauern aus dem Raume Rendsburg ab (Storms Vater zu Eduard Mörike „ick bün man en Westermöhlner Burjung!"[9]).
Die Sprache des Dichters allerdings war hochdeutsch (also weder friesisch noch niederdeutsch): In der „Hohlen Gasse", im Elternhaus, wurde – obwohl man natürlich des Plattdeutschen mächtig war und es auch gebrauchte – Hochdeutsch gesprochen. Charakteristisch z. B. ist die Bitte Storms an seine Braut, mit dem Hausmädchen „hochdeutsch" zu sprechen (18. 7. 46).

Abb. 4: Storm im Jahre 1886 in Hademarschen.
Foto Constabel (StA Husum).

Auch als Dichter hat Storm bewußt das Hochdeutsche benutzt und größten Wert darauf gelegt, daß die Erstdrucke seiner Novellen möglichst in „hochdeutschen“ Zeitschriften, bei Westermann in Braunschweig oder bei Paetel in Berlin, erschienen. Die drei plattdeutschen Gedichte, die er Groth widmete, wertete er als „Versuche“ und „Bagatellen“[10]. In den Novellen war das Plattdeutsche für ihn das Mittel, das es ihm ermöglichte, Angehörige bestimmter Berufe oder einer bestimmten Gesellschaftsschicht zu charakterisieren und seiner Dichtung plastische Wirklichkeitsnähe zu geben (z. B. in der Novelle „Bötjer Basch“, aber auch im „Schimmelreiter“).

Trotzdem war Storms Hochdeutsch vom Niederdeutschen beeinflußt[11]. Storms „etwas dünne, gemütvoll-schwerfällige Sprechweise“, sein „Timbre und Tonfall“, das war – nach Thomas Mann[12] – „typisches Platt-Deutschland“. Aber auch eine gewisse Nähe zum Dänischen ist spürbar. Besonders das dänisch beeinflußte stimmlose „S“ im Anlaut ist den Zeitgenossen aufgefallen. Der Literaturhistoriker Erich Schmidt konstatiert nach seiner Begegnung mit Storm dessen „scharfe schleswigsche s (*so sanft*)“, und der Berliner Ludwig Pietsch erinnert sich noch nach Jahren bei ihm an „jene schleswigsche Aussprache des S-Lautes, welches dem Klange etwas eigentümlich Zartes, Lispelndes“ gibt[13]. Storm selbst bestätigt diese Aussagen indirekt, wenn der Erzähler in der Novelle „Ein Doppelgänger“ die Frau des Oberförsters an dem „scharfen S“ der Aussprache als aus seiner Heimatstadt gebürtig erkennt (III, 523).

Außenstehenden gegenüber hat Storm im allgemeinen den Eindruck eines ausgeglichenen, in sich ruhenden Mannes gemacht. Ferdinand Tönnies rühmt an ihm die „Harmonie“, die „selbständige Kraft“ und die „Wahrhaftigkeit“ (Gedenkblätter, S. 5); und dem Verleger Hermann Heiberg fiel das „außerordentliche Gelassene seines Wesens“ auf, die „große Ruhe“, die er ausstrahlte[14].

Diese Gelassenheit aber war das Ergebnis innerer und äußerer Disziplinierung, mit der Storm Unsicherheiten und Depressionen in Schranken zu halten wußte. Nicht selten wurde er von Schwermutszuständen geplagt. Sie wurden vornehmlich verursacht von dem Gefühl der Vergänglichkeit. Die Vorstellung, daß der Einzelne nur „ein kleines Sandkörnlein der großen Welt“ ist, das „verweht und vergeht und vergessen wird“ (an die Braut, 13. 6. 46), hat ihn sein ganzes Leben hindurch immer von neuem beunruhigt.

Gegen diese Ängste hat Storm sich tapfer verteidigt und sich einen Raum geschaffen, in dem er „leben“ konnte. Da ist zunächst einmal die Familie (zu der er auch die engsten Freunde zählte), die ihm Trost und Kraft gab. In ihr fand er die Geborgenheit, die er zum Leben brauchte. Deshalb ist für ihn mit der „Familie in der Zerstörung“[15], wie er sie besonders in den Novellen „Der Herr Etatsrat“, „Carsten Curator“ und „Hans und Heinz Kirch“ dargestellt hat, höchste menschliche Tragik verbunden, und deshalb empfindet er das traurige Schicksal seines alkoholsüchtigen Sohnes als „lebenszerstörend“ (an Hans, 22. 5. 71 u. 22. 12. 78). Dagegen ist die Liebe „für den sterblichen Menschen“ und insbesondere für ihn „das Höchste“ (u. a. an die Braut, S. 203). Mit dem Tod seiner Frau Constanze war daher die Geborgenheit zerstört, lebte er „in dem ⟨ihn⟩ nicht mehr loslassenden Gefühl der unaufhaltsamen, alles fortwehenden Vergänglichkeit“ (an Pietsch, 28. 8. 68). Erst mit der Wiederherstellung der Familie, nach der Wiederverheiratung, gewann bei Storm die Lebens- und Schaffensfreude wieder die Oberhand.

Der zweite Schutzwall, den Storm gegen die Vergänglichkeitsängste aufrichtete, war die Arbeit, das Dichten. Gegen das „quälende Räthsel des Todes“, so bekannte er seinem Dichterkollegen Eduard Mörike (3. 6. 65), – habe er den „stillen, unablässigen Kampf“ aufgenommen; vor ihm liege „Arbeit, Arbeit, Arbeit“. Deshalb konnten ihn Zeiten, die durch poetische Produktivität gekennzeichnet waren, in Hochstimmung versetzen; aber wenn seine Muse schlief, wenn sie von ihm „Abschied genommen“ hatte, tat sich der „rätselhafte Abgrund“ vor ihm auf, befielen ihn Schwermut und Todesgedanken[16]. Bezeichnend ist sein Verhalten im Jahre 1868, als er meinte, seine Muse schlafe „auf Nimmerwiedererwachen“ (an Hans, 4. 5. 68). Da glaubte er gleich „als Poet an sein Ende denken“ und sein „Testament“ machen zu müssen, und fragte Westermann, ob er sein „Testamentsexecutor“ sein und die Gesamtausgabe seiner Werke verlegen wolle (28. 6. 68).

Familie, Arbeit
Freund: Mörike
2. Heirat

Aus solchen Phasen von Schwermut, aus solchen Tiefpunkten und „Abgründen“ hat Storm sich – das muß man bewundernd anerkennen – immer wieder mit eigener Kraft herausgearbeitet. Storm war – wie er Mörike nach dem Tod seiner Frau Constanze bekundete (3. 6. 65) – „nicht der Mann, der leicht zu brechen ist“. Auch als nach dem Tode der Eltern das Familienhaus in der Hohlen Gasse verkauft wurde und ihn ein „vernichtendes Gefühl der Vergänglichkeit“ überfiel, hat er sich selbst zugerufen: „Man darf nicht in Erinnerungen schwelgen, wenn man für das Leben etwas leisten will. Vorwärts!“ (an Karl, 12. 2. 80).

Dieses „Vorwärts!“ hat Storm im „Schimmelreiter“ auch dem Deichgrafen in den Mund gelegt (III, 747 u. 753). Ansonsten aber ist der Husumer Dichter – wie wir schon gesehen haben – mit Hauke Haien in keiner Weise zu vergleichen[17]. So hatte Storm – wie seine Freunde übereinstimmend berichten – eine „leise“ und „sanfte“ Stimme[18]. „Lautes, leeres Fanfarentum, das die Empfindung betäubt“, war ihm – nach Wilhelm Jensen (S. 504) – „ein Greuel“. Damit steht er ganz im Gegensatz zu Hauke Haiens Art, sich zu artikulieren: Der Dichter schildert den Deichgrafen im „Schimmelreiter“ vornehmlich in Situationen, in denen es nötig ist, sich laut rufend oder – häufiger – laut schreiend Gehör zu verschaffen[19]. Storm aber „sprach fast immer mit leiser, ein wenig wie verschleierter Stimme“ (Jensen, S. 504). Wenn er z. B. eine Spukgeschichte erzählte, so klang es immer, „als würde das, was er vortrug, aus der Ferne mit einer leisen Violine begleitet“. Die Wirkung, die Storm beim Vorlesen auf die Zuhörer ausübte, beschreibt ein Ohren- und Augenzeuge, Fontane[20], folgendermaßen: Storm las am „großen runden Tisch“ bei Kuglers sein Gedicht „In Bulemanns Haus“. Zuerst „schraubte er die Lampe, die schon einen für Halbdunkel sorgenden grünen Schirm hatte, ganz erheblich herunter und nun erst fing er an“:

„‚Es klippt auf den Gassen im Mondenschein, das ist die zierliche Kleine …‘ Er war ganz bei der Sache, sang es mehr als er es las, und während seine Augen wie die eines kleinen Hexenmeisters leuchteten, verfolgten sie uns doch zugleich, um in jedem Augenblicke das Maß und auch die Art der Wirkung

Guter Vorleser Fontane

bemessen zu können. Wir sollten von dem Halbgespenstischen gebannt, von dem Humoristischen erheitert, von dem Melodischen lächelnd eingewiegt werden – das alles wollte er auf unsern Gesichtern lesen, und ich glaube fast, daß ihm diese Genugtuung auch zuteil wurde."

Trotzdem darf uns Storms „leise" und „sanfte" Stimme nicht dazu verleiten, ihn als ängstlichen, zaghaften, wenig begeisterungsfähigen Menschen vorzustellen. Besonders wenn es galt, seine Lyrik zu verteidigen, dann – das bezeugt Hermione von Preuschen[21] – „richtete" die „schmächtige Gestalt" sich auf, und „wie sein Auge blitzte!"

Entsprechende Beobachtungen hat Paul Heyse gemacht: Nach einem Besuch bei Storm im Jahre 1881 beschreibt er zunächst die idyllische Atmosphäre im Hause Storm (in Hademarschen) und fährt dann fort: „Und bei allem Altjüngferlichen, Züs-Bünzlihaften, das ihm anhängt, fährt dann wieder ein so schneidiges Manneschwert aus seinem Munde, daß man froh erschrickt" (an Keller, 12. 10. 81). Ein anderer Besucher berichtet später, im Jahre 1886, von dem greisen Dichter, daß dieser beim Vorlesen seiner Gedichte „ganz Feuer und Flamme" und voll „tiefer Begeisterungsfähigkeit" gewesen sei[22].

Das Äußere, das heißt, wie er angezogen war und wie er auf andere wirkte, das war dem Husumer Dichter offenbar nicht besonders wichtig. In jungen Jahren war er salopp, wenn nicht gar etwas „frech" gekleidet, jedenfalls während seiner Potsdamer Zeit. Theodor Fontanes Berichten zufolge trug er damals „leinene Beinkleider und leinene Weste von jenem sonderbaren Stoff, der wie gelbe Seide glänzt und sehr leicht furchtbare Falten schlägt, darüber ein grünes Röckchen, Reisehut und Schal" – ein Aufzug für „Tiergartenspaziergänge", aber nicht für das vornehme Kaffee „Kranzler"[23]. So hat Fontane nach einem gemeinschaftlichen Spaziergang im Tiergarten versucht, seinen Husumer Kollegen von dem Besuch im „Kranzler" abzuhalten, und vorgeschlagen, in das einfachere und bürgerlichere Restaurant „Schilling" zu gehen. Storm jedoch kümmerten die Bedenken Fontanes überhaupt nicht: „mit der Ruhe des guten Gewissens" ist er an den lächelnden „Gardekürassieren“ vorbei geradewegs ins „Kranzler“ hineinmarschiert. Der gestrickte Wollschal, den Storm damals trug, hat auf Fontane einen so unauslöschlichen Eindruck gemacht, daß er ihm in seinen Erinnerungen eine halbe Seite widmet. Der Schal – meint Fontane – war in einem „Altersstadium“, wo er „nur noch eine endlose Länge darstellt“, „ohne jede zurückschnellende Federkraft“. „Storm trug ihn rund um den Hals herum, trotzdem hing er noch in zwei Strippen vorn herunter, in einer kurzen und einer ganz langen. An jeder befand sich eine Puschel, die hin und her pendelte“, was Fontane irritierte, Storm aber nicht störte.

Der Schal hat auch die junge Münchener Malerin Hermione von Preuschen bei ihrem Besuch in Husum irritiert (1877). Sie bekennt, daß sie „von dem roten, gestrickten Schal, den er ⟨Storm⟩ sich immerfort um den Hals wickelte und der immerfort sich wieder löste, ernüchternd berührt“ worden sei[24].

Storm muß seinen Schal sehr geliebt haben. Als der bekannte, damals in Wien lehrende Germanist Professor Erich Schmidt Storm Ende 1882 in Hademarschen besuchte, empfing ihn der Dichter auf dem Bahnhof: „um das weiße Haupt“ hatte er „zum Schutze gegen den scharfen Ostwind einen Shawl, so groß wie eine Riesenschlange, gewunden“[25]. Schal

Was Storm sonst trug, darüber wissen wir verhältnismäßig wenig. Daß er wirklich – wie Detlev von Liliencron behauptet hat – zur Beerdigung seiner Frau (am 24. 5. 1865, um 4 Uhr morgens) mit einem „riesigen Sombrero“ auf dem Kopf und in einem „hellgelben Nankinganzug“ erschienen ist, ist nicht durch Augenzeugen überliefert und wohl ein Gerücht, das Liliencron zugetragen worden ist[26]. Überhaupt müssen wir uns – was sein Äußeres betrifft – für die ganze Husumer Zeit (1864–1880) auf Fotos und Zeichnungen verlassen. Danach trug der Amtsrichter Storm gewöhnlich eine helle, lässig sitzende Jacke, darunter eine Weste und ein weißes Hemd, dessen Kragen mit einem locker geknoteten Tuch oder einem schmalen Schlips ausgefüllt war (vgl. Abb. 3).

Als Pensionär und im Hause trug er offenbar baumwollene Pullover oder ähnliches. Denn Heyse berichtet seinem Dichterkollegen Gottfried Keller nach einem Besuch in der Hademarscher

Husumer Zeit 1864–1880
Amtsrichter

Altersvilla (mit dem ihm eigenen ironisch-humorvollen Unterton), daß Storm sich von seiner „Frau und vier Töchtern in Baumwolle wickeln lasse“ (12. 10. 81).

Zu festlichen und offiziellen Anlässen aber hat Storm den „Schniepel“, den Frack, angezogen, allerdings mit einem gewissen Unbehagen. Aus seiner frühen Rechtsanwaltszeit nämlich existiert ein Brief, in dem es heißt, daß er es „recht schlimm“ gehabt habe: „Ich mußte in den Schniepel und vors Magistratsgericht“ (an die Braut, 31. 7. 46). Nur zur Hochzeit seines Sohnes Ernst in Tondern hat er sich einmal bewußt festlich gekleidet und sich – wie er Gottfried Keller brieflich mitgeteilt hat – „mit dem schmucken Maximilian- und dem bescheideneren Roten Adler ⟨-Orden⟩ aufgeputzt“ (3. 9. 83). Zur Audienz beim Großherzog Karl Alexander in dessen Weimarer Residenz kam er im „Schlapphut“ und nicht – wie damals üblich – im Zylinder (F. Tönnies, Gedenkblätter, S. 63).

Für die Spätzeit haben wir – neben den Altersfotos (vgl. z. B. Abb. 4) – mehrere Augenzeugen. Einer hat den „alten Herrn“ beschrieben, wie er ihm im Frühjahr 1888, also wenige Monate vor seinem Tode, begegnet ist: in einem „braunkarierten Rock“, „mit langen Schößen und engen Hosen vom gleichen Tuch, wie es damals Mode war“, auf dem Kopf trug er einen „großen, grauen Filzhut“[27]. In der kalten Jahreszeit bevorzugte Storm – nach Biese[28] – einen Winterpaletot und eine Pelzmütze. Ein entsprechendes, besonders lebendiges Bild zeichnet die Tochter des Husumer Landrats, Franziska von Reventlow (die spätere Münchener „Skandalgräfin“). Sie erinnert aus ihrer Jugendzeit (um 1883–1887) einen Mann „mit langem schlohweißen Bart“ und „milden hellblauen Augen“, der in einem „schwarzen Beamtenrock“, im Sommer mit einem „breitkrempigen weißen Strohhut“, im Winter „mit brauner Pelzmütze und dickem, weißem Shawl um den Hals“ „still und unauffällig einherging“[29].

II

„Größte Härte und zarteste Weichheit,
grauestes Einerlei und nuancenreichste Farbigkeit:
aus ihrem Zerschmelzen entsteht Storms Welt“

Georg Lukács: Die Seele und die Formen (1911)

Die Frauen im Leben Storms

In den deutlich autobiographisch gefärbten „Erlebnissen des Studiosen Nordheim“ (IV, 448 ff.), die 1838 in Berlin entstanden sind, rät der „Doktor“ in einem humorvollen Lied dem Studenten (IV, 465):

Drum laß Gesell das Picheln sein
Und leg dich auf die Mägdelein!

Konkrete intime Berichte, wie stark Storm sich als junger Mensch zu den „Mägdelein“ hingezogen gefühlt hat, haben wir allerdings nicht. Aber er bekennt selbst, daß er bereits mit 12 Jahren eine Emma Kühl, eine Freundin seiner Schwester, „mehrfach hinter der Küchentür heimlich geküßt“, sich als 20jähriger dann überstürzt mit dieser Emma verlobt und – einige Monate später – wieder entlobt habe (an die Braut, 11. 6. 44). So verwundert es nicht, daß Storms Freund und Studienkollege Guido Noodt ihn als „großen Erotiker“ bezeichnet hat[1].
Daß Storm eine erotisch leicht entflammbare Natur war, davon zeugt seine ungestüme Liebe zu der kaum 16jährigen Hamburgerin Bertha von Buchan. Aus dieser Liebe heraus sind einige sehr beziehungsreiche Gedichte entstanden, z. B. die Verse (I, 199):

Du bist die Blume, die mich einzig reizt!
Dein heller Blick ist ein gefeiter Zügel!
An deinen Lippen hängt der Schmetterling,
Sich selbst vergessend und die bunten Flügel!

oder die Verse (I, 224 f.),

Entsündige mich! Ich bin voll Schuld,
Doch du bist rein, wie Engel sind;
Zu deinen Füßen sink' ich hin,
Du lieblich jungfräuliches Kind!

Dem stürmischen Drängen des liebebedürftigen Studenten konnte das christlich erzogene junge Mädchen nur mit freundlicher Zurückhaltung antworten. Den Heiratsantrag, mit dem Storm sie im Oktober 1842, kurz vor seinem juristischen Abschlußexamen, für sich gewinnen wollte, hat sie denn auch zurückgewiesen. Das hat Storm schwer getroffen. Noch im Mai des nächsten Jahres schrieb er seinem Freund Theodor Mommsen (24. 5. 43): „Ich glaube aber, die Liebe zu diesem Kinde wird mein Leben noch schlimm verwüsten".

Vielleicht war die plötzliche Verlobung Storms mit seiner Cousine Constanze Esmarch Weihnachten 1843 zunächst eine Art Trotzreaktion auf Bertha von Buchans Absage. Aber dann hat sich daraus offenbar eine echte Zuneigung entwickelt. Obwohl die beiden Väter gegen „Familienheiraten" waren und dem Paar zweieinhalb Jahre Wartezeit bis zur Heirat auferlegten, hat Storm unbeirrt an seiner Entscheidung festgehalten. Er hat die Wartezeit u. a. dazu benutzt, um seine Braut auf die Ehe vorzubereiten, wie er sie verstand, als „eine zu lösende Lebensaufgabe", die darin bestehen sollte, allem „Oberflächlichen" zu entsagen und sich innerlich „auszubilden"[2]. Seine Ehepartnerin sollte also nicht nur – wie damals üblich – den Haushalt führen, kochen und nähen können, sondern ihm, dem Dichter, eine ebenbürtige Gesprächspartnerin sein. In einem Brief an den Schwiegervater (Nov. 44/Jan. 45) beklagte er „die mangelhafte Ausbildung" der Frauen und bat ihn, Constanze „täglich 4 bis 5 Stunden zu ihrer Ausbildung zu gestatten", mit dem Hinweis, daß er (Storm) „ein Kind seiner Zeit" sei, im Gegensatz zu der „älteren Zeit", die der Frau einen „niedrigeren Platz angemessen habe". So hat er sich während der Wartezeit bemüht – seine Briefe zeigen das sehr deutlich –, seine Braut „geistig" zu „erheben"[3].

Als Liebhaber aber hat er diese Jahre nur mit Mühe durchgestanden. Die Brautbriefe legen beredtes Zeugnis davon ab. Einige Beispiele:

> 21. März 1844: „Ach wieviel Küsse, die zu Dir wollen, sind auf meinen Lippen verschmachtet. Aber warte nur, es soll nachgeholt werden".
> 31. Juli 1844: „Du, die Liebe ist eigentlich ein schöner Wahnsinn, denn sie verschlingt alle anderen Gedanken (...)".

26. 12. 1845: „(...) Du schreibst: ‚Ich möchte wohl ein kleines Kind von Dir haben!‘ – Ja, meine süße Dange, sie bleiben aber nicht klein. Möchtest Du auch wohl ein großes Kind von mir haben? – Du mein, es rieselt mir recht wie flüssiges Feuer durch den Leib, als ich diese süßen, naturheiligen Worte von Dir geschrieben las.“

18. 6. 1846: „es ist dämmrig und schattig hier – komm, komm, Geliebte! Es ist eine Stunde zum Nichtstun der Liebe, ich schmachte nach Dir; es steht ein ganzes Glas von Rosen auf dem Tisch (...).“

Liebeslieder

In diesen Jahren sind sehr schöne Liebeslieder entstanden, die an Constanze gerichtet sind, z. B. „O süßes Nichtstun, an der Liebsten Seite...“ (I, 33), das in den Briefen vom Juli 1844 (S. 40) und vom 19. April 1845 anklingt, oder das Gedicht „Abends“ (Warum duften die Levkojen so viel schöner bei der Nacht?“: I, 22). Das Gedicht „Wer je gelebt in Liebesarmen“ hat Storm an den Anfang seines Briefes an die Braut vom 7. Juni 1844 gesetzt (I, 33 f.):

Wer je gelebt in Liebesarmen,
Der kann im Leben nie verarmen;
Und müßt’ er sterben fern, allein,
Er fühlte noch die sel’ge Stunde,
Wo er gelebt an ihrem Munde,
Und noch im Tode ist sie sein.

Einmal allerdings hat Storm einem Brief ein Liebesgedicht eingefügt, das seine eigenen „gefährlichen Reime“ (so wörtlich: S. 126) an Gefährlichkeit weit übertraf. Auf mehreren Seiten des Briefes vom 26. Oktober 1845 (Mittwoch morgen, 10 Uhr) hat er für Constanze folgendes „glühende Liebeslied auf orientalischer Leier“ niedergeschrieben (hier von mir gekürzt):

„*Er:* Wie schön ist dein Gang in den Schuhen, du Fürstentochter! Deine Lenden stehen gleich aneinander wie zwei Spangen von des Meisters Hand, deine Brüste sind wie zwei junge Rehzwillinge, die unter Rosen weiden. Dein Hals ist wie ein elfenbeinerner Turm, deine Augen wie Teiche zu Hasborn, dein Hauch ist wie Weizenduft, deine Wangen sind wie ein Hauch

Abb. 5: Constanze Esmarch als Braut (um 1844, 18 Jahre alt). Zeichnung von Friedrich Feddersen (StA Husum).

von Granatäpfeln zwischen deinen Zöpfen. Wie schön und lieblich bist du, du Liebe in Wollüsten! Wende deine Augen von mir, denn sie machen mich brünstig. Deine Gestalt gleicht dem Palmbaum und deine Brüste den Weintrauben. (...)
Sie: Mein Freund ist wie ein Büschel Myrten, das zwischen meinen Brüsten hängt, wie ein Apfelbaum unter den wilden Bäumen so ist mein Freund unter den Männern. Ich sitze unter seinem Schatten, des ich begehre, und seine Frucht ist meiner Kehle süß. Er erquickt mich mit Blumen und labt mich mit Äpfeln, denn ich bin krank vor Liebe. Mein Freund ist mein, und ich bin sein. (...)"

Man kann sich nicht des Eindrucks erwehren, daß Storm mit diesem „glühend sinnlichen Liebesgedicht" (wörtlich: S. 126) eine Leidenschaft entzünden wollte, wie er sie ersehnte, wie sie aber seine Braut nicht zu geben imstande war. Denn erst nachdem er dieses Gedicht über mehrere Briefseiten hinweg zitiert hatte, hat er ihr gestanden, daß es aus der Bibel stamme, aus dem „Hohenlied Salomonis" im Alten Testament. Wenn wir aber die zitierten Teile mit dem Original-Bibeltext vergleichen (besonders mit den Kapiteln 1, 2 und 7), zeigt sich, daß Storm nur die sinnlichsten Stellen ausgewählt und für seine Braut zusammengestellt hat. Zwar hat er ihr nicht die Tatsache verschwiegen, daß „die Theologen" unter dem Bräutigam Christus und unter der Braut seine Kirche verstanden wissen wollten, um dann aber sogleich Goethe zum Zeugen dafür aufzurufen, daß es sich hier doch wohl nicht um eine Allegorie, sondern um den „Ausdruck leidenschaftlicher und anmutiger Liebe" handle.
Die lange, fast drei Jahre dauernde Verlobungszeit war für beide Brautleute keine leichte Zeit: Für Constanze nicht, weil die 19jährige, wohlbehütet im engen bürgerlichen Kreis der Familie und in einer Kleinstadt aufgewachsene Tochter des Segeberger Bürgermeisters den geistigen wie körperlichen Anforderungen des acht Jahre älteren Rechtsanwalts, der schon einiges „erlebt" hatte, nicht gewachsen war. – Für Storm nicht, weil seine „reizbare" Natur mehr von ihr verlangte, als sie zu geben vermochte: Sie sollte eine vollkommene Geliebte und ebenbürtige Partnerin

Doris Jensen

zugleich sein. Wenn er sie küßte, wollte er ihren Körper „wegräumen“, „um zur Seele zu gelangen“, aber mit ihrer „Seele allein“ war er nicht zufrieden, er wollte auch ihren „jungen Leib haben“ (31. 5. 44). Das waren Anforderungen, denen Constanze – jedenfalls in der Maßlosigkeit, mit der Storm diese an sie herantrug – nicht gewachsen war. So kam es zu Verstimmungen auf beiden Seiten (Storm später, am 5. 8. 58 an seine Frau: „was bin ich für ein Esel gewesen, wie habe ich dich gequält...“). Diese Verstimmungen haben sie dennoch beide immer wieder ausgeräumt, Constanze mit mehr Geduld als ihr Bräutigam.

Im September 1846 heiratete Storm seine Constanze, aber schon nach dem ersten Ehejahr (1847/48), als der erste Sohn erwartet wurde, ist er seiner Frau untreu geworden. Die kaum 18jährige Doris Jensen, die als Sopranistin in seinem Chor mitwirkte, hatte es ihm angetan. Storm hat später seinem Freund Brinkmann gegenüber (21. 4. 66) gestanden, daß er bei Doris „jene berauschende Atmosphäre“ gefunden habe, der er nicht habe „widerstehen können“. Dies „Verhältnis der erschütterndsten Leidenschaft“ habe „jahrelang“ gedauert und „viel Leid um sich verbreitet“; Doris’ „Entfernung“ von Husum sei ihm „zu Hilfe“ gekommen. – Storm hat sich dann im Laufe der Jahre zu einem treuen, seiner Gattin eng verbundenen Ehemann entwickelt. Ja, seine Ehe mit Constanze wurde zu einer echten Lebens- und Liebesgemeinschaft, die auch schwere Proben, wie sie sich aus dem Gang ins Exil nach Potsdam und Heiligenstadt ergaben, nicht erschüttern konnten. Die materiellen Nöte und seelischen Strapazen (Abschied von der Heimat, Auseinandersetzungen mit der neuen, fremden Welt, die sie in Preußen vorfanden) haben sie gemeinsam auf sich genommen und gemeistert.

Natürlich gab es in dieser Ehe auch Unstimmigkeiten, z. B. wenn der in Heiligenstadt sehnsüchtig auf Post wartende Mann von seiner Frau, während sie in Schleswig-Holstein Urlaub machte, nicht zur rechten Zeit die richtigen Briefe erhielt (vgl. an seine Frau 22. 7. u. 31. 7. 59). Aber das war vorübergehend und eher ein Zeichen ihrer engen Verbundenheit. Storm hat später seinen Freunden gegenüber die „innige Lebensgemeinschaft“ hervorgehoben,

Abb. 6: Constanze Storm 1857 in Heiligenstadt. Ölgemälde von N. Sunde (StA Husum).

die sich im Laufe der Zeit zwischen ihnen ausgebildet hatte, „wie sie wohl wenige Ehen aufzuweisen haben“, und er hat davon gesprochen, daß Constanze „immer mehr“ seine „Geliebte in des Wortes verwegenster Bedeutung“ geworden sei; „wenn die Welt mich kränkte und schlug, dann flüchtete ich zu ihr (...).“ Nur in ihrer Anwesenheit konnte er dichten: „wenn ihre Hand mich festhielt (...), konnte ich sorglos in die luftige Traum-Region ⟨der Poesie⟩ hinaufsteigen“[4]. Constanzes Interesse an seinem poetischen Wirken war ihm unentbehrlich. Nach ihrem Tode hat Storm sich an Szenen erinnert, in denen ihre innige Anteilnahme zum Ausdruck gekommen war. So heißt es z. B. in einem Brief an E. Esmarch (11. 6. 66): „ich sehe noch, wenn, beim Vorlesen einer eben fertigen Stelle, das Lächeln wie unmittelbar aus dem Herzen ihr schönes Gesicht verklärte; ich höre noch das leise gesprochene Wort: ‚Reizend‘, wobei sie mich dann so glücklich und voll Liebe anblickte.“

Wenn es nötig war, wenn Storm z. B. meinte, man wäre seiner Frau zu nahe gekommen, hat er sie vehement verteidigt. Als Fontane z. B. einmal – nachts in der Berliner Wilhelmstraße, auf dem Nachhauseweg von einem Abend bei Kuglers – Frau Constanze „mit Zweideutigkeiten und Nuditäten“ irritierte, hat Storm seinen Freund heftig zurückgewiesen: „Sie haben (...) einen Stein zwischen uns geworfen.“ Fontane hatte (soweit sich das heute rekonstruieren läßt) die Redensart „in den Schooß weinen“ mit den Worten kommentiert: „Nä, *dazu* ist ein Schooß nicht da!“ Storm forderte Fontane auf: „Schreiben Sie mir ein gutes Wort (...)!“ Allerdings erst nach mehreren brieflichen Auseinandersetzungen wurde die Sache beigelegt.[5]

Dabei waren Storms nicht prüde. Sie fanden z. B. nichts dabei, während einer offiziellen Einladung die Dame des Hauses um ein Zimmer zu bitten, um Constanze „die Milch abzunehmen“. Die anderen Gäste haben das damals als „sehr unanständig“ empfunden (so Fontane an Storm, 25. 7. 54).

Wie eng verbunden sich Storm mit seiner Frau fühlte und daß er eigentlich ohne sie nicht leben konnte, zeigen die Briefe, die er ihr geschrieben hat, wenn sie getrennt waren. Es sind oft glühende

Fontane beleidigt Constanse

Liebes- und Sehnsuchtsbriefe. Wenn Constanze z. B. in Segeberg war, sprach er von „schrecklichen Wochen", und wenn ihre Rückkehr bevorstand, dachte er „nur" an sie und „an die Stunde, wo du wieder da bist". (1. 6. 62). In einem Brief heißt es wörtlich (11. 7. 67): „Du wirst mit jedem Jahr immer mehr meine einzige, mir ganz unentreißbare Frau. Die Freude, wieder zu Dir zu kommen, in deine Augen zu sehen, an Deinem Herzen zu liegen, steht so übermenschlich groß vor mir." Wenn er selbst allein in Husum, Segeberg oder sonst bei Verwandten auf Urlaub war, klagte er (28. 7. 59): „Körperliche Trennung ist mir für den Augenblick wie Tod; mir ist mitunter, als würde ich dich niemals erreichen können, als sei alles, das Leben und die Liebe, dem Zufall preisgegeben."
Aber er hatte doch auch Augen für andere Frauen. Nach einem Besuch einer Vorstellung im Zirkus Renz gesteht er seiner Constanze (25. 7. 63):

> „Ein wundervolles Menschenkind von einem Mädchen sah ich aber gestern abend im Zirkus, eine Reiterin Adele Leonhard. Kurz nachdem sie geritten, saß sie in schwarzer Seide hinter mir auf der Bank, das Süßeste, Rosigste und dabei doch Kraftvollste, was ich je an Jugend auf der Welt gesehen. Ich fühlte mich so in meinem Nichts, als ein alter, verwelkender Mensch, daß ich mit dieser taufrischen, leuchtenden Rose kein Gespräch zu beginnen wagte. Auf dem Pferde war sie mir so gar nicht aufgefallen, obgleich sie die beste Reiterin war. Und diese tolle Reiterin hielt sich in mädchenhafter Weise die Ohren zu und fuhr jedesmal zusammen, wenn das Feuerwerk knallte, und als der Löwenbändiger seine Flinte nahm, um über die Bestie wegzuschießen, sprang sie auf, schlüpfte durch das Geländer und flog eine Treppe hinab, um dem Schuß zu entfliehen. Als er gefallen, war sie gleich wieder da. Sie hatte so etwas von der kleinen Marei, aber nicht blaß, sondern rosig, die Augen zugleich zarter und ausdrucksvoller und den schönsten Mund von der Welt."

Auf Constanzes Vorwurf, er „lege zuviel Gewicht auf den vergänglichen Leib", antwortete er (27. 10. 63): „Wie Tag um Tag immer mehr von dem Reste Leben, das noch zurück ist, verrinnt, möchte ich die Arme immer fester um dich schließen, aber nicht allein die Arme um Deinen Leib. Auch deine Seele möchte ich mir so zu eigen machen, daß sie sich nur noch einen Teil der meinigen fühlte (...).“ Storm war, wie diese Briefstellen bestätigen und wie er selbst sagt, eine „Sinnpflanze“, „eine stark sinnliche leidenschaftliche Natur“[6].

Storms Liebe und Leidenschaft haben seiner Frau Constanze nicht nur Glück, sondern auch Leid gebracht. Storm hat – gerade auch körperlich – seiner Frau viel zugemutet: alle zwei, drei Jahre ein neues Kind, dazwischen ebensoviele Fehlgeburten[7]. Immer häufiger mußten die Ärzte Constanze Erholungsaufenthalte verordnen, bei den Eltern in Segeberg oder z. B. bei Freunden in Wahlhausen (bei Bad Sooden-Allendorf).

Der Umzug von Heiligenstadt nach Husum Ende April 1864 und dann die 7. Geburt hatten Constanzes Kräfte zusätzlich in Anspruch genommen. Schon unmittelbar auf die Geburt folgten „mehrere Stunden ohnmachtartige Anfälle“ (an Esmarch, 5. 5. 65). So erwies sich ihr Körper als zu schwach, um dem epidemisch auftretenden Kindbettfieber Widerstand leisten zu können. Am 20. Mai 1865 ist Constanze gestorben, und am 24. des Monats um 4 Uhr morgens ist sie in der Familiengruft beigesetzt worden.

Das war ein schwerer Schlag für den Dichter. Er glaubte, das „Lebensglück“ sei nun für immer „zu Ende“ und fürchtete sich vor der „ewig öden Zukunft“[8]. Storm hat dann aber doch erstaunlich schnell ins Leben zurückgefunden. Die Reise nach Baden-Baden zu dem russischen Dichter Turgenjew kann man als den energischen Ruck bezeichnen, mit dem er die Lethargie abschüttelte und wieder „tätig“ wurde.

So hat der junge Witwer (Storm war damals 48 Jahre alt) auf der Hinfahrt die Reise in Minden unterbrochen, um eine attraktive Frau zu besuchen, die Schriftstellerin und Sängerin Elise Polko, die in Minden mit dem Ingenieur und Eisenbahnbetriebsdirektor Eduard Polko verheiratet war. Der Besuch galt offenbar nicht nur der Schriftstellerin, sondern auch der Frau (vgl. Abb. 7). Storm sagt selbst, daß sie ihm „durch ihre Briefe ein großes Interesse eingeflößt“ habe[9]. Und was stand in ihren Briefen? Z. B., daß sie sich ein wenig „fürchte“ vor dem „Herrn Landvogt und Polizeibeam-

1864 Umzug nach Husum
1865 Constanzes Tod
Elise Polko

Abb. 7: Elise Polko, Sängerin und Schriftstellerin (1823–99). Storm besuchte sie im September 1865 in Minden (StA Husum).

ten!“ Dieser wolle – so meinte sie – „eine gewisse Glücksberechtigung für die Frau nicht gelten lassen“, richte zu „streng“ über ein Herz, „das von einer unbezwingbaren Leidenschaft erfüllt“ an der Glücksberechtigung festhalte „als Trost in einem kalten Eheleben“. Und da fanden sich auch Beteuerungen, „daß eine Elise Polko einen Theodor Storm nicht vergessen“ könne und daß mit ihr „noch viel zu machen" sei! Von ihrem Briefpartner hatte sie bestimmte schwärmerische Vorstellungen. Als sie ihn um ein Porträtfoto bat, fügte sie beziehungsreich hinzu: „Sie können und dürfen auch nicht ‚dick' sein, Herr Theodor Storm, hören Sie wohl?"[10]

Mit der gewünschten schlanken Figur konnte Storm aufwarten. Trotzdem hat es – wie man heute sagt – nicht „gefunkt" zwischen den beiden. Storm hat Elise Polko auf der Rückreise von Baden-Baden nicht wieder aufgesucht. Warum? Vielleicht gibt ein Urteil über sie, das er mehrere Jahre später von sich gegeben hat, wenigstens einen Hinweis: Sie sei zwar „schön und elegant" und singe „sehr schön", habe aber „dies und jenes, womit man nicht sympathisieren" könne[11].

In Baden-Baden begegnete Storm einer anderen Frau, einer Frau, die als Sängerin eine wirkliche internationale Berühmtheit war, der Sängerin Pauline Viardot-Garcia. Ihrer Ausstrahlung hat sich der Husumer Dichter nicht entziehen können. „Niemals", bekennt er, habe er „eine Persönlichkeit gesehen", die ihm „als Mensch und Künstler zugleich einen so bedeutenden Eindruck gemacht" habe. Bei keiner Frau habe er „höchste Genialität und reinstes Menschentum in solcher Herrlichkeit ausgeprägt gefunden wie bei der Viardot". „Man möchte", fügte er hinzu, „gleich vertraut mit ihr sein, wenn die imponierende Größe ihrer Persönlichkeit nicht davon zurückhielte"[12].

Nach dieser Reise – also Ende September 1865 – und nach den Begegnungen mit diesen beiden Frauen hat Storm Dorothea (Doris) Jensen, seine frühe Geliebte, wiedergesehen (er war ihr vor der Reise am 14. August 1865 im Hause seines Bruders bei der Taufe seiner Tochter Gertrud zum erstenmal wieder begegnet). Die ersten Gespräche haben Doris („Do") viel abverlangt. Storm dachte noch zu intensiv an die Verstorbene und gab Doris wohl oftmals das Gefühl, daß sie ihm „minder wert" sei als Constanze. Erst als er aufhörte, „unablässig in den Abgrund zu starren, der die geliebte (Constanze) verschlungen" hatte, „sah" er sie und überkam es ihn „wie ein unsägliches Glück", daß sie, Doris, lebte und für ihn lebte. Sie war zwar nicht mehr „schön"; seinen Freunden und sich selbst mußte er sogar eingestehen, das es „nichts Verblühteres“ als eine „verblühte Blondine“ gäbe, aber er tröstete sich: „der frische Kranz meiner schönsten Lieder, den ich ihr einst selbst auf ihr junges Haupt gesetzt“, trägt sie noch im Haar, und „ihre schöne Hand“, die „der deutschen Poesie angehört“, gehört „zum Glück auch mir“. Im Mai 1866 gestand er seinem Berliner Freunde Pietsch, daß die „ganze törichte Leidenschaft der alten Zeit“ wieder in ihm erwacht sei[13].

Gerade als das Trauerjahr zuende ging, am 13. Juni 1866, hat Storm Dorothea Jensen geheiratet. Er hoffte „auf die Rückkehr eines Schimmers von dem Sonnenschein“, der einst in seinem Hause war. Für sie aber begann eine schwere Zeit. Es galt, den Hausstand wieder in normale Bahnen zu lenken. Dabei fiel es der „etwas peinlich [peniblen] Hausfrau“ nicht leicht, ihre eigenen Vorstellungen von Ordnung gegenüber dem etwas lässigeren Storm-Esmarchschen Ordnungssinn durchzusetzen. Vor allem als Stiefmutter hatte sie einen schweren Stand. Storm hatte darauf gedrängt, daß seine Kinder zu ihr nicht „Mutter“, sondern „Tante Do“ sagten[14]. Das beeinträchtigte ihr Selbstgefühl und erschwerte es ihr, ein mütterlich-inniges Verhältnis zu den sieben Kindern Constanzes aufzubauen, zumal die Kinder von Storm sehr „frei“ erzogen worden waren. Kürzlich ist ein Brief der 24jährigen Lucie aus Wörth am Main an den Dichter Paul Heyse aufgetaucht, in dem so bedrückende Worte stehen wie: „nach Hause mag ich nicht gehen, weil Mama mich nicht gerne hat“[15]. Dabei hat Frau Do – wie Storms und der Kinder Briefe sonst zeigen – sich unendlich liebevoll um die Kinder gekümmert.

Aber Storm hat Do nicht nur geheiratet, weil er den großen Haushalt und die sieben Kinder versorgt sehen wollte. Er selbst bedurfte – wie er seinem Schwiegervater in Segeberg gestand (17. 3. 66) – „um wirklich zu leben, der Frauenliebe mehr als Tausend und tausend Andre“. Er ersehnte sich nicht nur eine Ehepartnerin, sondern eine Geliebte, um das „erschütternde Glück“ noch einmal zu leben (an Frau Do, Mai/Juni 1866).

Das waren Anforderungen, vor denen die kleine Frau „trotz ihrer seltenen Tüchtigkeit“ und ihres guten Willens „verzagte“. Sie

Abb. 8: Frau Dorothea Storm, geb. Jensen, um 1870 (StA Husum).

fühlte sich der „ihr so plötzlich zugefallenen schweren Lebensaufgabe“ nicht gewachsen, wurde zuletzt gemütskrank und litt – wie Storm sich ausdrückte – an „Tiefsinn“[16]. Die Geburt eines gemeinsamen Kindes (Friederike, geb. 1868) jedoch löste – wie in der Novelle „Viola tricolor“ (1874) – diese Probleme. Die Verhältnisse innerhalb der Familie entkrampften sich: Die Kinder sahen sie als ihre „Mama“ an und nannten sie auch so. Und der Mann vermochte seine überspannten Forderungen etwas zurückzunehmen; ja, er kam zu Einsichten, wie er sie dem Braunschweiger Zimmermeister Albert Nieß gegenüber (der zum zweitenmal geheiratet hatte) ausgesprochen hat: „(…) seien Sie geduldig, gerecht und von nimmermüder Güte. Hat die erste Frau uns getragen, die zweite müssen wir tragen, bis sie sich stark genug in unserem Hause fühlt“ (2. 1. 79).

Storm und Frau Do haben dann alles Schwere, das das Schicksal ihnen auferlegte, mit- und füreinander getragen: Das Unglück, das das ausschweifende Leben und die Trunksucht des Ältesten, Hans, über sie brachte, und ebenso die Krankheit (Syphilis), mit der der jüngste Sohn Karl vom Studium in Leipzig nach Hause kam[17]. Auch die „häßliche Zeit“ (Do’s Unterleibsoperation), die Storm so „gequält“ hat, haben sie gemeinsam durchgestanden[18].

Ein kleines Zeugnis der tiefen, inneren Zuneigung, die Storm für seine zweite Frau empfand, ist eine Stelle aus seinem Geburtstagsbrief an sie, in dem er über ein kleines Foto von ihr (das sich offenbar nicht erhalten hat) schreibt: „Wie jung siehst Du darauf aus, welch ein lieblicher herzlicher Ausdruck im Gesicht und wie frei und schlank sitzest Du da! Es soll nur vergrößert werden, dann tritt alles so hervor. (…) Für die Zeit Deiner Abwesenheit ist es mir ein wahres Kleinod, immer wieder hole ich es hervor, und versenke mich durch die Lupe in Dein kleines liebes Angesicht“ (28. 11. 83). Storm meint dann auch in demselben Brief: „Mögen uns nun noch eine bescheidene Reihe nicht gar zu sehr durch äußere Geschicke getrübten Ehelebens beschieden sein; unsere Liebe wird schon bis ans Ende aushalten.“

Frau Do war dem Dichter – wie Constanze – eine gute Kritikerin. Sie mußte – wie Storm Gottfried Keller berichtete (28. 11. 81) –

Älteste Sohn Hans Trunksucht
Jüngste Sohn Karl Syphilis
Zweite Frau: Dorothea Jensen

„Alles lesen", was er niederschrieb, und hat ihre „Meinungen" bzw. „Empfindungen" beim Lesen der betreffenden Abschnitte geäußert. So hat Storm z. B. an einer Stelle der Novelle „Der Herr Etatsrat", wo er nach Meinung von Frau Do „zu sprunghaft verfahren war", nachträglich die Hinweise auf den Brief eingefügt, den der Erzähler über Archimedes' Krankheit an dessen Vater schreibt (III, 46).

Auch als gute Gastgeberin ist sie den vielen Gästen, die in Storms Haus kamen, im Gedächtnis geblieben. Erich Schmidt meinte nach seinem Besuch im Dichterhaus: „Die herzgewinnende Hausfrau machte es dem Gast vom ersten Augenblick an gar behaglich."[19]

Trotzdem hat Storm auch in diesen Jahren Augen für schöne junge Frauen gehabt; aber er hat diesen Anfechtungen tapfer widerstanden. Die 29jährige Schauspielerin Johanna Buska vom Wiener Burgtheater, die er in der französischen Komödie „Andrea" in Würzburg sah, hat ihn offenbar nicht nur mit ihrer „etwas slawisch akzentuierten Sprache" beeindruckt. Jedenfalls weigerte er sich, eine weitere Aufführung zu besuchen, mit den Worten „dieses Weib wird mir gefährlich"[20]. Während der Erstaufführung von Heyses „Recht des Stärkeren" am 17. November 1883 im Hamburger Thalia-Theater wagte er sich in Begleitung Heyses sogar hinter die Bühne und „machte Liddy und Candide ganz munter den Hof"[21]. Noch als 68jähriger ließ er sich während einer Lesung vor 16- bis 17jährigen Mädchen in Gotha von einer „schönen, keuschen bescheidenen, jungfraulichen Lansky" mit den „schönsten Augen", die er „je gesehen hatte", betören. „Ich trank", bekannte er, „wahrhaftigen Jugendnektar von jungen Lippen und aus märchenhaften Augen"; aber er sei – so versicherte er – „nicht in den gefährlichen Augen ertrunken" (an E. Schmidt, 2. 6. 86).

„Zwanzig Jahre hindurch", so hat Wilhelm Jensen als Freund des Hauses sein Urteil über Frau Do und Storm zusammengefaßt (S. 505), „ist sie ihm eine liebevolle, unermüdlich sorgende, ein Herz und eine Seele mit ihm bildende Gefährtin gewesen", und sie hat ihm „das verlorene häusliche Glück voll wieder ersetzt". Ja, Wilhelm Jensen meint „aus manchen Mitteilungen" sogar schließen zu können", daß „diese zweite Ehe ruhvoller beglückend für ihn war, als die erste, in der trotz der großen Liebe sich öfter ein Gegensatz der Temperamente geltend gemacht zu haben scheint".

Storm und die Musik

Theodor Storm war sehr musikalisch. Schon als 15jähriger Schüler begeisterte er sich für Orgelkonzerte. Am Lübecker Katharineum hat er im Oratorienchor mitgesungen. Aus seiner Berliner Studentenzeit ist eine Episode aus einem kleinen Theaterstück erhalten, in dem Storm bezeichnenderweise nicht nur als „unverbesserlicher Liebhaber“, sondern auch als „Tenorist“ mitgewirkt und für den ersten Akt sogar ein Lied komponiert hat (IV, 468 f.). In seiner letzten Kieler Studentenzeit besaß er selbst ein Klavier und war Mitglied eines Chores.

Einen eigenen Chor, einen „Singverein“, hat Storm im Frühjahr 1843, offenbar noch bevor er sich in Husum als junger Rechtsanwalt selbständig machte, aufgebaut[1]. Bereits im März des nächsten Jahres wagte er sich an die Aufführung von Mozarts „Requiem“. Aber er hatte auch erste größere Schwierigkeiten. Die Pastoren Harries und Frerks erlaubten die Aufführung des Konzertes in der Husumer Marienkirche nicht. Sie meinten, ein „Concert“ sei kein „Gottesdienst“ und „kein Gottesdienst ein Concert“. Es gelang Storm dann doch, einen geeigneten Raum ausfindig zu machen, und das „Husumer Wochenblatt“ schrieb, „alle gerechten Ansprüche an eine solche Aufführung dieses schwierigen Musikstücks“ seien „befriedigt“ worden (31. 4. 44).

Besonders angestrengt hat sich der jugendliche Chorleiter im Herbst 1845. Damals kam der Dänische König nach Husum, um der Stadt einen offiziellen Besuch abzustatten. Storm sollte oben von der Schloßtreppe herab den König mit einem Chorlied begrüßen. Dieses Lied hatte Storm selbst geschrieben und komponiert (3stimmig). Der Chor trat als Nixenchor auf und wurde von zwei Flöten und einem Fagott begleitet. Storm berichtet: „Er (der König) trat auf die erste Treppe unten (...). Nun gab ich an, und der Chor wogte los – falsch, abscheulich herzzerreißend! – Ich floh in die Turmtür (...)“. (an die Braut, 2. 9. 45).

Dieser Mißerfolg hat Storm aber nicht abschrecken können, mit seinem „Singverein“ noch viele schöne Konzerte zu geben. Als Beispiel seien nur einige Stücke aus dem Konzertprogramm vom

1843 Storm gründet eigenen Chor

3. Juli 1846 genannt. Es wurden aufgeführt: Der 42. Psalm von Mendelssohn-Bartholdy; die Arie „Lebe wohl, mein Flandrisch Mädchen" aus „Zar und Zimmermann" von Albert Lortzing; der Chor aus der „Macht des Gesanges" von Andreas Romberg; das Banditen-Duett aus der Oper „Alessandro Stradella" von Friedrich von Flotow; und Chor, Lied und Terzett aus dem „Freischütz" von Carl Maria von Weber.

Allerdings darf man angesichts eines solchen Programms nicht von heutigen Vorstellungen ausgehen. Damals wurden die ausgewählten Musikstücke ohne großes Orchester, nur mit Klavierbegleitung vom Chor allein aufgeführt, was aber für den Chor erhöhte Anforderungen mit sich brachte.

Das Klavier, das Storm seit seiner Kieler Studentenzeit besaß, hat ihn überallhin begleitet, auch in die Emigration. Als es dann in Heiligenstadt unbrauchbar wurde, war die Trauer im Dichterhause groß; um so größer die Freude, als dort Weihnachten 1858 – als Geschenk des Vaters – ein „Tafelklavier" von der Firma Ibach aus Barmen eintraf. Storm war für dieses Geschenk außerordentlich dankbar: „Für unser gutes solides Klavier", schrieb er, „sage ich Dir, lieber Vater, noch oft in meinem Herzen Dank. Es steht selten einen Tag ganz unberührt. Die Musik ist wieder, wie in früheren Zeiten, die Begleiterin meines Lebens" (4. 6. 60).

In Heiligenstadt hat Storm einen Chor gegründet, mit dem ihm erstaunlich anspruchsvolle Aufführungen gelungen sind, so z. B. mit einem Konzert vom März 1862, in dem Teile aus dem großen Oratorium „Paulus" von Mendelssohn-Bartholdy gesungen wurden; Storm sang selbst die Partien des Stephanus.

Höhepunkte und Abschluß der Chorarbeit in Heiligenstadt war ein Konzert, für das Storm und sein Chor „fünfviertel Jahr geübt" hatten: die Aufführung von Ferdinand Hillers Oratorium „Die Zerstörung Jerusalems". Der Dirigent, der damit Abschied nahm von Heiligenstadt, war selbst stark ergriffen von dieser Aufführung. Er berichtete nach Hause (10. 3. 1864):

> „Als ich zuletzt den vollen prächtigen Chor von über fünfzig Sänger(n), den ich gestiftet, dirigirte, als so aller Blicke an meinem Stäbchen hingen

Abb. 9: Theodor Storms Tafelklavier (im Storm-Haus). Storm an seinen Vater am 6. 4. 1860: „Es steht selten einen Tag ganz unberührt“ (StA Husum).

> und die Tonwellen nun zum letztenmal aus begeisterter Menschenbrust brausend hervorströmten, da mußte ich mein Herz in beide Hände fassen, um nicht in Tränen auszubrechen. Auch ich sang noch und sang aus meinem bewegten Herzen und mit mächtiger Stimme die Arie: ‚Du wirst ja dran gedenken, denn meine Seele sagt es mir'. – Es war eine lautlose Stille. So, nachdem eben der volle Chor ausgebraust, zu singen und so gehört zu werden, ist eins der glückseligsten Momente des Menschenlebens."

Am 15. März 1864 ist Storm aus der Emigration nach Husum zurückgekehrt, und schon im Mai desselben Jahres hat er den Plan gefaßt, den alten „Singverein" wieder zu beleben und mit dem neu gegründeten Chor Mendelssohn-Bartholdys „72. Psalm" aufzuführen. Am 31. März 1865 fand dann das geplante Konzert wirklich statt.

Die folgenden Husumer Jahre bis 1880 hin waren für den Dirigenten – wie für den Dichter – die fruchtbarsten. Der Chor wuchs zeitweise bis auf 70 aktive und über 150 passive (zahlende) Mitglieder an und spielte im gesellschaftlichen und musikalischen Leben der Stadt Husum eine große Rolle. Die Konzertprogramme, die von Storm wesentlich mitgestaltet wurden, waren sehr vielfältig und abwechslungsreich. In einem Brief an seinen Sohn Hans vom 28. Januar 1869 skizziert Storm einen solchen Konzertabend:

> „Vorigen Freitag hatten wir Konzert. Vierstimmige Lieder von Mendelssohn, Schnitter Tod von Schumann, Altdeutscher Schlachtgesang für 1stimmigen Männerchor von Riety – der Heideknabe von Hebbel, gesprochen von mir, mit der Schumannschen Musik, begleitet von Adolf Möller, mein Lied: ‚Das macht, es hat die Nachtigall', für Chor und Solo ganz reizend komponiert von Möller, und die Chöre aus Preciosa, die in der sehr großen, heiteren Gesellschaft ein wahres Entzücken hervorriefen, ‚diese taufrischen Melodien', wie Auerbach sie mit Recht nennt. Wir blieben wohl bis 1 U⟨hr nachts⟩."

Im Anschluß an das Konzert traf man sich häufig noch bei Freunden und Bekannten, wo es gelegentlich „sehr heiter" zuging.

Storm an Hans (28. 1. 69): „Zuletzt sang ich rezitativisch Rezepte aus einem Kochbuch, und Adolf Möller begleitete ex tempore."
Aber es gab auch weniger heitere Episoden im Leben des Chorleiters[2]. Storm war bemüht, ein ausgewogenes Programm aufzustellen. So hatte er einmal das harmlos-fröhliche Studentenlied „Als wir jüngst in Regensburg waren, sind wir über den Strudel gefahren ..." an den Schluß eines Konzertes gesetzt. Die Damen des Chors, an ihrer Spitze eine Frau Dr. Petersen, waren entsetzt und weigerten sich, das Stück zu singen: es sei „unmoralisch" (das Lied handelt von einer „Kunigunde", die, weil sie nicht mehr Jungfrau ist, von einem Nix in den Strudel gerissen wird).
Storm entgegnete, man könne ihm doch wohl zutrauen, nichts Unpassendes darzubieten. Es kam zur Aufführung des Konzertes mit unveränderter Programmfolge. Als der Chorleiter den Taktstock erhob, um den Einsatz zu dem letzten Stück, dem Studentenlied, zu geben, verließen sämtliche Damen unter Vortritt von Frau Dr. Petersen das Podium. Darauf erklärt Storm, daß er die Leitung dieses Vereins nach solcher Behandlung niederlege. Die Damen beharrten auf ihrem Standpunkt und setzten durch, daß ein Mann aus Berlin zur Leitung berufen wurde. Dieser blieb aber nur einige Wochen: „Husum war gespalten", berichtet ein damaliges Chormitglied, der spätere Nobelpreisträger Prof. Rudolf Eucken[3]. Wie die Geschichte ausging, erfahren wir aus einem Brief Storms an seinen Sohn Karl (3. 1. 1869). Storm war zu einer Abendgesellschaft geladen, zu der auch die oben genannte Frau Dr. Petersen gehörte: „Da kam es plötzlich über mich, daß ich aufstand und mit einem Glas an den andern Tisch ging, wo die Dr. Petersen mit ihrem Mann saß. Ich bot ihr die Hand und sagte: ‚Wollen wir auch miteinander anstoßen und nachher wieder miteinander singen?'. Sie wurde wie mit Blut übergossen; dann stand sie auf und gab mir herzlich ihre Hand (...)."
Wie abwechslungsreiche und wie anspruchsvolle Konzertprogramme Storm für seinen Chor zusammenstellte, und wie leistungsfähig sein Chor war, mögen zwei in demselben Jahr, im Jahr 1877, durchgeführte Konzerte zeigen[4].

Konzert von Storms Chor am 19. März 1877:

1.) Ouverture zu „Egmont“ von Beethoven.
2.) Chöre und Alt-Solo aus dem Oratorium Samson (Simson) von Händel.
   1. Chor der Heidenpriester.
   2. Arie und Chor der Israeliten.
3.) Ouverture zu „Titus“ von Mozart.
4.) Arien für Alt und Chöre aus dem ersten Teil des II. Aktes der Oper „Orpheus in der Unterwelt“ von Chr. Gluck.
5.) Variationen über ein französisches Thema von Fr. Schubert.
6.) Zwei Lieder von Th. Storm, comp. von A. Möller.
   1. Am grauen Strand, am grauen Meer.
   2. Das macht, es hat die Nachtigall.

Konzert von Storms Chor am 14. Mai 1877:

1.) Ouverture zum „Schauspieldirector“ von Mozart.
2.) Terzett aus der „Zauberflöte“ von demselben.
3.) „Der Mummelsee“ für Chor comp. von J. Rheinberger op. 95 Nr. 1.
4.) Sopran-Arie aus der „Schöpfung“ von Haydn.
5.) Lied, für Alt comp. von Mendelssohn. (Da lieg ich unter den Bäumen.)
6.) Zweistimmiges Lied von Anton Rubinstein. (Es schwebte ein Engel den Hügel entlang.)
7.) Ungarische Tänze für Clavier zu 4 Händen von Brahms.
8.) Liebeslieder, Walzer mit Chor, comp. von Johannes Brahms.
9.) Zweistimmige Lieder von A. Rubinstein
   1. (Aller Berge Gipfel ruht in dunkler Nacht.)
   2. (Beim Scheiden im Garten wir saßen noch lange.)
10. Ländliches Lied von Geibel, für 2 Stimmen comp. von R. Schumann.
11. Solo und Chor aus „Castor und Pollux“ von Rameau. (1737.)

Storm war übrigens ein vorbildlicher Chorleiter. Auch bei schlechtestem Wetter und trotz angegriffener Gesundheit versäumte er keine Übung. Seine Konzerte bereitete er sorgfältig vor, führte die Proben mit großer Gewissenhaftigkeit durch und probte geduldig ein halbes, und wenn es nötig war, auch ein ganzes

Jahr lang. Er dirigierte – wie seine Chormitglieder bestätigen – „mit sicherer, fester Hand", konnte bei Übungen aber auch „sehr heftig" werden, wenn nicht zu seiner Zufriedenheit gesungen wurde[5]. Seine Tochter Gertrud erinnert sich: „Dann zog er die Stirn in düstere Falten" und wir „zitterten" (I. S. 165).
Storm hatte auch seine „Fans". Wir wissen, wie Doris Jensen (seine spätere Frau) sich als 18jährige für ihn begeistert hat: sie gehörte – wie ein Notenheft mit entsprechenden Eintragungen bestätigt (im Storm-Archiv) – zu Storms Chor, als dieser am 12. März 1847 L. v. Beethovens Vertonung der Goethe-Gedichte „Meeresstille" und „Glückliche Fahrt" im Husumer Rathaussaal aufführte. Auch Emilie Eberhard, die 1875 dem Storm-Chor angehörte, erinnert sich, daß der Chorleiter ihr „junges Mädchenherz tief bewegt" habe[6].
Zweimal ist es Storm gelungen, die Gesangspartien einer ganzen Oper mit seinem Chor aufzuführen. Am 5. Mai 1873 „machte" er „den ganzen Gluckschen Orpheus" (an Brinkmann, 25. 2. 73); er selbst übernahm dabei „in Ermangelung einer zweiten Sopransolistin" den „Amor", und „tröstete" sich damit, „daß, wenn es nach dem Alter geht, Amor doch noch viel grauere Haare haben müßte, als ich" (an Heyse, 27. 1. 73).
Ein großer Erfolg wurde auch die Aufführung von Glucks „Iphigenie in Tauris". Storm konnte sogar eine Schülerin der berühmten Sängerin Pauline Viardot-Garcia (der Freundin des russischen Dichters Iwan Turgenjew) für die Gesangspartien der „Iphigenie" gewinnen. Er selbst sang die Partie des „Pylades". „Es ist", meinte er (an Pietsch, 29. 9. 76), „diese Dauerhaftigkeit meines Tenors in der Tat wunderbar".
Im April 1880, kurz vor seiner Übersiedlung nach Hademarschen, hat Storm die Leitung seines Chors abgegeben. Aus diesem Anlaß fand im „Thomas-Hotel" eine Abschiedsfeier statt, auf der Storm für seine Tätigkeit ein geschnitztes Notenpult als Geschenk überreicht wurde (jetzt im Storm-Haus in Husum).
Auch in Hademarschen ist er der Musik treu geblieben. Seiner jüngsten Tochter hat er z. B. Gesangsunterricht gegeben und täglich mit ihr eine Stunde geübt (nach Gertrud St. II, S. 209). Und

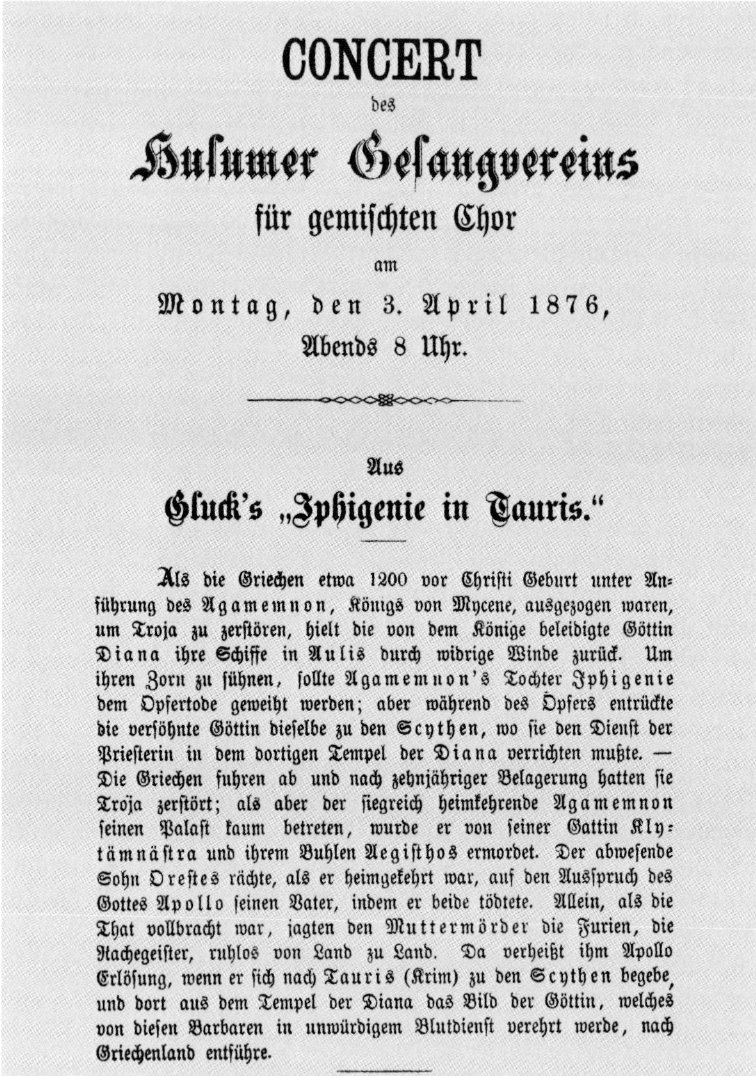

CONCERT

des

Husumer Gesangvereins

für gemischten Chor

am

Montag, den 3. April 1876,

Abends 8 Uhr.

Aus

Gluck's „Iphigenie in Tauris."

Als die Griechen etwa 1200 vor Christi Geburt unter Anführung des Agamemnon, Königs von Mycene, ausgezogen waren, um Troja zu zerstören, hielt die von dem Könige beleidigte Göttin Diana ihre Schiffe in Aulis durch widrige Winde zurück. Um ihren Zorn zu sühnen, sollte Agamemnon's Tochter Iphigenie dem Opfertode geweiht werden; aber während des Opfers entrückte die versöhnte Göttin dieselbe zu den Scythen, wo sie den Dienst der Priesterin in dem dortigen Tempel der Diana verrichten mußte. — Die Griechen fuhren ab und nach zehnjähriger Belagerung hatten sie Troja zerstört; als aber der siegreich heimkehrende Agamemnon seinen Palast kaum betreten, wurde er von seiner Gattin Klytämnästra und ihrem Buhlen Aegisthos ermordet. Der abwesende Sohn Orestes rächte, als er heimgekehrt war, auf den Ausspruch des Gottes Apollo seinen Vater, indem er beide tödtete. Allein, als die That vollbracht war, jagten den Muttermörder die Furien, die Rachegeister, ruhlos von Land zu Land. Da verheißt ihm Apollo Erlösung, wenn er sich nach Tauris (Krim) zu den Scythen begebe, und dort aus dem Tempel der Diana das Bild der Göttin, welches von diesen Barbaren in unwürdigem Blutdienst verehrt werde, nach Griechenland entführe.

Abb. 10: Programm (1. Seite) zu dem „Concert", in dem Storm am 3. 4. 1876 mit seinem Gesangverein W. Glucks „Iphigenie in Tauris" aufführte (StA Husum).

die dortigen Dorfkonzerte hat Storm mehrfach dadurch unterstützt, daß er selbst etwas vortrug.
Nicht zu unterschätzen ist die große Rolle, die Storms Musikalität für seine Dichtung gespielt hat. Das gilt besonders für die Gedichte, die sprachlich durch eine „harmonisch fließende Klanglichkeit“ gekennzeichnet sind[7]. Storm selbst forderte ja von einem guten Gedicht, daß darin „die Worte (...) durch die rhythmische Bewegung und die Klangfarbe des Verses gleichsam in Musik gesetzt“ werden sollten (IV, 393 f.). So ist es nicht verwunderlich, daß Storms Gedichte Komponisten immer wieder zu neuen Vertonungen anregen. Im Husumer Storm-Archiv sind insgesamt über 2000 solcher Vertonungen bekannt.
Aber auch Storms Prosa ist durch und durch musikalisch. Der „Rhythmus der Periode, des Satzes, des Satzgliedes und des Wortes“ steht – wie Albert Köster festgestellt hat[8] – „in Kongruenz“ mit dem „Inhalt“. Selbst so winzig kleine Entscheidungen, ob es an einer Stelle „heut“ oder „heute“, „frug“ oder „fragte“ heißen sollte, gingen auf künstlerische Überlegungen zurück. Storm ließ sich dabei nicht von der „schulmäßigen Sprachrichtigkeit“, sondern vom „Rhythmus“ und von der „Melodie des Satzes“ leiten.
Natürlich hat Storm der Musik auch in seiner Dichtung den ihr gebührenden Platz eingeräumt. In über 20 Novellen ist von Konzerten, Unterhaltungsmusik, Hausmusik, Musikunterricht oder Gesang die Rede. In mehreren Novellen spielen Musikszenen eine schicksalhafte Rolle. So gibt z. B. in der Novelle „Im Schloß“ (I 501 u. 513 f.) eine Gesangsprobe am Klavier der Heldin der Geschichte den Anstoß zu einer modernen Weltansicht, die ihr die Möglichkeit eröffnet, die Enge von Standesschranken und Vorurteilen zu überwinden. In der Novelle „Renate“ ist das Orgelspiel des Organisten Bruhns in der Kirche (II, 527) der Auftakt für eine Szene, die symbolhaft auf den Kern der Novelle vorausdeutet: auf den Kampf gegen die „bestia“, gegen den engstirnigen orthodoxen Glauben.
Zwei Novellen sind reine Musiker-Novellen. Die eine, „Ein stiller Musikant“, hat man mit Grillparzers Erzählung „Der arme Spielmann“ verglichen[9]. Bei Storm aber steht ein „alter Musikmeister“

Abb. 11: Titelblatt des Bandes „Douze celèbres Sonates“ (12 berühmte Sonaten) von M. Clementi, mit Besitzervermerk „Th. Storm in Husum“ (StA Husum).

im Mittelpunkt, der beim Vortrag der Mozartschen Klaviersonate C-Moll „Fantasia“ vor großem Konzertpublikum versagt, dann auf die angestrebte größere Karriere verzichten und als Musiklehrer in einer Kleinstadt mit einem bescheidenen Glück zufrieden sein muß. Im Schicksal des Musikmeisters spiegelt sich teilweise das Schicksal von Storms Sohn Karl. Eine Szene scheint geradezu aus dem Wohnzimmer im Haus, Husum, Wasserreihe 31, in die Dichtung übernommen zu sein (in der Novelle ist diese Stelle eine Jugenderinnerung des alten Musikmeisters: II, 286):

„Wir saßen im Wohnzimmer am Klavier und spielten eine vierhändige Sonate von Clementi. Ich hatte am vorhergehenden Abend noch spät an einem schwierigen Kapitel der Harmonielehre gesessen und hatte davon, wie meine selige Mutter zu sagen pflegte, einen ‚dünnen' Kopf in den anderen Tag hinübergenommen. Mitten im Rondo der Sonate verwirrten sich meine Gedanken, ich griff wiederholt falsch, und mein Vater rief heftig: ‚Wie ist das möglich? Du hast das ja schon zwanzig Mal gespielt!' – Er schlug die Blätter zurück, und wir begannen den Satz von Neuem; aber es half nicht, ich kam über die verhängnisvolle Stelle nicht hinüber. Da sprang er auf und warf seinen Stuhl zurück. –"

Ein „Clementi-Sonaten"-Heft Storms fand sich übrigens im Nachlaß des Dichters (Abb. 11.)
Eine reine Musik-Novelle ist auch „Es waren zwei Königskinder". Storm macht das bekannte Volkslied von den beiden Königskindern, für die „das Wasser viel zu tief" war, zum Leitmotiv der ganzen Erzählung, die von der Liebe und vom Tod eines Musikstudenten handelt. Die wechselnden Stimmungen und das wechselnde Glück des jungen Menschen werden jeweils von entsprechenden Musikstücken und Liedern untermalt. Im Schlußteil der Novelle z. B. wird beim Klavierspielen auf das Ende, auf den Selbstmord des Studenten, mit den Worten vorausgedeutet: „mit Chopin ging er in den tiefsten Abgrund" (III, 314).
Im Leben wie in der Poesie Storms spielt die Musik eine große Rolle. In wie starkem Maße sie für ihn eine ständige „Begleiterin im Leben"[10] gewesen ist, geht aus einer Mitteilung seiner Haushälterin hervor[11]. Danach hat der Dichter sich nach dem Begräbnis seiner Frau Constanze zu Hause ans Klavier gesetzt und „stundenlang" gespielt. Die Musik also vermochte ihn nicht nur in glücklichen Stunden zu erheben, sondern auch in schweren Stunden zu trösten.

Frauenliebhaber
Musik
Bücher

Der Bücherliebhaber

Theodor Storm besaß eine für die damalige Zeit bemerkenswerte Bibliothek. Ihre Qualität und ihren Umfang (über 4000 Bände) haben zeitgenössische Besucher des Stormschen Dichterzimmers in der Husumer Wasserreihe und in der Hademarscher Altersvilla stets in Erstaunen versetzt. So bewunderte Carl Hunnius, ein baltendeutscher Pastorensohn, der Storm 1886 einen Besuch abstattete, die „reiche Bibliothek" mit den vielen „Gesamtausgaben", den „geschichtlichen Werken, alten Chroniken, Märchensammlungen" und mit ihrer „fast vollständigen Sammlung bester Lyrik der Neuzeit". „Man bedurfte schon einiger Stunden", meinte er, „um sich auch nur ganz flüchtig in diesem Reichtum zu orientieren"[1].

Storm selbst war nicht wenig stolz auf seine „selten reiche deutsch-poetische Bibliothek"[2]. Und tatsächlich: Er konnte auch stolz sein. Da stehen bzw. standen[3] wertvolle Erstausgaben, u. a. die „Sämtlichen Werke des Wandsbecker Boten" von Matthias Claudius (Breslau 1874), das „Buch der Lieder" von Heinrich Heine (Hamburg 1827) sowie die bei Heckenast im ungarischen Pest erschienenen Bände der „Studien" von Adalbert Stifter (1844 ff.). Diese Erstausgaben waren aber nicht nur Raritäten, die Storm gesammelt, sondern auch Dichtungen, die er besonders geliebt hat: An den Gedichten von Matthias Claudius lobte er den „unmittelbaren Ausdruck der Empfindung" (IV, 392), Heinrich Heine hielt er für „das größte lyrische Talent des 19. Jahrhunderts" (IV, 488) und mit der „grünen Fichtau" in Stifters „Narrenburg" war ihm – wie er dem österreichischen Literaturkritiker Emil Kuh gegenüber deutlich gemacht hat (22. 12. 72), – „ein Stück Existenz geschenkt".

Auch Lessings „Sämtliche Schriften", die in Storms Bücherschrank standen, waren nicht nur die Anschaffung eines Bibliophilen; denn es handelt sich da um die erste kritische Gesamtausgabe der Lessingschen Werke, die der berühmte Germanist Karl Lachmann ediert hat (Berlin 1838/40). Schon während der Arbeit an seiner Novelle „Auf der Universität" (1862) – bei einer „Schil-

Abb. 12: G. E. Leßings Schrifften. Erster Theil. Berlin bey C. F. Voß 1753. Erstausgabe aus Storms Bibliothek (StA Husum).

derung der Localität im Walde" – hat Storm Lessings „Laokoon" vor Augen gehabt[4]. Und während seines Würzburg-Aufenthalts hat er später (1877) in der dortigen Universität sogar an Lessing-Vorlesungen des jungen Professors Erich Schmidt teilgenommen[5]. Merkwürdigerweise existiert in Storms Bibliothek noch eine zweite Gesamtausgabe der Werke Gotthold Ephraim Lessings: Es ist die seltene Erstausgabe der „Schriften", die 1753 ff. bei Voß in Berlin erschienen ist (Abb. 12). Hier handelt es sich eindeutig um eine rein bibliophile Erwerbung des Bücherliebhabers Storm. Daß der Band antiquarisch erworben wurde, ergibt sich aus Notizen von fremder Hand, die auf den hinteren Blättern des I. Bandes stehen (u. a. ein nachgetragenes Inhaltsverzeichnis).

Eine Rarität in der Stormschen Büchersammlung ist die Erstausgabe von Friedrich Hebbels „Judith" (Eine Tragödie in 5 Akten, Hamburg: Hoffmann und Campe 1841). Aus der handschriftlichen Signierung „H(ans) T(heodor) W(oldsen) Storm" geht hervor, daß Storm sich den Band in seiner frühen Husumer Zeit angeschafft hat (nur bis 1853 nannte er sich so). Auf den hinteren freien Blättern des Bandes hat er die Texte von fünf Hebbelgedichten handschriftlich eingetragen, die Gedichte „Der Becher", „Magdtum", „Der Priester", „Das Bettelmädchen" und „Eine Hinrichtung". Das paßt zu seinem Urteil über Hebbels Gedichte, die ihm „wahre Freude" bereitet haben und in denen er „viel Schönes" gefunden hat. Den Hebbelschen Dramen gegenüber aber hatte Storm Vorbehalte; er hält Hebbel zwar für den „bedeutendsten" von den „jetzigen Dramatikern" (an Brinkmann 10. 7. 51), bemängelt aber, daß Hebbel – im Gegensatz zu Shakespeare – so ganz die heitere Behaglichkeit" fehle (an Groth, 5. 12. 67 u. 14. 8. 82).

Ein bibliophil besonders interessantes Stück stellt die frühe, 1808 erschienene Ausgabe der „Penthesilea" mit Kleists eigenhändiger Widmung dar (Abb. 13). Einem Kenner wie dem Germanisten Erich Schmidt fiel der Band 1882 bei seinem Besuch in Hademarschen sofort ins Auge[6]. Der Band ist nicht nur deshalb eine bibliophile Rarität, weil er von Kleist selbst signiert ist, sondern auch, weil er zu den wenigen Exemplaren gehört, deren erste Bögen bei

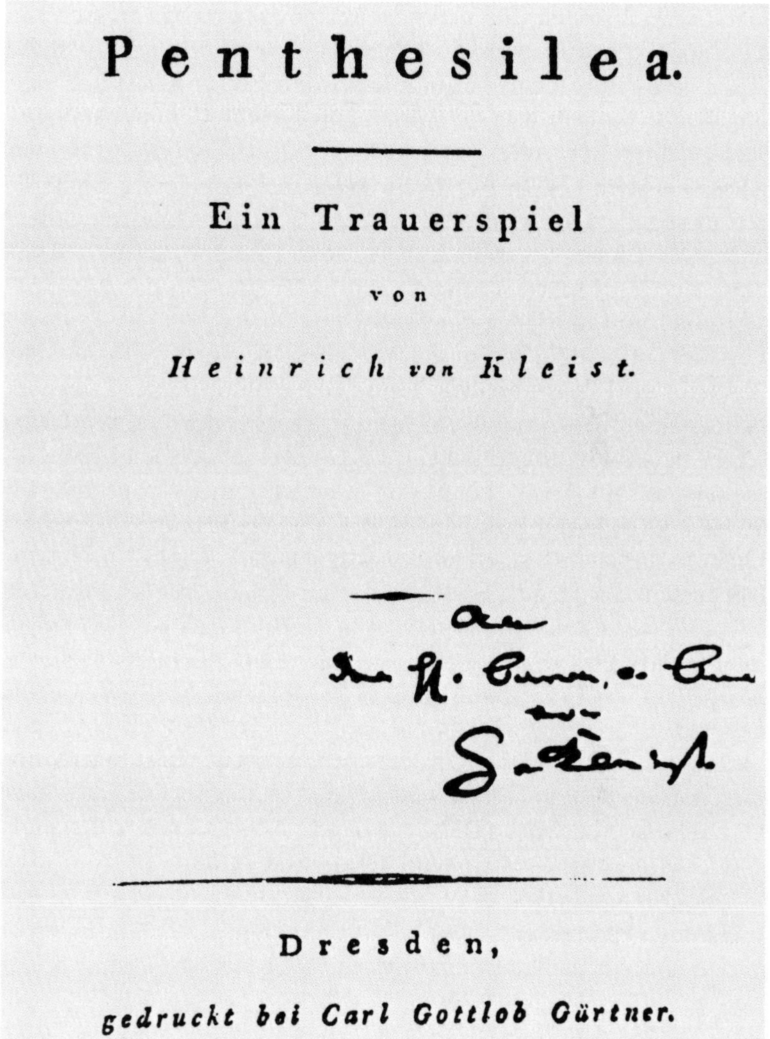

Penthesilea.

Ein Trauerspiel

von

Heinrich von Kleist.

Dresden,

gedruckt bei Carl Gottlob Gärtner.

Abb. 13: Heinrich von Kleist: Penthesilea (Dresden, 1808), mit handschriftlicher Widmung an Baron v. Buol. Erstdruck. So damals in Storms Bibliothek (Kopie nach dem Erstdruck, die Frau Do nach dem Tode Th. Storms Prof. Erich Schmidt vermachte).

Gärtner in Dresden und deren weitere Bögen dann von Cotta in Tübingen gedruckt wurden. Der Besitz dieser seltenen Ausgabe erklärt sich aus Storms besonderem Interesse für Kleist und dessen Werke. Seinem Freund Brinkmann berichtet er aus Heiligenstadt, daß er sich „alle Samstage" mit einem Ehepaar treffe, um Kleist zu lesen (24. 3. 57). Während seines Potsdamer Exils hat Storm sogar einen Ausflug zu Kleists Grab am Wannsee unternommen, seinen jungen Freund Hermann Schnee zu einer Zeichnung der Grabanlage veranlaßt und diese dann in das bekannte „Album" für Constanze eingeklebt[7].
Für Eichendorff hat Storm sich zeitlebens begeistert. Die Novelle „Dichter und ihre Gesellen" lernte er bereits in seiner Lübecker Primanerzeit kennen, und 1870 gehörte Eichendorff zu den Dichtern – neben Heinrich Heine –, von denen Storm die größte Gedichtanzahl in sein „Hausbuch" aufgenommen hat (vgl. IV, 893 ff.). So ist es nur konsequent, daß die seltene und einzig zu des Dichters Lebzeiten erschienene Ausgabe der „Werke" in Storms Bücherschrank stand (4 Bände, Berlin: Simion 1841). Sogar für heute völlig unbekannte Dichtungen Eichendorffs hat sich Storm interessiert. Das ergibt sich aus einer alten Bücherliste, die in Storms Nachlaß erhalten ist und in der folgende Werke verzeichnet sind:

„Ezelin von Romano" (Trauerspiel, 1828),
„Die Freier" (Lustspiel, 1833),
„Der letzte Held von Marienburg" (Trauerspiel, 1830),
„Julian" (Epos, 1853),
„Lucius" (Epos, 1857)
„Der Graf Lucano des Don Juan Manuel" (Übersetzung aus dem Spanischen).

Eichendorffs Novelle „Das Marmorbild" hat Storm später als Vorbild für die Zentralszene (im „Lusthain", am „Bassin") in seiner Novelle „Von Jenseit des Meeres" benutzt (I, 671 ff.). In dieser Szene wird zusätzlich noch auf Eichendorffs Gedicht „Schöne Fremde" angespielt („Machten die alten Götter die Runde?"), auf

Abb. 14: Joseph Freiherr von Eichendorff. (1788–1857). Holzstich nach einem alten Foto von 1856 (StA Husum).

ein Gedicht mit einer „solchen Abgrundtiefe", in die – nach Storm – „Goethe nirgends hinabreicht" (an Fontane, 25. 5. 68).

Wie eng verbunden sich der Husumer Dichter mit Eichendorff fühlte, zeigt sich schließlich darin, daß er den „Tunnel"-Freund Franz Kugler dazu „anstiftete", Eichendorff einzuladen[8]. Diese Begegnung mit dem verehrten Dichter hat auf Storm einen großen Eindruck gemacht. „Es war mir ein eigenes Gefühl", schrieb er an seinen Vater, „einen Mann persönlich zu sehen und zu sprechen, mit dessen Werken ich seit 18 Jahren im intimsten Verkehr gestanden, und der neben Heine schon in meiner Jugend den größten Einfluß auf mich gehabt hat (...). Er ist ein Mann von mildem, liebenswürdigem Wesen (...). In seinen stillen blauen Augen liegt noch die ganze Romantik seiner wunderbar poetischen Welt" (24. 2. 54).

Besonders hingezogen fühlte Storm sich auch zu den Werken eines anderen Dichters der Romantik, zu den Erzählungen E. T. A. Hoffmanns. Das bestätigt eine Notiz, die der Germanist Prof. Erich Schmidt nach seinen Gesprächen mit Storm im Frühjahr 1877 aufgezeichnet hat. Erich Schmidt notierte[9]: „Starken Eindruck ⟨machte auf ihn⟩ die Lectüre v. ⟨E. T.⟩ Amad. Hoffmann". Seine Bewunderung für die Hoffmannsche Erzählkunst hat Storm wohl am schönsten am Schluß der Erzählung „Zwei Kuchenesser der alten Zeit" zum Ausdruck gebracht (IV, 124):

„O, seliger Theodor Amadäus Hoffmann, dessen laterna magica ich an stillen Herbstabenden so gern noch vor mir aufstelle, weshalb schlägt nicht mehr die Stunde deiner Serapionsabende, auf daß ich dir diesen Kuchenesser der alten Zeit überliefern könnte! In welch' wunderbaren, geheimnisvoll glühenden Farben würdest du durch deine Zaubergläser sein Bild an der grauen Wand erscheinen lassen!"

Mit den „Zerstreuten Kapiteln", zu denen die Erzählung von den „Zwei Kuchenessern" gehört, hat sich Storm vom Titel her, aber ebenso im Stil, E. T. A. Hoffmanns „Höchst zerstreuten Gedanken" (1814) angeschlossen. Auch in anderen Werken Storms sind einzelne groteske Gestalten wie z. B. der verkrüppelte Maler in „Eine Malerarbeit", der Herr Etatsrat in der gleichnamigen Novelle, der Pfandleiher in „Bulemanns Haus“ und der Rattenzähmer in „Der Amtschirurgus-Heimkehr“ von Hoffmannschen Gestalten beeinflußt[10]. Und in der Gespenstergeschichtensammlung „Am Kamin“ wird im Rahmen deutlich auf entsprechende Hoffmannsche Geschichten verwiesen, wenn der Erzähler die Punschbowle, die hereingetragen wird, mit den Worten begrüßt (IV, 54): „Da erscheint der Trank, bei dem der selige Hoffmann seine Serapionsgeschichten erzählte“.

So nimmt es nicht wunder, daß in Storms Bücherschrank fast alle Werke E. T. A. Hoffmanns nebeneinander standen. In einem erst viele Jahre nach Storms Tod aufgestellten, unvollständigen Bücherkatalog sind allein 15 Bände verzeichnet, darunter die frühen Bände der „Serapions-Brüder“ und der „Fantasie-Stücke in Callots Manier“, der „Blätter aus dem Tagebuch eines reisenden Enthusiasten mit einer Vorrede von Jean Paul“, die 1827 bei Reimer in Berlin erschienen sind. Aber auch zwei seltene Erstdrucke sind dabei: „Prinzessin Brambilla. Ein Capriccio nach Jakob Callot“ und „Meister Floh. Ein Mährchen in sieben Abentheuern zweier Freunde“, (1821 bei Max in Breslau bzw. 1822 bei Wilmanns in Frankfurt a. M. erschienen) sowie eine zweite Auflage des Erstdrucks von „Klein Zaches“ (Berlin: Dümmler, 1824). Aus Hoffmanns Novelle „Der Magnetiseur“ zitiert der Husumer stets vom Vergänglichkeitsgedanken beunruhigte Dichter immer wieder die lateinischen Worte „exeunt omnes“ (alle gehen dahin/alle sterben)[11].

Aus seiner Vorliebe für Mörike und dessen Dichtung hat Storm nie ein Hehl gemacht. Das kommt immer wieder in seinem Briefwechsel mit Mörike selbst und dessen Witwe, besonders eindrucksvoll in seinen „Erinnerungen an Eduard Mörike“, zum Ausdruck. Aber auch Storms Buchsammlung ist dafür ein Beleg. Nachgewiesen sind in seinem Besitz fast alle Werke, die zu Mörikes Lebzeiten erschienen sind: Die „Gedichte“ (1838), die Sammlung „Iris“ (1839), die „Idylle vom Bodensee“ (1846), die „Vier Erzählungen“ (1856), „Das Stuttgarter Hutzelmännchen“ (1853) und die erste wie die zweite Fassung des „Maler Nolten“ (1832 und 1877/8).

Eine besondere Freude war es für Storm, daß er während seines Besuchs bei Mörike in Stuttgart (August 1855) einer Lesung des gerade neuentstandenen Werkes „Mozart auf der Reise nach Prag" beiwohnen konnte. Zurückgekehrt nach Potsdam erhielt er dann die inzwischen gedruckte Ausgabe (Cotta 1856) mit der handschriftlichen Widmung: „Theodor Storm in Potsdam mit tausend vorläufigen herzlichen Grüßen und Dank!" (Abb. 15).

Mehrfach charakterisiert Storm Gestalten seiner Novellen als Liebhaber von solchen Büchern, die er selbst schätzte und besaß. In der Novelle „Eine Halligfahrt" z. B. wird die emotionale Bindung des „Vetters" an seine Bibliothek exemplarisch an einem „abgegriffenen Exemplar" des „Hesperus" von Jean Paul ausführlich dargestellt (II, 48 f.), und Storm selbst gesteht in seinem Tagebuch: „der jetzige Besitzer von des Vetters Jean-Paul-Ausgabe bin ich" (IV, 520). Ebenso macht Storm den „alten Musikmeister" in der Novelle „Ein stiller Musikant" zum Besitzer einer „hübschen Reihe" von Chodowiecki-Ausgaben, wie er selbst sie liebte[12]. Der Musikmeister verweist besonders auf die von Chodowiecki illustrierten „Bürgerschen Gedichte" mit dem „langen Subskribentenverzeichnis" und meint, daß es „schon ein Spaß" sei, „unter all den alten Herrschaften die eigenen Urgroßväter aufzusuchen" (II, 290). Das Kuriose ist nun, daß Storm selbst diese Ausgabe der „Gedichte" von Gottfried August Bürger besaß (Göttingen 1778) und daß unter den Subskribenten, die in dem „langen Subskribentenverzeichnis" stehen, tatsächlich die Namen von zwei „eigenen Urgroßvätern" gedruckt sind: „Esmarch" (S. 6) und „Feddersen" (S. 7), beide verzeichnet als im Herzogtum „Schleswig" beheimatet.

In Storms Bibliothek stand ein Werk, das zwar nicht eigentlich bibliophilen Charakter hat, aber doch in mancherlei Hinsicht interessant ist. Es handelt sich um Gottfried von Straßburgs Epos „Tristan und Isolde" (~1210), allerdings in der Übersetzung des Tübinger Bibliothekars und Schriftstellers Hermann Kurtz (Stuttgart 1847).

Auf dem Vorsatzblatt hat Storm handschriftlich Paul Heyses Würdigung dieser Nachdichtung eingetragen, die in den Worten

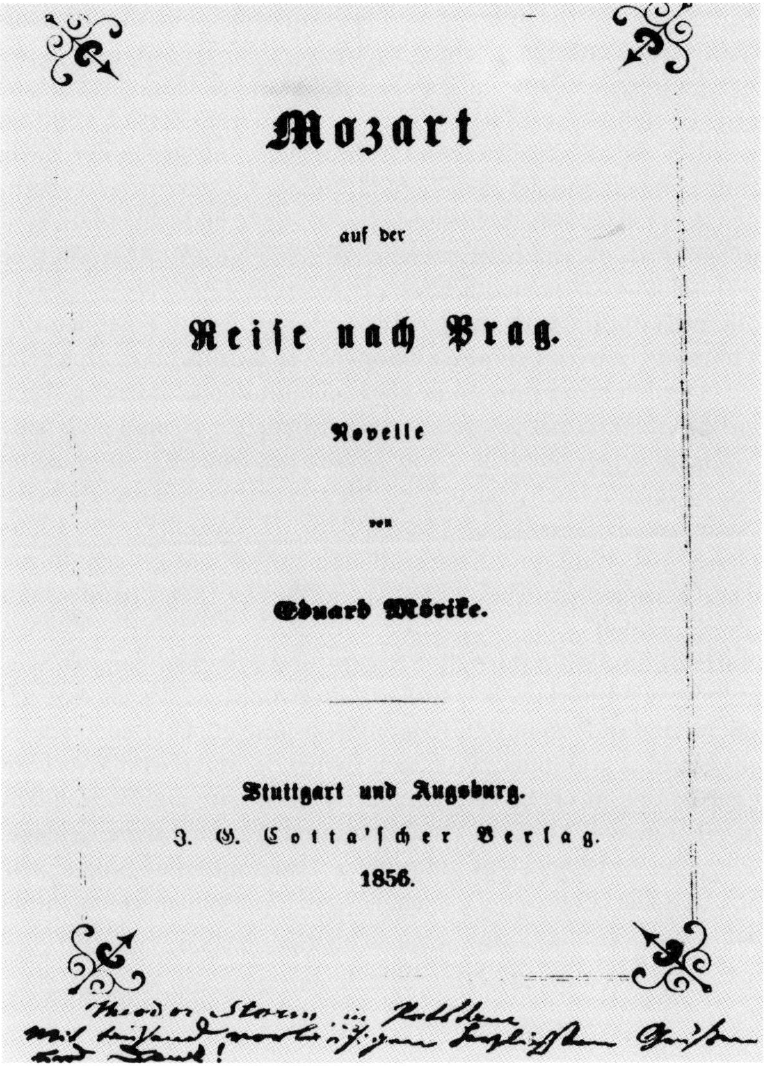

Mozart

auf der

Reise nach Prag.

Novelle

von

Eduard Mörike.

Stuttgart und Augsburg.

J. G. Cotta'scher Verlag.

1856.

Abb. 15: Eduard Mörike: Mozart auf der Reise nach Prag (Erstausgabe 1856), mit Widmung des Autors: „Theodor Storm in Potsdam mit tausend vorläufigen herzlichsten Grüßen und Dank!“ (Schiller-National-Museum, Marbach).

gipfelt: „ein Werk der Pietät und Begeisterung“. Hat Heyses positives Urteil unseren Dichter veranlaßt, den Tristan-Text dieses Bandes in seiner Novelle „Ein Fest auf Haderslevhuus“ zu benutzen? Es sieht so aus! Denn Storm hat – wie erst kürzlich ermittelt wurde – die altfranzösischen Grußformeln, mit denen der Ritter Rolf Lembek und das zarte Schloßfräulein Dagmar sich zu erkennen geben (III, 414: „Dé té benie! Gott segne dich! Et merzi, gentil Sir!“) aus diesem Band wörtlich in seine Novelle übernommen (vgl. III, 964 f. zu dieser Stelle).
Die Werke von Charles Sealsfield (eigtl. Karl Anton Postl) wurden – übrigens wie die Fenimore Coopers – in Storms Haus gern gelesen. Der Dichter benutzte sie aber auch für die Schilderung Westindiens, der Heimat von Jenny, der unehelichen Tochter einer Farbigen, in seiner Novelle „Von Jenseit des Meeres“. Dort nennt Storm ausdrücklich Sealsfields „Pflanzerleben“ und die „Lebensbilder aus der westlichen Hemisphäre“ (I, 666; 1191 f. u. 1200). Dabei griff er auf seine eigenen Bände zurück, auf die acht Bände der „Gesammelten Werke“ (Stuttgart: Metzler 1846/7) und auf das „Kajütenbuch“.
Auffällig sind die zahlreichen Sagen- und Märchen-Sammlungen in Storms Bibliothek. Wir finden da friesische, schleswig-holsteinische und oldenburgische Sagen-Sammlungen, aber auch solche aus Hamburg, Bremen, Potsdam, Erfurt, Stuttgart und Wien, aus Ostpreußen, aus dem Voigtland, der Oberlausitz und Westphalen, ja, aus Litauen, Ungarn, Frankreich und aus der Schweiz; insgesamt über 60 Bände! Das hängt damit zusammen, daß Storm seine Schriftstellertätigkeit als Sagen- und Gespenstergeschichten-Sammler begonnen[13] und sich zeitlebens für „Spuk, Ahnungen und Gesichte“, für das Unheimliche, das „Un- und Übernatürliche“ interessiert hat[14]. Auch Storms „Schimmelreiter“-Novelle basiert ja auf einer Sage. –
Bis ins hohe Alter hat Storm sich bemüht, seine Bibliothek durch neuere Werke zu ergänzen. 1876 z. B. hat er die illustrierte Ausgabe von Wilhelm Raabes „Horacker“ (Berlin: Grote), 1872 die „Sagen der Stadt Erfurt“ (hg. von H. Kruspe), 1878/9 die drei Bände der „Gesammelten Schriften“ von Annette Droste-Hüls-

hoff (Stuttgart: Cotta) und 1882 Conrad Ferdinand Meyers „Gedichte“ (Leipzig: Haessel) erworben.
Wie sorgsam er seine Büchersammlung auf dem neuesten Stand zu halten versuchte, zeigen beispielhaft die sechs Bände der „Gesammelten Gedichte“ von Friedrich Rückert (Erlangen: 1836–38): In den letzten Band hat er einen Zeitungsausschnitt aus dem „Altonaer Tageblatt“ vom 16. Mai 1888 eingeklebt, in dem eines der letzten Gedichte Rückerts abgedruckt war („Unter Disteln und Dornen/Hast Du gelebt…“) und diesen Ausschnitt mit dem handschriftlichen Zusatz versehen: „Bei Rückerts Charakteristik nicht außer Acht zu lassen.“ Sieben Wochen vor seinem Tode also hat Storm seine Rückert-Ausgabe noch für einen späteren erweiterten Gebrauch vorbereitet (Abb. 16).
Angesichts der Vielfalt, der Qualität und des Umfanges der Stormschen Büchersammlung fragen wir uns, wie es einem Dichter, der doch vorwiegend in kleinen Städten wie Husum, Potsdam und Heiligenstadt, ja, zuletzt in einem Dorf, in Hademarschen-Hanerau, gelebt hat, möglich gewesen ist, eine so reichhaltige und qualifizierte Bibliothek aufzubauen (ohne die heute gängigen computergestützten Bücherauskünfte und Bestellmöglichkeiten in einer Buchhandlung).
Ein wichtiges Orientierungsmittel waren die Zeitschriften, z. B. die „Deutsche Rundschau“ und „Westermanns Monatshefte“, die durch Vorabdrucke, aber auch durch Rezensionen und Bücherlisten auf Neuerscheinungen aufmerksam machten. So ist wahrscheinlich die Anschaffung der „Gedichte“ eines obskuren Dichters wie des 1879 in einem Züricher Irrenhaus verstorbenen Heinrich Leuthold zu erklären: Ist doch der in Storms Bibliothek nachweisbare Band im Sterbejahr Leutholds in einem weitgehend unbekannten Ort und Verlag (bei Huber in Frauenfeld in der Schweiz) erschienen. Die Gedichte Leutholds haben Storm aber dann doch enttäuscht: „Ihm ⟨Leuthold⟩ fehlt die Unmittelbarkeit, das ‚Tirili‘, (…) er ist auch zu sehr in seinem Ich befangen“ (an Heyse, 1. 11. 81).
Einen großen Teil seiner Bücher hat Storm antiquarisch erworben. Als z. B. die alte Bibliothek der „Harmonie“, eines Geselligkeits-

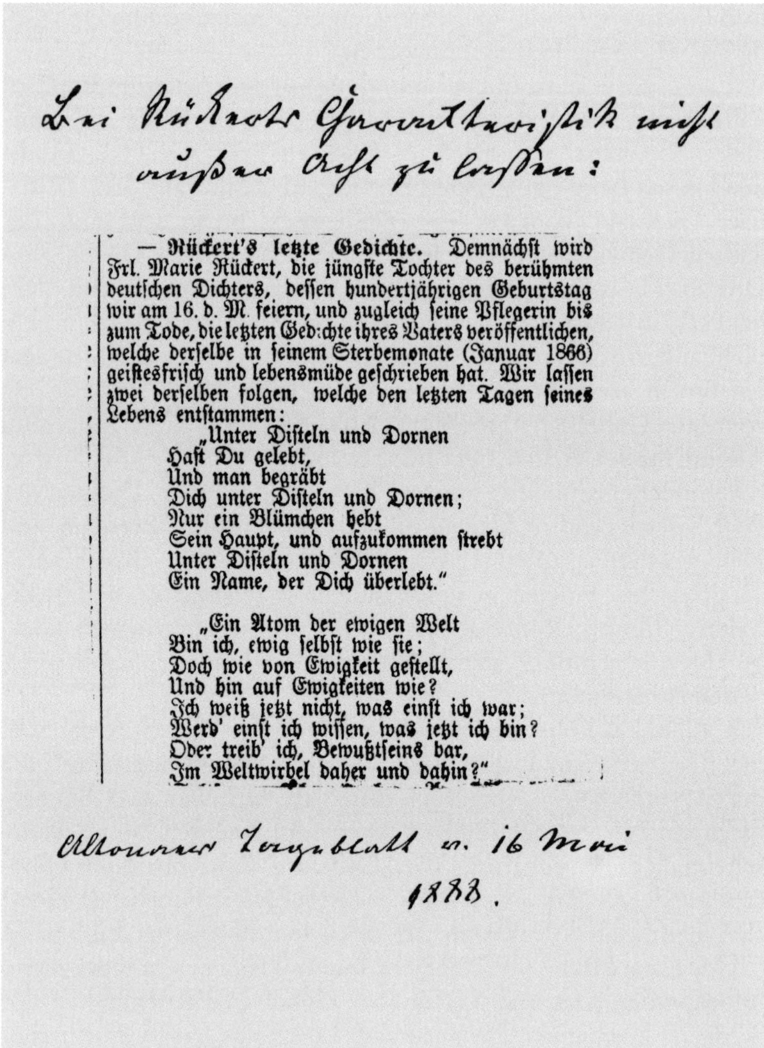

Bei Rückerts Charakteristik nicht außer Acht zu lassen:

— Rückert's letzte Gedichte. Demnächst wird Frl. Marie Rückert, die jüngste Tochter des berühmten deutschen Dichters, dessen hundertjährigen Geburtstag wir am 16. d. M. feiern, und zugleich seine Pflegerin bis zum Tode, die letzten Ged:chte ihres Vaters veröffentlichen, welche derselbe in seinem Sterbemonate (Januar 1866) geistesfrisch und lebensmüde geschrieben hat. Wir lassen zwei derselben folgen, welche den letzten Tagen seines Lebens entstammen:

„Unter Disteln und Dornen
Hast Du gelebt,
Und man begräbt
Dich unter Disteln und Dornen;
Nur ein Blümchen hebt
Sein Haupt, und aufzukommen strebt
Unter Disteln und Dornen
Ein Name, der Dich überlebt."

„Ein Atom der ewigen Welt
Bin ich, ewig selbst wie sie;
Doch wie von Ewigkeit gestellt,
Und hin auf Ewigkeiten wie?
Ich weiß jetzt nicht, was einst ich war;
Werd' einst ich wissen, was jetzt ich bin?
Oder treib' ich, Bewußtseins bar,
Im Weltwirbel daher und dahin?"

Altonaer Tageblatt v. 16 Mai 1888.

Abb. 16: Ein Zeitungsausschnitt aus dem „Altonaer Tageblatt vom 16. Mai 1888" mit handschriftlichen Anmerkungen Storms. Eingeklebt in den letzten Band der „Gesammelten Gedichte" von Friedrich Rückert, Erlangen 1836/8 (StA Husum).

vereins in Husum, aufgelöst wurde, bat der damals in Potsdam lebende Dichter seinen Vater, ihm Grabbes Drama „Napoleon oder Die hundert Tage“ (Erstdruck 1831) und Försters Fortsetzung des Chamissoschen „Peter Schlemihl“ zu ersteigern (4. 5. 56). Daß Storm – ebenso wie viele Sammler heute – eifrig Antiquariatskataloge durchgesehen hat, läßt sich aus seinen Briefen erschließen: Einmal hat er z. B. einem Brief an Erich Schmidt einen Ausschnitt aus einem solchen Katalog beigelegt, mit Angeboten von Büchern von und über den Sturm-und-Drang-Dichter Heinrich Leopold Wagner, die den jungen Universitätsprofessor interessierten (18.6.80); ein andermal hat er seinen Münchener Kollegen Paul Heyse gebeten, die „dortigen Antiquare“ aufzufordern, ihm (Storm) „ihre Kataloge“ zuzuschicken (1.11.1881).

Eine ganze Reihe von Büchern in Storms Bibliothek sind aber auch Exemplare, die befreundete Dichter ihm zugesandt oder gewidmet haben. In dem Band „Balladen“ von Theodor Fontane (Berlin: Hertz 1861) z. B. hat Storm notiert: „Geschenk des Ver⟨fassers⟩ Dezember 1864“, und auf dem Vorsatzblatt der „Gesammelten Gedichte“ von Gottfried Keller (Berlin: Hertz 1883) finden wir neben Storms handschriftlicher Bemerkung „Geschenk des Vfs.“ Kellers Paketadresse eingeklebt. Sie lautet: „Herrn Amtsgerichtsrath Theodor Storm in Hademarschen bei Hanerau, Schleswig-Holstein“.

Einige Bücher verweisen mit ihren Eintragungen auf die weitgespannten Beziehungen Storms: Von dem österreichischen Dichter Julius von der Traun z. B. erhielt Storm den Band „Die Äbtissin von Buchau“ (Berlin 1877), wie auf dem Vorsatzblatt des Bandes vermerkt ist (1872 hatte Storm den Autor auf Schloß Leopoldskron bei Salzburg besucht: vgl. S. 138 f.). Mehrere Bände der „Bibliothek deutscher Curiosa“, die 1877 in Lindau und Leipzig erschienen sind, wurden ihm – laut handschriftlicher Eintragung in den Bänden – vom Herausgeber zugeschickt. Die „Novellen und Gedichte“ (Wien, Pest, Leipzig, 1880) hat der Autor des Bandes, Ritter von Leitner, aus Graz „dem Dichter Theodor Storm mit inniger Verehrung“ gewidmet.

Biographisch interessant ist der Band „Schillers Leben" von K. Hoffmeister (4 Teile, Stuttgart 1840), und zwar nicht nur deshalb, weil damit Storms frühe Beschäftigung mit Schiller dokumentiert wird, sondern vor allem durch die Eintragungen. Aus diesen geht hervor, daß alle vier Teile in der Buchhandlung Schwers in Kiel gekauft sind (in der Storm dann später, 1852, seinen ersten Gedichtband herausgegeben hat), und daß der erste Teil ein Geschenk Theodor Mommsens zu Storms 25. Geburtstag ist (14. 9. 1842).
Schließlich stoßen wir noch auf ein Werk des Kölner Journalisten Dr. Heinrich Kruse: Es ist das Trauerspiel „Die Gräfin" (4. Aufl. Leipzig 1873), mit der handschriftlichen Widmung auf dem Vorsatzblatt „Seinem lieben Theodor Storm in herzlicher Verehrung vom Verf." Der Kölner Redakteur war also auch ein Dichter – ein heute völlig vergessener allerdings –, und er stand offenbar zu „seinem lieben Storm" in einem engeren persönlichen Verhältnis, als man bisher angenommen hat.
Aber auch gerade junge, wenig bekannte Dichter haben ihrem Vorbild Storm Bände ihrer dichterischen Produktion zugeschickt, in der Hoffnung auf eine positive Reaktion oder auf einen guten Ratschlag von kompetenter Seite. Exemplare der wenig bekannten, äußerst seltenen sog. Borbyer Sonderdrucke von Detlev von Liliencron etwa finden wir da: die Drucke „Der Buchenwald" (Borby 1880), „Der Dämon" und „Die Könige von Norderoog und Süderoog" (Pellworm 1882). Heinrich Seidel ist mit mehreren Werken in Storms Bibliothek vertreten, z. B. mit dem Gedichtband „Drinnen und draußen" (Minden 1888), in den die handschriftliche Widmung eingetragen ist: „Herrn Theodor Storm in herzlicher Verehrung – der Verfasser, Berlin, d. 12. Dez. 1887".[15]
Auch der junge Ferdinand Avenarius, der spätere Herausgeber der einflußreichen Zeitschrift „Der Kunstwart", hat dem Husumer seinen ersten Gedichtband „Wandern und Werden" (Zürich/Leipzig 1880) zugeschickt. Als strenger Lyriker und Kritiker aber antwortete ihm Storm unumwunden, daß er zwar „eines und die Hälfte von einem andern ⟨Gedicht⟩ nicht übel fände", daß „das Andre aber dummes Zeug sei" (an Keller 8. 5. 81). Avenarius hat später dann tatsächlich nur das eine von Storm bezeichnete Ge-

dicht in seine Anthologie „Deutsche Lyrik der Gegenwart seit 1850“ aufgenommen.[16]

Storm war sehr darauf bedacht, seine Bibliothek vollständig und in einem guten Zustand zu erhalten. Genauestens hat er sich notiert, wem er welches Buch mitgegeben hatte. So sind uns u. a. folgende Tagebuchnotizen überliefert (vgl. IV S. 533 ff.): Am 21.7.1883: „Goos ⟨. . .⟩ hat ‚Maler Nolten‘ und die dänische Ausgabe meiner Novellen mitgenommen“; am 17.8.1885: „‚Oliver Twist‘ an Ida Sp⟨eckter⟩ geliehen“; am 7.6.1886: ‚Helene Jürgensen‘ lieh ich an diesem Tage 1 Band Freytag ‚Lebensbilder‘“, und am 2.12.1887: „‚An von Brinken‘ ⟨Storms Arzt⟩ die ‚Müllenhoffschen Sagen‘ und die Geschichte ‚Struensee‘, mitgegeben“. Wenn die Bücher nicht rechtzeitig zurückkamen, erinnerte er die Säumigen. So beauftragte er seinen Sohn Hans, der damals in Kiel studierte, ihm „von Groth den ‚grünen Heinrich‘ v. Keller (4 Bände) und ‚Maler Nolten‘ abzuholen“ und „diese Bücher wie ‚Grabbe's Leben‘ mitzubringen“. Und er fügte hinzu: „Sorg, daß die Bücher wohl conservirt werden. Nachdem nun der ganze Heine (nebst Nachlaß und 2 Bde. Leben) wohl gebunden in meinem Regal steht, möchte ich meine Bibliothek mal wieder beisammen haben“ (24.3.70).

Storm hatte – wie diese Briefzeilen deutlich machen – ein emotionales Verhältnis zu seinen Büchern, besonders zu den alten, schönen Bänden. „Ich habe so meine stille Freude daran, die alten Herrn des 18. Jahrhunderts in ihren schmucken Originalausgaben um mich zu haben“ (an Keller, 7. 4. 77).

Deshalb tat es ihm geradezu weh, wenn ein Band einer solchen Ausgabe fehlte, und streckte nach allen Himmelsrichtungen seine Fühler aus, um das Desiderat zu ergattern. So klagte er seinem Schweizer Dichterkollegen Gottfried Keller, daß ihm der „Band II der deutschen Ausgabe“ von Salomon Gessners „Schriften“ (Zürich 1778) fehle, und bat ihn: „Sollte er Ihnen in einem dortigen Antiquariat vor Augen kommen, so sind sie vielleicht so gütig, ihn mir gegen Postnachnahme senden zu lassen“ (7. 4. 77). Keller hat diesen Band seinem Freund in Husum dann tatsächlich am 26. 2. 1879 zugeschickt.

Daß es Storm darauf ankam, seine Bibliothek „wohl conserviert" (s. o., an Hans) zu halten, ergibt sich auch aus der Tatsache, daß Anstreichungen bestimmter Stellen oder Bemerkungen am Rande, ja, selbst Unterstreichungen einzelner Wörter in den Büchern der Stormschen Bibliothek äußerst selten vorkommen. Er wollte seine schönen Bände offensichtlich nicht verunstalten. Auf den Buchdeckelinnenseiten oder auf den Vorsatzblättern jedoch finden wir gelegentlich Notizen. Charakteristisch für Storm ist eine Eintragung auf dem Vorsatzblatt des Bandes „Die Sagen und Mährchen aus der Oberlausitz", nacherzählt von Ernst Willkomm (Hannover 1843). Hier finden wir – neben der Notiz, daß der Band „3 M⟨ark⟩" gekostet hat, – folgende Eintragung:

> „Vor Jahren besaß ich ein Exemplar dieses seltsamen Buches; Hans entführte es mir auf die Universität, – evanuit ⟨lat.: es ist verschollen⟩. – Die Verlagshandlung war verschwunden. Dieß alte Leihbibliotheks-Exemplar war das einzige, was durch Aufruf des Buchhändler-Börsenblattes der Buchhändler Lucas Graefe in Hamburg auftreiben konnte. Ich erhielt es im Januar 1885. – Th. Storm."

Hier bestätigt sich Storms emotionales Verhältnis zu den Büchern seiner Bibliothek: Jahrelang hat er nach einem verlorengegangenen Buch gefahndet, um es dann mit dieser Notiz höchst befriedigt in seinen Bücherschrank zu stellen und damit seine große Sammlung von Sagenbüchern wieder zu vervollständigen.

In der Werkstatt des Dichters

Seit das Haus in der Husumer Wasserreihe, das Theodor Storm während seiner Hauptschaffensperiode bewohnt hat (1866–1880), Besuchern zugänglich ist und man also sein „Poetenstübchen“ (mit einem Teil seiner Bibliothek) besichtigen kann, ist es nicht schwer, sich eine Vorstellung zu machen, in welcher Atmosphäre er als Dichter gearbeitet hat. Er selbst hat einmal von sich gesagt, daß er „äußerlich der Enge“ bedürfe, „um innerlich ins Weite zu gehen“.[1] Er meinte damit offenbar, daß die kleine, von der lauten Unruhe des Lebens abgeschlossene Welt seines Arbeitszimmers für ihn die Voraussetzung war für produktives dichterisches Schaffen.

Tatsächlich: Das „Poetenstübchen“ in seinem Haus in der Wasserreihe, das er sich nach eigenem Bekunden „selbst gedichtet“ hat[2], ist kein weiter und großer Raum, sondern verhältnismäßig „eng“, nicht größer als 21 Quadratmeter[3], und die schwere geschnitzte Balkendecke, die roten Wände, das Mobiliar des Poetenstübchens rufen bei den Museumsbesuchern heute noch jenes Gefühl der behaglichen „Enge“ hervor, die dem Dichter erlaubte, „ins Weite zu gehen“ (vgl. Abb. 17).

Dennoch stimmt die Vorstellung, daß Storm nur in seinem eigenen Arbeitszimmer dichten konnte, nicht. Wir wissen, daß er auch außerhalb seiner eigenen vier Wände zu Gedichten und Prosastücken inspiriert worden ist. Storm selbst erinnert sich, daß das „Lied des Harfenmädchens“ („Heute, nur heute bin ich so schön ...“) einer Kutschfahrt seine Entstehung verdankt: „während ich in argem Herbstschlackerwetter von Husum nach Tondern in einer Kutsche allein durch öde Gegend fuhr“ (an E. Schmidt, 17.2.86). Das Gedicht „Abseits“ dagegen ist entstanden, als er 1847 von Olderup, „einem Kirchdorf ein paar Stunden nördlich von Husum, über die dazwischen liegende Haide zurückwanderte.“[4]

Gelegentlich hat er auch im Bett gedichtet: Einmal, morgens vor dem Aufstehen, stellte sich ihm „ein alter gutmüthiger Kapitän“ vor Augen, wie er „ein Kind an seinem Leibtrank theilnehmen ließ“; das war die Kernszene zur Novelle „John Riew’“, die er sich

Abb. 17: Storms Arbeitszimmer, sein „Poetenstübchen", im Storm-Haus, Husum, Wasserreihe 31 (StA Husum).

dann gleich „notirte" (an Heyse 4.2.85). Die Idee zur Novelle „Auf dem Staatshof" geht auf die „Nacht" zurück, als er „auf der Rückkehr von Heiligenstadt" im Herbst 1856 „in Göttingen bei Herrn Bettmann" im Gasthof „Zur Krone" schlief, „oder vielmehr nicht schlief" (an die Eltern, 19.12.58). Und auch die ersten Seiten des Märchens „Die Regentrude" sind niedergeschrieben, als der Dichter mit Röteln das Bett hüten mußte: „Mit Papier u. Bleistift stieg ich ins Bett, und schrieb in der verhangenen Stube auf der Mappe, trotz dem Doktor, unaufhaltsam (...)" (an Brinkmann 17. 1.64).

Damit wird deutlich, daß Storm vor allem der ungestörten, vom Lärm der Welt abgeschlossenen Atmosphäre bedurfte, um dichten zu können: Die Kutsche, die einsame Heide, die nächtliche Ruhe im Hotelzimmer, die „verhangene" Krankenstube, das konnten – neben dem eigentlichen Arbeitszimmer – Orte sein, die ihn zum Dichten animierten. Eine Stelle aus seinem Brief vom 11.11.1883 an Freund Schleiden, der ihn zu einem Besuch in seine Hamburger Wohnung eingeladen hatte, bestätigt das: „ich möchte nun bitten, mich in meinem Schlaf, wie mit meinen Träumen (poetischen nemlich) in dem äußerst behaglichen Bibliotheks- und Gastzimmerchen beisammen zu lassen, wo Alles aufs Behaglichste stimmen wird, zumal wenn die gute Johanna mir morgens schon ein Feuerchen dort machen darf".

Theodor Storm gehörte nicht zu den Dichtern, denen die Ideen und Stoffe nur so zuflogen und die sich ganz auf ihre Phantasie verlassen konnten. Er hat oft nach Novellenstoffen suchen müssen. Wie beneidete er Paul Heyse um das „Novellenmotiven-Nest", das dieser entdeckt hatte, und darum, daß diesem „immer Alles zuströmte" (1.5.82). Storm war stärker auf Anstöße von außen angewiesen. Mehrfach haben Erzählungen und Bemerkungen von Bekannten den Anstoß zu einer Novelle gegeben.

Der Anstoß zur Novelle „Im Schloß" z. B. ist von der „geheimen Geschichte eines alten Gutes" und „einer schönen vornehmen Frau" ausgegangen, die ihm ein alter Müller aus der Umgebung von Segeberg während eines Spazierganges „auf der sonnbeschienenen hochliegenden Heide" erzählt hat (an Fontane, 28.10.53). Den Stoff für die Novelle „Ein Doppelgänger" lieferte „die Mittheilung einer Verwandten" über „den etwas unheimlichen Tod eines Husumer Menschen" (an Franzos, 5.7.86, an E. Schmidt, 16.9.86). Ein solcher „Perpendikel-Anstoß" (ein Wort, das Storm in diesem Zusammenhang gern gebrauchte) konnte die Phantasie des Dichters in Bewegung setzen und eine ganz eigene Geschichte auslösen, die dann allerdings oft nur wenig mit dem „Anstoß" selbst zu tun hatte. So hat z.B. die Novelle „Zur Chronik von Grieshuus" ihren Ursprung in folgendem Gespräch zwischen dem Augenarzt Dr. Julius Mannhardt und dem Dichter (an Fontane, 2.11.84):

„*Dr. Mannhardt*, der viel in Italien gelebt, erzählte mir: ein dortiger Marquis habe ihm einmal mitgetheilt, bei seinem Gute wohne ein Einsiedler; aber er müsse ihm alle Jahr auf einige Tage im Gute Quartier geben, weil dann die ‚schlimmen Tage' seien, wo es nicht gut da draußen sei.

Ich fragte *Mannhardt:* ‚Woher kamen denn diese Tage?‘ ‚Ich glaube‘, sagte er, ‚ein Brudermord oder so etwas war der Grund.‘
Das war der Perpendikel-Anstoß. Ich glaube, es ist jetzt gut schleswig-holsteinisch.“

Aus einem „kleinen italienischen Motiv“ also (an Keller, 10.11.84) hat Storm diese große, zwei „Bücher“ umfassende und vielschichtige Novelle entwickelt.
Auch gedruckte Zeugnisse konnten Novellen-Anstöße geben. Bei der Novelle „Psyche“ z. B. war es eine Zeitungsmeldung, daß „ein Secundaner die Rettungsmedaille bekommen“ habe, „weil er ein Mädchen (vermutlich indeß anständig bekleidet), aus dem Wasser geholt“ (an Rodenberg, 5.5.75). Und der Anstoß zur Arbeit an der Novelle „Renate“ im Jahre 1877 ist offensichtlich von der Lektüre alter Husumer Chroniken ausgegangen, und zwar von einem Geschehen, das sich „hier herum, so anno 1700–1717, zugetragen haben muß“ (an H. v. Preuschen, 5.11.77).
Storm war es nicht gegeben, seine Dichtungen wie im Rausch in einem Zuge hinzuschreiben und zu vollenden. Nur einmal ist ihm dieses Glück zuteil geworden: Die erste Niederschrift des Märchens „Die Regentrude“ hat er in wenigen Tagen zu Papier gebracht, und die Überarbeitung einschließlich der Reinschrift ist in zwölf Tagen fertig geworden.[5] So genialisch schnell und in einem Zug hat Storm sonst nicht arbeiten können. Die meisten seiner dichterischen Produktionen sind das Ergebnis langwieriger und mühseliger Vorarbeiten. Die Kladden wurden immer wieder geändert, und selbst die Reinschriften weisen Verbesserungen, Streichungen und Umstellungen auf. Dasselbe gilt für die Gedichte.
Die drei ersten Strophen des Gedichts „Ostern“ z. B. sind am 2. Ostertag 1846 entstanden. Storm ist, wie er seiner Braut schrieb (13. 4. 46), „die ganze Zeit genießend und dichtend im Garten umhergegangen“; er wollte „ein politisches Gedicht“ machen, kam aber nicht „über den Frühling hinaus“: nur drei Strophen wurden fertig. Erst nach der Revolution von 1848 und nach der Schleswig-Holsteinischen Erhebung wurde das Gedicht vollendet, erhielt es acht Strophen und den gewünschten Unterton, wie er dann vor al-

lem in der letzten Verszeile zum Ausdruck kam: „Das Land ist unser, unser soll es bleiben!" Auch der Eingangsvers wurde geändert: Statt „Hoch oben stand ich auf dem Meeresdeich" hieß es jetzt – stärker heimatbezogen und auch politischer –: „Es war daheim auf unserm Meeresdeich . . ." Innerhalb des Gedichtes hat Storm im Laufe der Zeit noch an 16 Stellen Verbesserungen vorgenommen, auch die Überschrift wurde viermal abgeändert:

„An der Westküste. Den Friesen" (an Th. Mommsen, April 1848)
„Ostern. 1848" (im Familienalbum und im „Neuen Liederbuch")
„Auf dem Deich. Ostern 1848" (in „Biernatzkis Volksbuch" 1849)
„Ostern" (in „Gedichte" 1852)

Letzte Korrekturen hat Storm 1851 angebracht (im „Neuen Liederbuch": „corrigirt, Husum im Mai 1851"). Von 1846 bis 1851, also über fünf Jahre, hat sich der Entstehungsprozeß hingezogen. Ebenso mühselig war die Arbeit an den Novellen. Die Novelle „Immensee" z. B. ist im Jahre 1849 entstanden, in „Biernatzkis Volksbuch auf das Jahr 1850" zum erstenmal gedruckt und dann für die erste Buchausgabe (in: „Sommergeschichten und Lieder", Berlin 1851) gründlich umgearbeitet worden. Dem „schwierigen Stoff" der „Carsten Curator"-Novelle ist Storm – wie er Georg Lorenzen geschrieben hat (23. 5. 77) – „zehn Jahre lang aus dem Weg gegangen", ehe er sich im Mai 1877 dazu durchrang, diesen Stoff zu einer Novelle zu verarbeiten. Und die Novelle „Hans und Heinz Kirch" hat den Dichter – nach einem Brief an Hans Speckter (21. 3. 82) – „wenigstens 100 Vormittage a 4–4½ Stunden gekostet".

Ein überraschend großer Teil der Stormschen Gedicht- und Novellenmanuskripte – Kladden, Entwurfsblätter, Reinschriften – ist erhalten. Das hängt auch damit zusammen, daß Storm seine Manuskripte sorgfältig aufbewahrt, z. T. genau signiert hat. So wurde z. B. das Schimmelreiter-Manuskript von Storm selbst so beschriftet: „Eigenhändiges Druck-Manuscript zum *Schimmelreiter* 1886–1888 und Correkturbogen, mit einem neuen Schluß, der aber später verworfen ist", und diese Aufschrift hat Storm dann

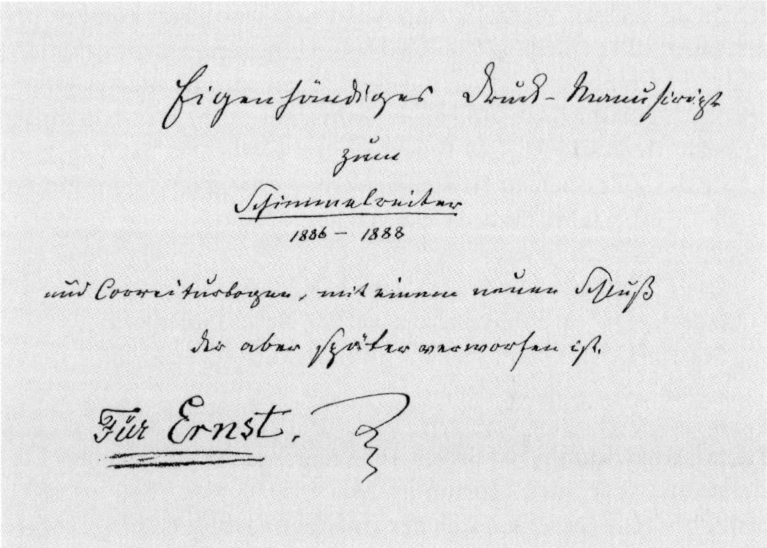
Eigenhändiges Druck-Manuscript
zum
Schimmelreiter
1886 – 1888
und Correcturbogen, mit einem neuen Schluß
der aber später verworfen ist.
Für Ernst.

Abb. 18: Umschlag zum Manuskript „Der Schimmelreiter“, von Storm beschriftet: „Eigenhändiges Druck-Manuscript zum Schimmelreiter 1886–1888 und Correcturbogen mit einem neuen Schluß der aber später verworfen ist. Für Ernst.“ (SHLB-Kiel).

noch ergänzt mit den Worten „Für Ernst“ (Abb. 18). Der Dichter hat also noch zu seinen Lebzeiten dafür gesorgt, daß seine Manuskripte wohlgeordnet in die richtigen Hände kamen (hier in die Hand seines Sohnes Ernst, des Rechtsanwalts).

Mit Hilfe dieser so zahlreich erhaltenen Dokumente ist es möglich, sich ein Bild zu machen, wie Storm gearbeitet hat.

Zunächst fällt auf, daß Storm ganz unterschiedliche Papiersorten und -formate verwendet hat. Manchmal sind die Bögen liniert; vor allem für Reinschriften hat er, um eine möglichst deutliche Druckvorlage zu liefern, liniertes Papier benutzt. Plötzliche Gedankensplitter, Skizzierungen kleiner Szenen oder einzelner Sätze stehen dagegen meist auf unlinierten Zetteln unterschiedlicher Herkunft; selbst alte Briefe und Briefumschläge wurden als „Kladde“ be-

Abb. 19: Briefumschlag „Herrn Th. Storm Amtsrichter Husum (frei)“, Briefstempel: „Hamburg, 1. Febr. ⌈18⌉72“ (SHLB-Kiel).

Zwei Szenen-Entwürfe zur Novelle „Draußen im Heidedorf“ auf dem Brief-Umschlag: oben: (vgl. LL II, 99): Wie e⌈ine⌉ Schlange glitt sie in die Höhe; dann blieb sie wie versteinert mit offnem Munde stehen, in dem hereinfallenden Mon⌈d⌉licht sah ich die ⌈weißen⌉ spitzenZähnchen zwischen den rothen Lippen schimmern.
unten (vgl. LL II, 100): plötzlich u. trat vor das Mädchen hin „Hörst du (Hast du's gehört), sagte sie, er ist todt, geh' nun ⌈fort⌉, du hast hier weiter nichts zu thun. Das Mädchen sah sie mit großen starren Augen an; dann ohne ein Wort zu erwidern, ging sie langsam zur Thür hinaus.

nutzt. Der Entwurf einer Szene für die Novelle „Ein stiller Musikant“ findet sich z. B. auf der Rückseite eines Briefes von Heinrich Seidel an Storm (1. 11. 74), und auf einem alten Briefumschlag stehen zwei kleine Szenen für die Schlußabschnitte der Novelle „Draußen im Heidedorf“ (vgl. Abb. 19).

Daß Storm auch während der Dienstzeit, z. B. beim „Inquirieren“, innerlich an der Dichtung, die er gerade im Kopf hatte, weitergearbeitet hat, beweist ein Folioblatt, das offenbar für amtliche Protokollnotizen gedacht war, auf dem aber einige Entwurfsideen zur Novelle „Ein stiller Musikant“ notiert und „amtlich“ mit „Ramstedt, 9. Decbr. 1874“ unterschrieben sind (Ramstedt ist ein kleines Dorf, das zu Storms Amtsrichter-Bezirk gehörte und, elf Kilometer von Husum entfernt, in der Nähe von Schwabstedt liegt). Großformatige Foliobogen hat Storm gerne für die Kladde gebraucht, offenbar, weil er das Gefühl hatte, hier viel Platz für Einschübe und Korrekturen zu haben. So stehen z. B. die Kladden von „Auf dem Staatshof“, „Die Regentrude“, „Eine Malerarbeit“, „Im Nachbarhause links“ und „Im Schloß“ auf Folio-Bögen. Für die Reinschriften dagegen benutzte der Dichter meist linierte, kleinere Formate. Die Reinschrift der Novelle „Der Schimmelreiter“ z. B. besteht aus 232 linierten Oktav-Blättern. In einem Brief an seine Tochter Lisbeth vom 1. November 1887 spricht Storm selbst von „Oktavpostpapier a 21 Reihen“. Kurios ist der Zustand des Manuskripts der Novelle „Pole Poppenspäler“: Vorne fehlen die ersten vier Seiten (sie hat der Dichter offenbar – weil der ursprüngliche Anfang ihm nach Vollendung der Arbeit nicht mehr gefiel – vernichtet). Der Anfang ist dann am Schluß, also unter dem abschließenden Vermerk „Husum, im Jahr 1874“ nachgetragen. Offenbar hatte der Dichter auf den letzten Blättern noch Platz und hielt es für Verschwendung, vorne noch neue Blätter einzufügen. So stehen – das ist wohl einmalig – hier Ende und Anfang einer Novelle auf einer Seite!

Storms Handschrift ist verhältnismäßig einfach zu lesen. Er schrieb, jedenfalls wenn er eine Reinschrift, also die Druckvorlage für den Verlag, anfertigte, sehr sorgfältig. Seine Kladdepapiere dagegen sind oft schwierig zu entziffern. Natürlich hat Storm nicht mehr mit Gänsefedern geschrieben. Seit der Engländer James Perry die Stahlfedern erfunden hatte, gab es auch in Husum, z. B. bei H. A. Meyler, dem Herausgeber des Husumer Wochenblatts, schon 1837 „Stahlfedern von höchster Vollkommenheit“. Sie garantierten gut lesbare Manuskripte. Blasse Schrift konnte Storm „zur Verzweiflung“ bringen. Inständig bat er seine Braut, „bessere Tinte“ anzuschaffen und „die Stahlfeder rein zu halten“ (16. 8. 45 u. 11. 3. 46).

Manchmal hat Storm noch eine Abschrift seines mit soviel Mühe eigenhändig hergestellten Novellenmanuskripts anfertigen lassen, vor allem auch deswegen, weil er fürchtete, es könnte auf dem Postweg verlorengehen. So hat er z. B. seine Töchter Dodo und Gertrud veranlaßt, die Novelle „Ein Doppelgänger“ noch einmal abzuschreiben; der Postweg von Hademarschen nach Wien, wo K. E. Franzos, der Verleger der neuen Zeitschrift „Deutsche Dichtung“ wohnte, erschien ihm offenbar gar zu lang. Die Abschrift (heute im Husumer Storm-Archiv) hat der Dichter dann selbst korrigiert, mit dem Titel versehen und unterschrieben: „Th. Storm. 20. September ’86“.

Wenig bekannt ist, wie Storm, wenn er den Entschluß gefaßt hatte, einen bestimmten Stoff poetisch zu gestalten, im einzelnen vorgegangen ist. Zwar berichtet er dem österreichischen Literaturkritiker Emil Kuh (24. 5. 75), daß er „meist auf Lappen“, also auf Einzelblättern, arbeite und „danach das Ganze zusammen“-schreibe. Aber was heißt das? Wir wollen versuchen, auf diese Frage eine Antwort zu finden, indem wir dem Dichter bei seiner Arbeit zuschauen, das heißt: indem wir seine Vorarbeiten, seine Entwurfspapiere, soweit diese erhalten sind, näher untersuchen.

Zuerst hat Storm offenbar den groben Inhalt der Novelle, wenn möglich, die Szenenabfolge skizziert. So hat sich aus den Vorarbeiten zur Novelle „Renate“ ein Einzelblatt erhalten, auf dem Storm die Szenen notiert hat, die er vor Augen hatte, und zwar folgende:

⟨1⟩ Der rechte Augenblick	
⟨2⟩ Das „Hasentäpplein“	⟨3⟩ Der „Fingaholi“
⟨4⟩ Die schwarze Schule Schl. Holst. Sagen S. 193	⟨5⟩ Die alte Magd, tumpig, die nur noch Strümpfe stricken kann
⟨6⟩ Höll. Morpheus 1704	
⟨7⟩ Kinderszene auf Hochzeit (–) „Wat will de ol Jung?“ Dann: beim Geschenkgeben	⟨8⟩ Das allgem. Gerede über den Alten. Sie (be)neideten ihn wohl
⟨9⟩ An der Vitalienbucht	
⟨10⟩ Szene mit dem Hund in der Kirche	

⟨11⟩ P. Goldschmidt auf der
Reise zu s. V⟨er⟩leger mit
d.M.S. in d. Tasche, kehrt ein
und etc. Ob Exorcismus ⟨:⟩ Kraft S. 161 u. 379
⟨12⟩ Versprechen b⟨eim⟩ Tode
des Vaters. Letzte Bitte, Vspr. n⟨icht⟩ gegeben, nur Hand in d. ds.
Vaters, als er sich umwendet ⟨,⟩ ist dieser entschlafen.
Er hat auch eine Tochter, versprich mir. Er verstummt
⟨13⟩ Ausweichen
Sie stellt ihn im Walde
od⟨er⟩ d. Bucht. Liebeser-
klärung
⟨14⟩ Nachfolge im Amt
⟨15⟩ Gewalts⟨ame⟩ Szene zum
Schutz der Geliebten
⟨16⟩ Verläßt d. Amt

Mit den 16 Szenen, die – mit einigen anderen Notizen – auf diesem Blatt notiert sind, hat Storm sich einen Überblick über den Inhalt der geplanten Novelle verschafft. Damit bestätigt sich, was schon früher festgestellt wurde[6], daß Storm ein „Szenenseher“ ist, der von einzelnen Szenen, die er vor Augen hatte, ausgegangen ist und diese Szenen dann zu einem „Ganzen“ verbunden hat. Über die Komposition des „Ganzen“ war er sich hier auf diesem Blatt allerdings noch nicht im Klaren. Jedenfalls steht die spätere Eingangsszene „mit dem Hund in der Kirche“ (vgl. II, 528 ff.) hier noch in der Mitte der Übersicht (10), und die Schlußszene der Novelle (II, 585 f: „ich weiß es itzt in diesem Augenblick (. . .)“) steht hier am Anfang (1: Der rechte Augenblick).
Bemerkenswert ist, daß Storm in seiner Übersicht dreimal auf Bücher verweist:
1. auf Karl Müllenhoffs „Sagen, Märchen und Lieder“ (Kiel 1845), wo Seite 193 tatsächlich die Sage mit der Überschrift „Die schwarze Schule“ abgedruckt ist,
2. auf Petri Goldschmidts „Höllischer Morpheus“ (Hamburg 1704),

3. auf J. M. Kraffts „Ein zweyfaches Hundert-Jähriges Jubel-Gedächtnis“ (Kirchen- und Schulhistorie, Hamburg 1723), wo sich der Dichter „ob ⟨lat: wegen⟩ Exorcismus“, über die Teufelsaustreibung, Seite 161 und Seite 379 informieren konnte (vgl. in der Novelle II, 540 u. 557).
Daraus wird deutlich, daß der Dichter sich schon vor der Niederschrift der Szenen-Übersicht intensiv um historisches Hintergrundmaterial für seine Novelle bemüht hat.
Eine so nüchterne Aufzählung von Szenenüberschriften (mit vereinzelten Quellenangaben) steht nicht immer am Anfang der Vorarbeiten. Die Konzeption der Novelle „Ein Doppelgänger“ jedenfalls beginnt mit einer stichwortartigen Skizzierung des Inhalts, aus der sich – wie von selbst – Ansätze zu stimmungsvollen kleinen Szenen entwickeln[7]:

> „Ein unheimlicher wüster Mensch, Zuchthäusler, heisere Stimme, heirathet u. wohnt bei Husum, Kinder sind nicht da, mißhandelt die Frau, blaß u. verkommen, im Vorbeigehn ihr Geschrei gehört, wird gefürchtet u. gemieden⟨;⟩ wir Kinder, wenn er uns in der Dämmerung begegnete, liefen, wie wir nur konnten, in die nächsten Gassen.
> Da wird dem Paar ein Kind, ein Mädchen geboren, fein, zart, nicht ungesund; er sieht es verwundert an, erst als es 2 Jahr alt, wagt er es anzufassen u. auf den Arm zu nehmen.“

Solche stichwortartigen Szenenbilder gehen dann im Laufe der Inhaltskizzierung mehr und mehr (Storm wird gleichsam von selbst zum Erzähler!) in eine richtige Erzählung über, z. B. an der folgenden Stelle, die wir aus den bisher weitgehend unbekannten Konzeptpapieren des „Doppelgängers“ zitieren:

> „Das Kind stand bei ihm und wischte sich schluchzend die Augen. Dann sah sie ihn an: ‚Ist Mutter todt?‘ und als er nur nicken konnte: ‚Warum weinst du nicht, Vater?‘
> Dann ergriff er das Kind mit beiden Händen und hob sie auf den Arm: ‚Ich habe sie . . .‘ begann er, ‚gemordet‘, wollte er sagen; aber es klopfte (. . .)“

Diese Erzählpartie hat Storm später fast wörtlich in die Kladde, in die Reinschrift und in den Druck übernommen (vgl. III, 553).
Mitunter hat Storm Fachleute, Spezialisten, bemüht, ihm bei seinen Vorarbeiten für bestimmte Novellenszenen mit ihrem Rat zur Seite zu stehen. Um alles, was mit dem Deichbau und der Gründung eines neuen Kooges zusammenhängt, realistisch schildern zu können, ist er während der Arbeit am „Schimmelreiter" mehrfach von Hademarschen nach Heide gefahren, um sich bei dem Deichbauinspektor Eckermann das nötige Fachwissen zu erwerben (vgl. hier S. 246f., 253). Und um in der Novelle „Psyche" den Bildhauer „hautnah" bei seiner Arbeit darstellen zu können, hat er den Hamburger Maler Hans Speckter um Auskünfte gebeten (vgl. die Briefe vom „Ostermontag", dem 29.3. und vom „Anfang April" 1875).
In besondere Bedrängnis kam der Dichter bei der Niederschrift seiner Novelle „Ein Bekenntnis". Paul Heyse, dem Storm die Druckbogen der Novelle zugeschickt hatte, bemängelte, daß die Krankheit, die den Arzt Dr. Jebe in der Novelle veranlaßt, seiner unter schrecklichen Schmerzen leidenden Frau eine tödliche Dosis Morphium zu geben, ungenau als ein „in den meisten Fällen tödliches Übel" bezeichnet ist. Storm wandte sich daraufhin an Dr. Glaevecke, einen Assistenzarzt, der an der Kieler Frauenklinik arbeitete. Dieser riet ihm, in der Novelle von einem „Carcinoma uteri", also von Gebärmutterkrebs, zu sprechen, und gab ihm – mit Hilfe von wissenschaftlichen Publikationen des Straßburger Gynäkologen Prof. W. A. Freund – nähere Auskünfte (vgl. III, 1035 f.). Entsprechende Veränderungen am Text der Novelle hat Storm dann vorgenommen. So konnte er seinem Verleger Westermann gegenüber befriedigt feststellen, daß die Novelle jetzt „unangreifbar" sei „in dem betreffenden Punkte" (12.7.87). Auch die Tatsache, daß dem Arzt in zweiten Teil der Novelle durch eine „Totalexstirpation", also durch eine gänzliche Entfernung der Gebärmutter, die Heilung gelingt, stand jetzt wie von Heyse gefordert (25.7.87) – auf „ganz sicherem wissenschaftlichen Grund und Boden".
Solche Recherchen dauerten oftmals lange, länger als wir Leser uns das vorstellen. Für die Vorarbeiten zur Novelle „Renate" z. B.

brauchte Storm drei Monate, beim „Schimmelreiter“ sogar eineinhalb Jahre. Fast ebensolange Zeit nahm das Sammeln der Materialien für die Novelle „Zur Chronik von Grieshuus“ in Anspruch. Um das historische Umfeld dieser Novelle so realistisch wie möglich darstellen zu können, hat der Dichter eine „Geschichte Schleswig-Holsteins“, das „Handbuch des schleswig-holsteinischen Privatrechts“ seines akademischen Lehrers Professor Nicolaus Falck (Altona 1825–1848) und mehrere Kirchengeschichten durchgearbeitet.

Wie sehr es Storm um ein getreues Zeitkolorit ging, veranschaulichen die intensiven Studien, die der Niederschrift der Novelle „Ein Fest auf Haderslevhuus“ vorhergingen. Zehn(!) verschiedene Werke hat er als Quelle benutzt, u. a. die „Geschichte von Dännemark“ (3 Bände, Hamburg 1840–1843) von F. C. Dahlmann und die „Kostümkunde“ von H. Weiss (2 Bände, Stuttgart 1872). Um auch der Sprache des Ritters und des Schloßfräuleins die zeitgemäße mittelalterliche Färbung geben zu können, hat Storm das Epos des mittelhochdeutschen Dichters Gottfried von Straßburg „Tristan und Isolde“ in der Übersetzung von H. Kurtz (Stuttgart 1847) studiert und z. B. altfranzösische Grußformeln in seine Novelle übernommen (III, 414).

Erst wenn solche – mitunter recht langwierigen – Vorarbeiten und Materialsammlungen beendet waren, begann Storm mit der Niederschrift. Das war zunächst eine Art „Kladde“. Einige solcher Entwurfs- und Kladdekonvolute sind erhalten. Sie zeigen, daß Storm den Gang des Novellengeschehens im großen und ganzen schon vor Augen hatte, aber noch viel umstellen, korrigieren, hinzusetzen und streichen mußte; manche Seiten wurden aussortiert und neu geschrieben. Besonders die Schlüsse der Novellen sind ihm oft schwergefallen. Vom Schluß der Novelle „Aquis submersus“ z. B. sind drei Varianten erhalten.[8]

An der Kladde hat Storm so lange herumgearbeitet, bis er sie zuletzt als Vorlage für die Reinschrift benutzen konnte. Diese Reinschrift ging dann an den Verlag und war die Vorlage für den Druck. Aber selbst diese Reinschrift hat Storm häufig – mitunter unmittelbar, bevor sie abgeschickt wurde – verbessert. Wie er dem Ver-

leger Paetel in Berlin am 25. Februar 1878 schrieb, hat er „eine kleine Szene“ von „Renate“ noch einen Tag vor der endgültigen Feststellung „fünfmal umgeschrieben“.
Wir wollen dem Dichter einmal direkt beim Verbessern und Umschreiben über die Schulter schauen, um zu sehen, worum es ihm ging, wenn er eine Stelle änderte.
So finden wir z. B. in der Kladde der Novelle „Waldwinkel“ eine Schlußpassage, in der die Gefühle des „Botanikus“ Richard zum Ausdruck kommen sollen, als dieser entdeckt, daß man seinen Hund vergiftet hat und daß Franziska, die Geliebte, mit dem jungen Förster durchgebrannt ist:

> „An einem Haken neben der Tür hing noch das Kleid, in dem sie gestern ihn empfangen hatte. Er lehnte sich gegen den Pfosten und barg seinen Kopf in die Falten des weichen Stoffes; der Schlußvers jener altdänischen Ballade summte ihm vor den Ohren:
> ‚Nun hab ich verloren mein schönes Weib
> Und meine treuen Hunde.‘“

Diese Passage hat Storm in der endgültigen Fassung durch Worte ersetzt, die leitmotivisch auf das Wandgemälde zurückverweisen, das einige Seiten vorher beschrieben ist (II, 254: „in der Ferne zwei jugendliche Gestalten“, „im Vordergrunde die gebrochene Gestalt eines alten Mannes“). Die neue und gültige Schluß-Fassung lautet jetzt so (II, 277):

> „Durch die Fenster brach der erste Morgenschein und ließ das alte Türbild aus der Dämmerung hervortreten. Als er zufällig den Blick dahin warf, überkam ihn ein wunderlicher Sinnentrug: der einsame Alte dort am Wege hatte ja den Kopf gewandt und sah in an.
> Die Sonne stieg höher, an den Tapeten leuchteten die Blumen der Vergessenheit. Richard hatte die Augen noch immer nach dem Bilde. Es war sein eigenes Angesicht, in das er blickte.“

Der Vergleich der beiden Fassungen macht deutlich, worauf es dem Dichter ankam. Die Kladde-Fassung wurde verworfen, weil

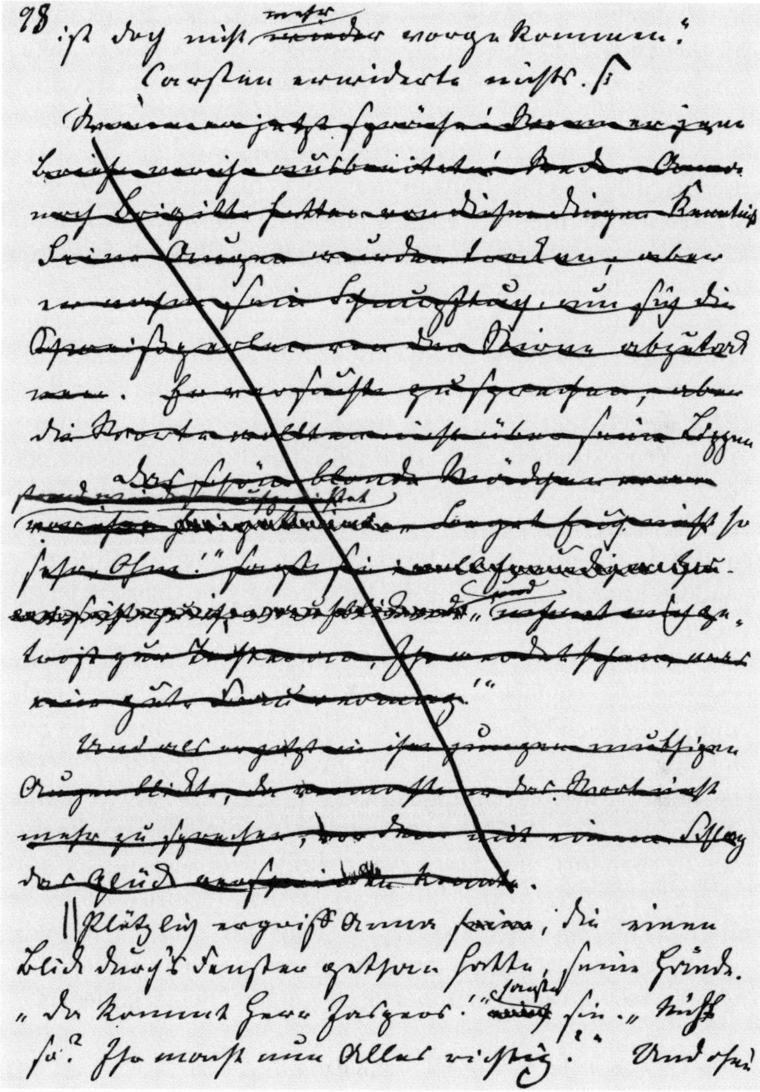

Abb. 20: Eine Seite aus dem Manuskript der Novelle „Carsten Curator“ (Reinschrift; vgl. die Textstelle LL II, S. 505) mit einer nachträglich gestrichenen Szene (StA Husum).

sie – obgleich sehr melodisch – zu gefühlvoll, ja, geradezu kitschig-sentimental war. Die endgültige Fassung ist sehr viel verhaltener, prosaischer und hintergründiger: Sie deutet die innere Wandlung des Botanikus Richard an: Er – der „stattliche Mann", der „die erste Hälfte der Vierziger schon erreicht haben mochte" (II, 221) –, erkennt, daß es eine Illusion war, sich mit einem blutjungen 18jährigen Mädchen in einen „Waldwinkel" zurückzuziehen und sich vollkommen von der Welt abzuschließen: „Es war sein eigenes Angesicht ⟨auf dem Wandgemälde⟩, in das er blickte".
Überraschend häufig hat Storm – wie sich aus Untersuchungen der erhaltenen Kladden und Reinschriften ergibt – in seinen Manuskripten ganze Passagen gestrichen. So hat er z. B. in der Reinschrift der Novelle „Carsten Curator" mehrere halbe und ganze Seiten weggestrichen (vgl. Abb. 20). Karl Emil Franzos, der Storms Novelle „Ein Doppelgänger" in seiner Zeitschrift „Deutsche Dichtung" zum erstenmal abdruckte (1886), weiß zu berichten, daß Storm eine „seitenlange, mühsam ausgefeilte, in ihrer Art wunderschöne Beschreibung des Gartens am Forsthaus im letzten Augenblicke ganz durchgestrichen" habe, weil dem Dichter „sein feines Gefühl" sagte, „daß sie die Entwicklung aufhalte".[9] Hier wird deutlich, daß Storm – der die Novelle als eine „Schwester des Dramas" bezeichnete – darauf bedacht war, die dramatische Entwicklung des Novellengeschehens nicht durch langatmige Personen- und Naturbeschreibungen (wie wir sie z. B. bei Stifter finden) aufzuhalten. Er „kondensierte hinterdrein unablässig", meinte Franzos ebendort, und das ist eine richtige Beobachtung. Sie wird durch Storms Brief vom 17. Februar 1875 an Heinrich Seidel bestätigt. In diesem Brief forderte er Seidel auf, seine Prosastücke „tüchtig durchzuarbeiten, namentlich zu streichen, unbarmherzig!" Und dann versicherte er seinem jungen Dichterkollegen:

> „Sie glauben kaum, welch ein Genuß darin liegt, ganze, halbe oder auch viele Seiten wegzuwerfen und zu sehen, wie dadurch das Wesentliche der Dichtung überall ungeschwächt und kräftig zusammenrückt und hervortritt. Ueberflüssiges zu streichen ist mir immer hinterher die größte Wonne gewesen."

Soviel „Wonne“ und „Genuß“ aber hat die Arbeit am Schreibtisch unserem Dichter nicht immer bereitet. Die Novelle „Ein Fest auf Haderslevhuus“ z. B. hat er als „böse Arbeit“ bezeichnet (an E. Schmidt, 10.7.85), an der er „seit 3–4 Monaten“ von „7 Uhr Morgens bis 1 Uhr Mittag“ gearbeitet und oftmals „hilfesuchend die Arme in die leere Luft“ ausgestreckt habe (an Bruder Otto, 9.6.85). Ein „psychologisch difteliges Stück Arbeit“ ist für Storm auch die Novelle „Schweigen“ gewesen; sie hat ihm „mehrfach körperliches Hirnweh“ verursacht (an Otto, 21.11.82). Ja, von den Schlußszenen dieser Novelle gesteht er, daß er sie „fast jeden Morgen“ ausgepackt, „eine Stunde lang angestarrt“ habe, im Zimmer „auf- und abgelaufen“ sei, „um dann schließlich alles ebenso wieder wegzupacken“ (an E. Schmidt, 5.2.83). Über das begonnene Konzept der Novelle „Renate“ hat der Dichter sogar, weil er mit der Niederschrift nicht vorankam, resigniert „Die letzte Novelle?“ geschrieben.

Aber es gab auch glückliche Augenblicke. Ja, die eigentliche Erfüllung seines Lebens sah Storm nicht in seinem Beruf, dem des Juristen, sondern in seiner dichterischen Tätigkeit. Während der Niederschrift der Novelle „Der Herr Etatsrat“ z. B. berichtete er seinem Freund Petersen nach Schleswig, daß er „an dem wunderlichen Ding jeden Morgen in aller Behaglichkeit“ schreibe (17.11.80). Nach Abschluß der Arbeit an der Novelle „Auf der Universität“ meinte er selbstzufrieden, da hätte er „einen Meisterschuß getan“ (an seine Frau, 9. 6. 62, S. 106). Und nach der Niederschrift des „Oktoberlieds“ soll Storm sogar – so seine Tochter Gertrud (Bd. I, S. 191) – vom Schreibtisch aufgestanden und seinem gerade eintretenden Freund Brinkmann die Hand gereicht haben mit den Worten: „Ich habe ein unsterbliches Gedicht gemacht.“

Storm – ein engagierter Briefschreiber

Theodor Storm ist ein ungemein fleißiger Briefschreiber und Korrespondent gewesen. Über 4500 Briefe von ihm und an ihn sind bekannt, und weitere ein- bis zweitausend Briefe mögen verloren sein[1]. Was veranlaßte den Husumer Dichter, so oft zur Feder zu greifen, Briefe zu schreiben und zu beantworten?
Storm war ein besonders mitteilsamer Mensch, der die Verbindung mit anderen Menschen suchte, der das persönliche, aber auch das briefliche Gespräch liebte. Aus diesem Grund hat er zeitlebens Freunde, Bekannte und Verwandte in sein Haus eingeladen, viele Reisen unternommen, viele Briefe geschrieben und empfangen, alten Briefpartnern die Treue gehalten und sich um neue bemüht.
Ein unverwechselbares Merkmal seiner Briefe ist der Gesprächscharakter. Seine Briefe sind – so stilistisch ausgefeilt manche Partien (z. B. im Storm-Keller-Briefwechsel) auch sein mögen – im allgemeinen Ausdruck unmittelbaren persönlichen Erlebens, spontaner Gefühlsregungen und Gedankengänge. Sie sprechen den Adressaten direkt an und sind – jeder einzelne Brief für sich – ein buntes Kaleidoskop von persönlichen Mitteilungen, gedanklichen Reflexionen und literarischen Betrachtungen.
Ein weiterer Grund für die Vielzahl der Briefe, die Storm geschrieben hat, liegt in der Tatsache, daß er zeitlebens in kleinen, etwas abseits vom Weltgeschehen liegenden Städten (in Husum, Potsdam, Heiligenstadt), zuletzt sogar in einem Dorf gelebt (Hademarschen) und nur als Schüler bzw. Student kurze Zeit in größeren Städten gewohnt hat (in Lübeck, Kiel, Berlin). So waren für ihn die Briefe Verbindungen mit der anderen, der größeren Welt, sie waren gleichsam Horizonterweiterungen.
Von daher erklärt sich auch die überraschend große Zahl der Adressaten, an die seine Briefe gerichtet sind. Über 500 Korrespondenzpartner sind bekannt, und sie stammen aus den unterschiedlichsten Regionen und Berufen, u. a. aus Wien und Berlin, München und Zürich, aus Königsberg und Kopenhagen, Greifswald und Braunschweig, aus Hamburg, Schleswig, Stuttgart und Salzburg. Darunter waren Maler und Illustratoren, Historiker und

Literaturkritiker, Komponisten und Kapellmeister, Journalisten, Dichter, Schriftsteller und Schriftstellerinnen, Sängerinnen und Rezitatoren, Theologen und Pastoren, ja, auch ein Zimmermeister ist dabei.

Besonders groß ist die Zahl der Briefe, die an Familienmitglieder gerichtet sind, an die Braut, die beiden Ehefrauen Constanze und Dorothea, an die Kinder, die Eltern, die Brüder, an die Schwiegereltern und andere nähere und entferntere Verwandte. Diese Familienbriefe sind vor allem ergiebig für den, der den Dichter als Menschen kennenlernen will.

Ein Bild des jungen Storm vermitteln die Briefe an seine Braut Constanze Esmarch. Sie sind in weiten Teilen der jugendlich übersteigerte Versuch des Bräutigams, ein festes Fundament für seine Ehe zu legen. Der Inhalt des Briefwechsels sollte – so meint der Bräutigam – darin bestehen, daß die künftigen Eheleute sich „gegenseitig auf das Verkehrte, auf das, was (ihrem) Verhältnis noch fehlt, was es hemmt und gefährdet, aufmerksam machen" (Januar 1845, S. 54). „Hauptaufgabe der Ehe" müsse „die gegenseitige Entwicklung und Durchbildung des Schönen und Guten" sein (18. 12. 1842, S. 158). Sie müßten es beide „besser machen" als „alle anderen", damit sie sich „nach zwanzig und dreißig Jahren mit derselben, ja mit einer noch besseren, bewährten Liebe und Innigkeit im Arm halten" könnten (19. 8. 1846, S. 307).

Manche Partien dieser Briefe aber klingen recht schulmeisterlich, z. B. wenn der Bräutigam seiner Braut vorwirft, daß sie trotz seiner Bitte und ihrer „heiligen Versicherung, es niemals wieder zu tun", den Wochentag, an dem der Brief geschrieben ist, nicht angegeben (Januar 1845, S. 53) oder den mit Tintenklecksen „befleckten" Teil des Blattes, obwohl dieser noch gar nicht beschrieben war, nicht abgeschnitten habe (11. 11. 45, S. 137). Einmal beschwert er sich, daß er statt eines „lieben, herzinnigen" Briefes einen „Lappen", einen „hingeworfenen Wisch" bekommen habe (15. 4. 46, S. 227), und ein anderes Mal fordert er seine Braut auf, „alle französischen Wörter" im Wörterbuch „nachzuschlagen", ehe sie diese niederschreibe (10. 3. 46, S. 197). Zwar gesteht er auch eigene Unzulänglichkeiten ein, z. B. „Heftigkeit" und „Laune", wirft seiner

Braut aber vor, ihre Fehler („Trotz und Egoismus“) nicht selbstkritisch zu erkennen und zu bekämpfen (Januar 1845, S. 53).
Dennoch, so rechthaberisch und selbstsicher Storm sich in seinen Briefen an die Braut mitunter gebärdet, im Grunde ist er äußerst empfindlich und im Innersten weniger selbstsicher, als es den Anschein hat. So macht er sich z. B. Gedanken, ob Constanze ihn denn wirklich liebe. Als er aus ihren Briefen eine gewisse „Mattigkeit der Neigung“ herauszulesen meint, liegt er „Nacht für Nacht“ wach und „quält“ sich, seiner Braut womöglich „keine große Liebe eingeflößt“ zu haben. Er könne keine „halbe Liebe“ ertragen (14./15. 7. 46, S. 280 f.).
Die Brautbriefe enthalten aber auch Herzensergüsse und Stimmungsbilder. So schreibt er an einem Juli-Tag des Jahres 1844 (S. 46).

> Der Sommer ist endlich gekommen. Der Garten ist voll Duft und Bienengesumme. Du, so recht zum süßen Nichtstun in der Liebsten Armen“.

Das sind Worte, aus denen dann wenig später das Gedicht „O süßes Nichtstun an der Liebsten Seite ...“ (I, 33) entstanden ist.
Auch sonst eröffnet Storm – allerdings eher ungewollt – seiner Braut (und dem heutigen Leser) einen Blick in seine poetische Werkstatt. So erzählt er mitfühlend, wie es seiner Haushälterin am Weihnachtsabend ums Herz ist (24. 12. 45, S. 164):

> „Tante Brick sitzt einsam in ihrer kleinen Kammer und weint über ihre Verlassenheit am Weihnachtabend; ihre einzige Erinnerung ist der Tod ihrer Mutter, der am Weihnachtabend um zwölf erfolgte; nun sitzt sie und durchlebt noch einmal alles, jede Minute bis zur Todesstunde ⟨;⟩ dann geht sie zu Bett.“

Das ist – wie wir wissen (I, 1011) – die Keimzelle der ersten Prosaskizze Theodor Storms, der kleinen Erzählung „Marthe und ihre Uhr“ (1847/8).
Aus dem Bedürfnis, die Braut an den eigenen Erlebnissen teilnehmen zu lassen, entwickelt sich die briefliche Mitteilung mitunter geradezu zu einem poetischen Landschaftsbild (4. 8. 45, S. 65):

„Der Abend war so schön, o so schön, wie ich diesen Sommer noch keinen erlebt; es rührte sich kein Grashalm. Die Marsch hat dann so etwas Feierliches, durch die große Ruhe hört man nur dann und wann das Brüllen eines Rindes oder das Geschrei der Kiebitze, die man beim Gehen aufscheucht. Am Außendeich blitzen die Wasserpfützen wie Silber in dem dunklen Vorlande. Ich ging ziemlich sprachlos neben meinem Begleiter, ich war wohl stumm wie die Natur um mich her."

In ihrem konkreten Realismus und ihrer Gefühlsbestimmtheit erinnert diese Schilderung an Partien, wie wir sie z. B. in der Novelle „Auf dem Staatshof" wiederfinden (etwa I, 392 oder 423).
Später, in der Emigration, als erwachsener Mann also, ist Storm beim Wiederlesen der Brautbriefe zu der Einsicht gelangt, daß er als Bräutigam „ein Esel" gewesen sei, der seine Braut „gequält" und nicht gesehen habe, daß sie in ihrer „süßen, mädchenhaften Geduld" die Stärkere gewesen sei (an seine Frau, Juli 1858, S. 72). Allerdings sind die „Briefe an seine Frau" an sich auch ein Zeugnis, daß Storm im Grunde der impulsive und empfindsame Mensch und Briefschreiber geblieben ist, wie er uns in den Brautbriefen entgegentritt.
Storm hat seiner Frau Constanze glühende Liebesbriefe geschrieben. Er versichert ihr, daß sie „mit jedem Jahr immer mehr" seine einzige, ihm „ganz unentreißbare Frau" werde (11. 7. 62). Und in Gedanken an das Ende unseres irdischen Daseins ruft er ihr zu (29. 10. 63): „(... es) drängt mich für diesen Flug ins Ungewisse, Grenzenlose mir eine Seele zu vermählen, die ⟨,⟩ bereit, alles mit mir zu teilen bis an die letzte Grenze der Existenz, nur unzertrennlich mir gehören will. Du bist diese Seele, die ich suche!"
Neben solchen Partien stehen ganz andere Briefabschnitte, u. a. mit Vorwürfen wie diesem (22. 7. 59, S. 84):

(...) wenn Du mir den Rücken gewandt ⟨hast⟩, so bin ich für Dich abgetan; Du hast keinen Drang, weder Dich mir mitzuteilen noch selbst wieder in meine Nähe zu kommen. Du lehrst es mich langsam, aber gründlich, daß man sein Herz an keinen Menschen hängen soll.

Ebenso vorwurfsvoll und enttäuscht reagiert der Ehemann, wenn keine Briefe von seiner – im Urlaub weilenden Frau – eintreffen (25. 10. 63, S. 174 f.):

> Weshalb schreibst Du nicht täglich eine oder eine halbe Stunde an mich? Hast Du wirklich kein Bedürfnis, mir Dein Inneres auszuschütten? Und doch ist Liebe ja nichts als der Drang, den andern zum Teilnehmer des eignen Lebens zu machen, ja, wenn es möglich wäre, sich ihm gänzlich hinzugeben. Bin ich denn wirklich so allein auf der Welt? Habe ich denn wirklich keine Frau, die mir auch geistig angetraut wäre? Ich muß an Tiecks Egbert denken, der, als es zum Sterben geht, mit schaudernder Erkenntnis sagt: „Gott im Himmel, in welcher entsetzlichen Einsamkeit habe ich denn mein Leben hingebracht?"

In diesem Briefabschnitt wird auch der Gesprächscharakter der Stormschen Briefe und der tiefere Grund für Storms Gesprächsbedürfnis deutlich. Storm fühlte sich – wie er es oft genug zum Ausdruck gebracht hat – wie „ein Stück Blume (…), das aufgeht und verblüht", wie „ein verlorener Punkt in dem unermessenen und unverstandenen Raum"[2] und fürchtete sich vor dem Alleinsein, vor der „entsetzlichen Einsamkeit". Die Briefe an andere und von anderen waren für Storm in diesem Sinne ein ganz wichtiges Mittel gegen das Alleinsein und gegen die Unsicherheiten dieser Welt.

Daß die Familie und die Familienbriefe für Storm ein Schutzwall gegen Ängste, innere wie äußere, waren, ergibt sich auch daraus, daß er in der Emigration (in Potsdam und Heiligenstadt) und in der Zeit, als die Preußen in Schleswig-Holstein ihr „Junkerregiment" etablierten, die Briefverbindung mit den Angehörigen, den Eltern und den Freunden besonders intensiv gepflegt hat. Während solcher „unheimischen" Lebensumstände war ihm – wie er es seinem Sohn Hans gegenüber ausdrückt (9. 3. 67) – das „Bedürfnis nach einem Familienleben und Stärkung der Familie (…) größer als je".

Die eigenen Kinder waren für Storm ein wesentlicher Bestandteil der familiären Nahwelt, von der er Geborgenheit und Schutz erhoffte. Die zahlreichen Briefe „an seine Kinder“, die erhalten sind (über 1000 sind bekannt[3]), zeugen davon. Bei der Lektüre dieser Briefe wird deutlich, daß Storm versucht hat, seine Kinder ganz nah an sich heranzuziehen und mit ihnen ein Bollwerk gegen die feindliche Außenwelt aufzurichten. Lisbeth gegenüber z. B. hat er bekannt:

> „Mir ist mitunter, als würden wir uns ganz fremd, und doch habe ich wahre Sehnsucht, mit meiner nun erwachsenen Tochter ein festes Herzensbündnis zu stiften“ (21. 1. 71).

Die Kinder waren für ihn enge Vertraute, denen gegenüber er auch seine Sorgen und Ängste aussprechen konnte. So beginnt z. B. ein Brief an Ernst mit den Worten: „Ich muß Dir einmal mein Herz ausschütten“ (10. 12. 69). Störungen dieses Vertrauensverhältnisses waren für ihn schwer zu ertragen, rüttelten an dem Fundament seiner Existenz. Ausdruck einer solchen Krise ist eine Stelle aus Storms Brief an seinen Sohn Hans (2. 12. 71), wo es heißt:

> „Ich habe nun zwei Briefe an Dich geschrieben; aber das Tiefste und Eigentliche habe ich noch nicht ausgesprochen. Die Nahrungssorge ist nur ein ordinäres Leid; die Entfremdung von meinem Kinde ist es, die mich ganz zu Boden drückt. Wie oft, da Ihr noch Knaben wart, haben Mutter und ich uns die Freude ausgemalt, wenn Eure Briefe oder gar Ihr selbst aus der Fremde kommen würdet. Das sind Träume gewesen, und es zerreißt mein Herz, wenn ich daran zurückdenke“.

Bezeichnend ist es, daß er auf die Störung der brieflichen Kommunikation zwischen sich und seinen Kindern besonders empfindlich reagierte (an Hans und Ernst, 16. 12. 70):

> „(ich) habe kein Wort weder von Dir noch von Ernst über Euere Weihnachtspläne, während alle andern Leute Deethmann, Caspers etc. darüber sprechen. Nun – Jugend hat keine Tugend. Schlüngel seid ihr und bleibt Ihr, ich begreife eigentlich nicht, daß man Menchen, von denen man so schlecht behandelt wird, noch so lieb haben kann“.

So versucht er immer wieder, die briefliche Verbindung zu seinen Kindern zu festigen, sie durch direkte Ansprache oder durch anschauliche Schilderungen eigener Erlebnisse an die Familie und an sich zu binden. Besonders anschaulich ist folgende Bahnhofsszene, die er einem Brief an seinen jüngsten Sohn Karl, der damals in Leipzig studierte, eingefügt hat (Storm ist seiner, von einer Reise heimkehrenden Frau nach Schleswig entgegen gereist)[4]:

> „Und da kam ich denn Freitag Abend $^{1}/_{2}$ 6 Uhr auf dem Schleswiger Bahnhof an, der vor der Stadt liegt ⟨,⟩ und ließ das Gewimmel vertosen, um auf den Zug von Norden zu warten. Es ist unglaublich, wie einsam es auf einem solchen Bahnhof ist, wenn der Zug abgefahren ist. Ich besah mir erst die großen Waldkäuze ⟨...⟩ und den schönen zahmen Gabelweih, den der Bahnhofsverwalter in einem kleinen Gehege hält; dann setzte ich mich dem Mondesaufgang gegenüber auf eine Bank unter der Bedachung des Bahnhofs und horchte nach Norden in die Ferne. Endlich 6$^{1}/_{4}$ Uhr donnerte der Zug heran, mit dem feurigen Ungethüm davor; plötzlich wieder volles Leben, Rufen, Pfeifen, Glockenschlagen um mich her. Und da stand der Zug; die Thüren öffneten sich, und eine zarte schwarze Dame trat auf den Perron und sah sich beim Laternenschein durch ihre Brille spührend und bedächtig um. ‚Guten Abend, Do!' Und da hatte ich schon ihre Hand ergriffen. – Du glaubst nicht mein Junge, was das für Momente der Freude sind, (...)".

Natürlich sind Storms Briefe an seine Kinder voll von Ratschlägen und Ermahnungen, die der besorgte Vater ausspricht, um seine Kinder vor Mißgeschick zu bewahren oder auf den rechten Weg zurückzuführen. Wie sehr er dabei seine Kinder als echte Briefpartner akzeptierte, veranschaulichen einige Briefe an Hans, in denen der Vater sich bei seinem Ältesten für seinen (keineswegs unberechtigten) „Ausbruch unbedachter Heftigkeit" entschuldigt mit den Worten: „Gieb mir die Hand, mein liebes Kind! Ich bin wohl oft ein heftiger und ungerechter Mensch". (1. und 11. 7. 71). Insgesamt sind die Briefe an die Kinder ein Dokument, das anschaulich deutlich macht, wie unendlich viel Liebe Storm seinen Kindern entgegengebracht, wie er sich um sie gesorgt und wie aufopferungsvoll er sich für sie eingesetzt hat, nicht nur durch brief-

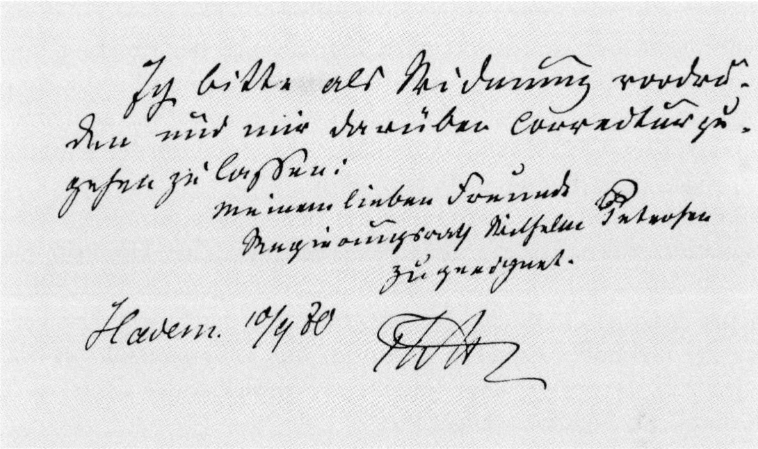
Ich bitte als Widmung vordrucken und mir darüber Correktur zugehen zu lassen:
Meinem lieben Freunde
Regierungsrath Wilhelm Petersen
zugeeignet.
Hadem. 10/9 80 Th. St.

Abb. 21: Faksimile der Postkarte Storms an den Verlag Paetel in Berlin vom 10. 9. 1880, mit der Bitte, eine Widmung an den Schleswiger Freund Petersen in die erste Buchausgabe der Novelle „Die Söhne des Senators" aufzunehmen (SHLB-Kiel).

Der Text lautet: „Ich bitte als Widmung vordrucken und mir darüber Correktur zugehen zu lassen: Meinem lieben Freunde Regierungsrath Wilhelm Petersen zugeeignet. Hadem. 10. 9. 80. Th. St."

lichen Zuspruch, sondern auch – wie aus den Briefen hervorgeht – durch echte Hilfe in der Not: Dem Ältesten, Hans, z.B. hat Storm eine neue Arztstelle besorgt, nachdem dieser sich in Heiligenhafen als „Trinker" unmöglich gemacht hatte[5]; dem Jüngsten, Karl, hat er, als er auf dem Konservatorium in Leipzig nicht zurechtkam, einen Studienplatz auf dem Stuttgarter Konservatorium vermittelt[6]; Elsabe hat er selbst zum Musikstudium nach Weimar begleitet (vgl. S. 213); Lucie hat er nach ihrer Trennung von Hermann Kirchner beigestanden (vgl. S. 225) und während ihres Sylt-Aufenthalts alles getan, um sie wieder unter Menschen zu bringen[7].

Von den Familienbriefen unterscheiden sich Storms Korrespondenzen mit den Verlegern grundsätzlich. Sie sind überwiegend von

nüchterner Geschäftsmäßigkeit bestimmt. Die Fertigstellung eines Novellenmanuskripts wird angekündigt, der Empfang von Korrekturbogen bestätigt, der Text einer Widmung für die erste Buchausgabe der Novelle „Die Söhne des Senators" bekanntgegeben (an Paetel, 10. 9. 1880) und kleinere Korrekturen den Korrekturbögen hinterhergeschickt (vgl. Abb. 21).
Unter den Verlagskorrespondenzen haben sich zahlreiche Verlagsverträge erhalten, die Storm selbst aufgesetzt hat. Hier tritt uns der Dichter als ein juristisch geschulter, detailgenauer Geschäftsmann entgegen. In einem „Verlagscontract", den Storm dem Verlag der Gebrüder Paetel in Berlin im Mai 1872 zugeschickt hat, wird z. B. der projektierte Inhalt des Sammelbandes „Zerstreute Kapitel" im einzelnen aufgeführt[8]:

„I. Der Amtschirurgus – Heimkehr
II. Gedichte (8 bis 10 Seiten, zu mindestens je ein Gedicht von 8 Zeilen),
III. Eine Halligfahrt,
IV. Die neuen Fiedel-Lieder,
V. Draußen im Heidedorf,
VI. Zwei Kuchenesser der alten Zeit".

In sechs Paragraphen werden die Details der Vereinbarung von Storm festgeschrieben: das Erscheinungsdatum (nicht vor „1. Oktober 1872"), das Honorar von 440 Talern („Für die erste Auflage von 2000 Exemplaren", „zahlbar in fünf gleichen monatlichen Raten zuerst 1. August 1872"), das Honorar für die folgenden Auflagen und die freie Verfügbarkeit der einzelnen Teile des Sammelbandes. Mit seinen Honorarforderungen hat sich der Dichter nicht gerade zurückgehalten. Während der Verhandlungen über die Edition der Gesamtausgabe z. B. meinte er Georg Westermann gegenüber, daß sein Honorar – neben 12 gebundenen Freiexemplaren – „mindestens 2000 Taler betragen müsse. Als Westermann ihm bedeutete, daß dies nicht möglich sei, fügte Storm sich zwar der „höheren buchhändlerischen Einsicht" des Verlegers, beharrte aber auf „wenigstens" 1000 Talern. Und er verlieh seiner Forderung Nachdruck mit dem Hinweis, daß „die deutsche Nation" ihre Poeten doch wohl „ein wenig reichlicher“ honorieren sollte, ja, er scheute sich nicht, an das Mitgefühl seines Verlegers zu appellieren, ihn auf die Krankheit seines „armen ältesten Jungen“ und auf die daraus resultierende finanzielle Belastung aufmerksam zu machen (an Westermann, 2. und 6. 7. 68).

Persönliche Mitteilungen enthalten die Verlegerbriefwechsel verhältnismäßig selten. Allerdings wird der Gesprächston der Briefe zwischen den Verlegern Westermann und Paetel und dem Dichter in den 80er Jahren deutlich freundlicher[9]. Storm erkundigt sich nach dem Ergehen der Westermann-Söhne, fordert sie auf, ihn auf dem Wege nach Sylt zu besuchen und gratuliert zur Hochzeit der Tochter mit dem Jenaer Universitätskurator Eggeling. Die Gebrüder Paetel redet Storm schon bald mit „Liebe und geehrte Herren“ an, Elwin Paetel zuletzt sogar mit „Sehr geehrter Herr und Freund!“ Die enge Verbindung zwischen dem Dichter und dem Verlag wird am 70. Geburtstag Storms sichtbar, als Elwin Paetel selbst von Berlin zur Geburtstagfeier nach Hademarschen kommt, um das erste Exemplar von Schützes Storm-Biographie „auf einem Blumenkissen“ zu überreichen.

Besonders aufschlußreich für das Verständnis Storms als Dichter und Mensch sind die literarischen Briefwechsel. Dazu gehören in erster Linie die Korrespondenzen mit Storms Dichterkollegen Eduard Mörike, Theodor Fontane, Paul Heyse, Gottfried Keller, Klaus Groth und dem Germanisten Professor Erich Schmidt. Dazu gehören aber auch die Briefwechsel mit jüngeren Dichtern bzw. Dichterinnen wie Hermione von Preuschen, Ada Christen, Detlev von Liliencron, Heinrich Seidel und Ferdinand Avenarius. Interessant sind in diesem Zusammenhang ebenso die Briefe, die Storm mit literarisch interessierten Freunden gewechselt hat, mit Theodor Mommsen, Hartmuth Brinkmann, Ludwig Pietsch, Wilhelm Petersen und Heinrich Schleiden.

Diese Briefwechsel enthalten – und das unterstreicht ihren Gesprächscharakter – neben dem rein Literarischen auch viel Persönliches. Weil Paul Heyse selbst Kummer mit seinem Sohn Franz hatte und diesen Kummer auch seinem Freund anvertraute (vgl. z. B. den Brief an Storm vom 22. 10. 79), konnte Storm mit ihm ganz offen über seinen, dem Alkohol verfallenen Sohn Hans sprechen, daß er den „mehr als 30jährigen Mann“ nicht am „Gängelband“ führen könne, daß er einer „Naturmacht“ ohnmächtig gegenüberstehe (15. 3. 81):

> „(...) schon, da er noch ein Knabe war, stand ich einmal – es war bei einem Besuch im elterlichen Hause – des Nachts in Angst und Thränen vor seinem Bett, betrachtete meinen hübschen schlafenden Knaben, und fragte mich, ob ein keimender Wahnsinn in ihm sei. Seine Sonderbarkeiten waren am Tage recht schroff hervorgetreten. Und jetzt, wie oft habe ich den Anschuldigungen Andrer entgegengehalten, was mich damals vor Angst mitten in der Nacht aus dem Bette trieb. Aber das schwächt nicht den Schmerz; denn das Erbarmen greift ja desto tiefer.“

Die Ängste, die den Vater über 30 Jahre lang gequält haben, schreibt sich Storm in diesem Brief von der Seele. Am meisten quälte den Vater der Gedanke der „culpa patris“, der Schuld des Vaters, der dem Sohn die Veranlagung aus des „Großvaters Geschlecht“ weitervererbt hat. Storm fragte sich: „Was kann der arme Junge dafür, daß er nicht wollen kann“ (an Erich Schmidt, 6. 10. 72), und fügte hinzu: „Wir glücklicher Organisierten haben gut reden“. Deshalb ist das „herzzerreißende Erbarmen“ mit dem Sohn für Storm noch schlimmer, „als der Zorn“, von dem er mitunter befallen wird (so im Brief an Heyse, 22. 10. 79).
In den literarischen Briefwechseln finden sich gelegentlich auch Schilderungen, die dem Briefpartner veranschaulichen, unter welchen Umständen und in welcher Umgebung der Brief geschrieben ist (was wiederum den Gesprächscharakter der Briefe unterstreicht). Am 5. Juni 1853 z. B. skizziert Storm – wenige Monate vor dem Verlassen der Heimat – Fontane die Verhältnisse, in denen er lebt:

> „Ich lebe hier jetzt in dem unbehaglichen Gefühl nah bevorstehender Heimathlosigkeit und Trennung von Frau und Kindern; theilweise mit Aufräumung und Beendigung von Processen u. dgl. beschäftigt, theilweise dem Frühling hingegeben, in meinem im Superlativ grünen sonnenscheinigen

Garten noch säend und pflanzend, wo ich nicht blühen sehen und erndten soll, aber in dem stillen Gefühl, es werde, wo ich den Herbst erleben soll, vielleicht ein Andrer in diesem Augenblick für mich dasselbe thun; (...).“

Und Eduard Mörike erhält mit dem Brief vom 20. September 1856 aus Heiligenstadt (also wenige Tage nach der Ankunft in dieser Stadt) ein anschauliches Bild von den neuen Verhältnissen:

„Endlich, mein verehrter Freund, hab ich wieder einen festen Platz gewonnen. (...) ich ⟨bin⟩ seit Anfang d. M. als angestellter Kreisrichter d. h. Mitglied des hiesigen Kreisgerichts hier eingezogen und habe den festen Willen mich hier möglichst zu beheimathen. Auch wird mir das, hoffe ich, nicht schwer werden. Eine sehr schöne Berggegend, ein treuherziger Menschenschlag, gutes Wasser, gutes Brod; für die Knaben ein Gymnasium, die Universität Göttingen drei Meilen von hier – wenn nicht wi⟨e⟩der alles Erwarten noch während meiner Lebenszeit ein günstiger Wind nach Hause zu wehen sollte, so gedenke ich hier zu leben und zu sterben. Ehe das Letztere aber geschieht, hoffe ich bestimmt Sie noch einmal in meinem Hause zu sehen, so auf die Sommerferien; (...).“

Mitunter wird der literarische Brief auch durch eine Momentaufnahme aus dem häuslichen Leben unterbrochen. Da berichtet Storm in einem Brief vom 18. November 1871 an die österreichische Schriftstellerin Ada Christen z. B. von seiner jüngsten, damals gerade dreijährigen Tochter Dodo (wir stellen uns den Dichter in seinem „Poetenstübchen“ in der Husumer Wasserreihe sitzend und den Brief schreibend vor):

„In der Familie ist alles gesund; die kleine Dodo entwickelt sich auf eine wahrhaft entzückende Weise. Eben noch kam sie im Wintermantel und Pelzkäppchen, unter dem ihre goldnen Locken hervorsahen, zu mir herein; die andern Kinder sind zur Schule, sie soll mit ihrer Mama spazieren gehen. „Nu bleibst du hier ganz allein! Magst das wohl, mein Vater?“ und dann bot sie mir ihr Mäulchen zum Kuß.“

Die eigentlich literarischen Partien der Briefe sind thematisch äußerst unterschiedlich. Natürlich unterhalten sich die Briefpartner gern über die neuesten Werke der zeitgenössischen Schriftsteller. Gustav Freytags vierbändigen Roman „Die Ahnen" z. B. unterzieht Storm – entgegen den weithin positiven Urteilen der Zeitgenossen – einer scharfen Kritik. Er verlangt (und das gilt selbstkritisch auch für seine eigenen Chroniknovellen)[10] von einem Dichter, der „uns Menschen eine weit dahinter liegende Zeit schildert", daß diese Schilderung den „Sachverständigen nicht willkürlich und in der Luft schwebend" erscheint, und daß er seine Gestalten dem Leser („auch auf Kosten der photographischen Treue") so vorführt, daß sie „nicht gespreizt und daher mit einem Anstrich des Puppenhaften oder Komischen erscheinen". Storm ist der Meinung, daß Freytag diese Forderung nicht erfüllt hat (an Erich Schmidt. 22. 4. 77).

Der umfangreichste literarische Briefwechsel ist der mit Paul Heyse; er umfaßt 263 Briefe und Postkarten aus der Zeit zwischen 1853 und 1888. Die Briefe der 70er und 80er Jahre sind gekennzeichnet durch detaillierte Diskussionen über geeignete Stücke für den „Deutschen Novellenschatz". Tiefe Einblicke vermittelt der Briefwechsel aber auch in die eigene Produktion der beiden Dichter. Storm stand der Heyseschen Dichtung allerdings verhältnismäßig distanziert gegenüber: Storms Novelle „Ein Bekenntnis" ist geradezu ein Gegenentwurf zu Heyses „Auf Leben und Tod" (vgl. III, 1037 ff.). Und seine Kritik an Heyses „Troubadour-Novellen" ist an Deutlichkeit kaum zu übertreffen. Storm mißfiel, daß „der Conflict auch wiederum mit den Geschlechtsorganen (...) ausgeführt" (an Keller, 23. 12. 80) und „einem der Moment der körperlichen Hingabe des Weibes so präcis unter die Nase geschoben wird" (an Petersen, 14. 1. 80).

Obwohl Storm Gottfried Keller sehr verehrt hat, finden wir auch in seinen Briefen an ihn kritische Anmerkungen. So hat er z. B. an den Erzählungen „Die drei gerechten Kammacher" und „Der Schmied seines Glücks" einiges auszusetzen. Beiden Erzählungen fehlt offenbar etwas charakteristisch Stormsches: Sie wenden sich – meint Storm dem Germanisten Schmidt gegenüber – „nur an unsere Phantasie und unseren Verstand; das „Gemüth" (und darauf legt Storm besonderen Wert) bleibt „ganz unbeteiligt" (12. 4. 77).

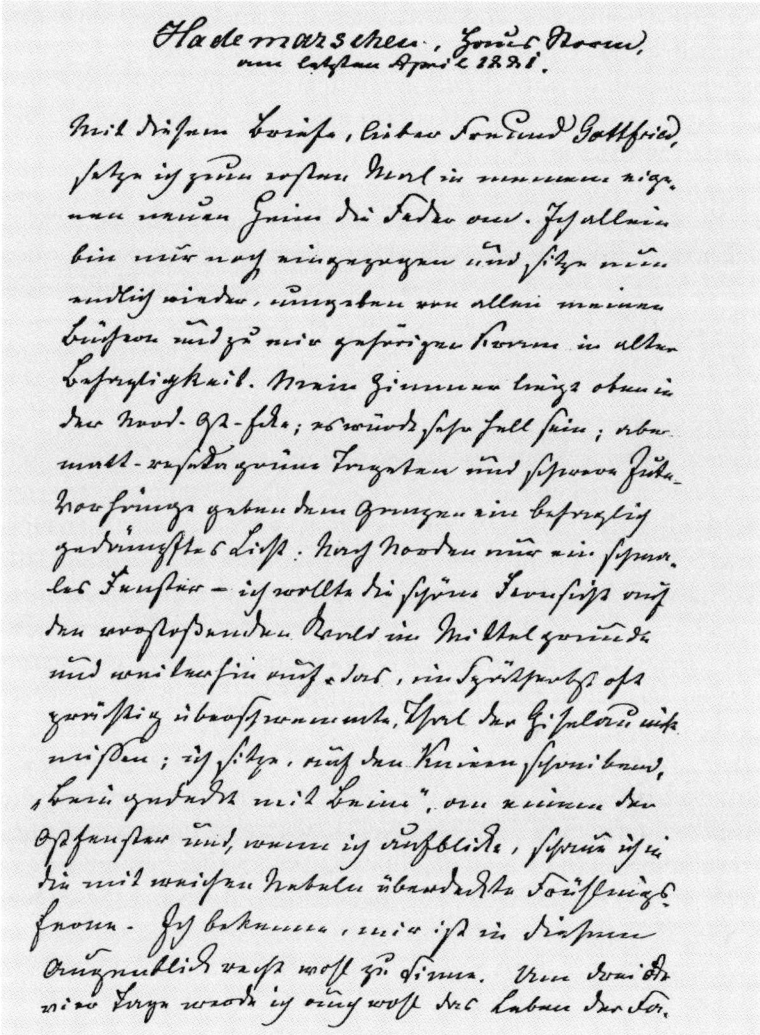

Abb. 22: Faksimile der ersten Seite des Briefes von Storm an Gottfried Keller „Hademarschen, Haus Storm, am letzten April 1881" (Zentralbibliothek Zürich).

Erster Satz: „Mit diesem Briefe, lieber Freund Gottfried, setze ich zum ersten Mal in meinem eigenen neuen Heim die Feder an."

Natürlich würdigen und kritisieren die Briefpartner auch ihre eigenen Werke, ja, manche Partien der Korrespondenz entwickeln sich geradezu zu kritischen Werkstattgesprächen. Gottfried Keller hat diese Briefgespräche, unnachahmlich in seiner Art, so charakterisiert (an Storm, 31. 12. 77):

> „Es ist mir übrigens, wenn ich von dergleichen an Sie schreibe, nicht zu Muthe, als ob ich von literarischen Dingen spräche, sondern eher wie einem ältlichen Klosterherren, der einem Freunde in einer andern Abtei von den gesprenkelten Nelkenstöcken schreibt, die sie jeder an seinem Orte züchten".

Storm ist Keller gegenüber übrigens keineswegs zimperlich mit seinen Verbesserungsvorschlägen und seiner Kritik. Gleich in seinem ersten Brief an Keller (mit dem er – das ist zu bedenken – um dessen Brieffreundschaft wirbt!) schreckt er nicht davor zurück, dem Schweizer Dichterkollegen eine „Fürbitte für Johannes Hadlaub und Fides", die beiden Hauptgestalten der „Hadlaub"-Geschichte in den „Züricher-Novellen", vorzutragen. Er meint, daß das „ganze Lieder-Minne-Spiel" doch „dahin ziele", die beiden jungen Menschen zusammenzuführen. Aber wenn dann „dieser große Moment" komme, speise der Dichter den Leser mit einer „nur beiläufig referirenden Zeile" ab (in der „Deutschen Rundschau" 1876). Storm, der große Erotiker (so darf man ihn wohl nennen: vgl. S. 20), bittet Keller, noch eine Liebesszene dazu zu schreiben. Und – man glaubt es kaum – Keller befolgt Storms „erotischen Ratschläge": Er fügt in die Buchausgabe (1878, S. 148–150) eine an der betreffenden Stelle breit ausgeführte Liebesszene ein (vgl. dazu Storms Brief an Keller vom 27. März 1877 und Kellers Antwortbrief vom 31. 12. 1877).

Noch entschiedener kritisiert Storm eine Szene in Kellers Novelle „Die arme Baronin" in dem Zyklus „Das Sinngedicht", wo ein Mann seiner Geliebten drei Barone, ihren früheren Ehemann und seine Brüder, in „scheußlicher, possenhafter Herabgekommenheit", nämlich an drei zusammengebundenen Kuhschwänzen, vorführt. Empört ruft Storm aus: wie „kann ein so zart und schön empfindender Poet uns eine solche Roheit (...) als etwas Ergötzliches ausmalen (...)!" (an Keller, 15. 5. 81). Keller aber denkt nicht daran, auf einen solchen „Spaß" zu verzichten. Und es ist ganz köstlich zu lesen, wie er Szenen aus der Stormschen Novelle „Der Herr Etatsrat" (wo der Etatsrat betrunken und nackt wie ein Roßkäfer auf dem Rücken liegt) benutzt, um sich zu rechtfertigen (an Storm, 25. 9. 81):

> „In Ihrem Herrn Etatsrath hat mich zunächst wieder der an sich meisterliche Vortrag mit seinem feinen Liquorgeschmack erquickt, sodann aber auch die Kunst erbaut, mit welcher Sie aus dem Allerabsonderlichsten und Individuellsten heraus das rein Menschliche so schön und rührend darstellen. Und doppelt dankbar empfinde ich das, da Sie offenbar dadurch, daß Sie mit dem häßlichen Dämon in seiner betrunkenen Nudität, mit der abscheulichen und unbestraften Schändung seines armen unreifen Kindes u. dgl. mich in meiner Zerknirschung über meine drei zusammengebundenen Kuhschwänze ein wenig trösten und aufrichten wollten, wie oftmals kleine Kinder, die einander durch Schläge oder Stöße zum Weinen gebracht haben, sich selbst schlagen oder am Haar zupfen, um das Camerädchen zu trösten".

Zum Disput zwischen den Briefpartnern kam es immer wieder in Lyrik-Fragen. Storm verlangte von einem Gedicht – wie er es im Vorwort zu seinem „Hausbuch aus deutschen Dichtern seit Claudius" formuliert hat (IV, 390–396) – „unmittelbaren Ausdruck der Empfindung; in erster Linie komme es auf die „sinnliche" Wirkung an, aus der sich dann „die geistige von selbst" ergebe. Auch der „bedeutendste Gedankengehalt" – so meint Storm – bliebe „als toter Schatz am Wege liegen", wenn er nicht vorher durch das „Gemüt" und die „Phantasie" des Dichters gegangen sei und dort „Wärme", „Farbe" und „körperliche Gestalt" gewonnen habe.
Diese spezifisch Stormsche Auffassung, die den liedhaften Charakter des Gedichts betont, führte dazu, daß der Husumer Dichter „andere" Gedichte rücksichtslos kritisierte.
Als Paul Heyse Storm bat, seine in drei Bänden vorliegenden Gedichte für einen neuen Sammelband (3. Aufl. der „Gedichte", Berlin 1885) zu sichten, kam Storm deshalb in arge Bedrängnis; aber

ganz offen hat er seinem Münchener Kollegen seine Schwierigkeiten, die sich aus „seiner“ Lyrikauffassung ergaben, dargelegt (an Heyse, 2. 4. 84): „(Es scheint Dich) selten gedrängt zu haben, eine Summe der Empfindung auf einmal und für alle Mal lyrisch auszuprägen; Deine Lyrik ist mit wenigen Ausnahmen da am stärksten, wo sie sich mit dem Epischen paart“.
Noch deutlicher hat Storm das Dilemma, in dem er sich Heyses Gedichtbänden gegenüber befand, in seinem Brief an Gottfried Keller vom 8. Juni 1884 zum Ausdruck gebracht:

> „Da nun aber seine ⟨Heyses Gedichte⟩ mehr von Geiste als von der Empfindung aus geschrieben <sind>, sind eine Menge solcher, fast gleichwertiger Sachen entstanden; denn der Geist ist weit ausgiebiger als – gebrauchen wir das alte Wort! – das Herz. Was soll nun fort? Er ist nun einmal kein Lyriker (...)“.

Storm hat dennoch seinem Münchener Freund – so gut er konnte – geholfen und dessen Lyrikbände kritisch durchgesehen.
Mit seiner rigorosen Lyrik-Auffassung hat Storm aber auch bei Keller Verwunderung ausgelöst. Kellers „Abendlied“ („Augen, liebe Fensterlein, ... “) hielt Storm allerdings für das „reinste Gold der Lyrik“ (20. 9. 79). Aber sonst hatte er an dessen – damals in der „Deutschen Rundschau“ (Juni 1878) erschienenen – neuen Gedichten allerlei auszusetzen. Er wäre eben – so meinte Storm in seinem Brief vom 15. Juli 1878 – „im Punkt der Lyrik ein mürrischer griesgrämiger Geselle“. Das Gedicht „Aroleid“ z. B. zählt er zu den gelungenen Gedichten, „wenn es (ich weiß nicht wie) in der Mitte etwas knapper gehalten wäre“. Er lobt die erste, die vorletzte und letzte Strophe als „wunderschön“, schlägt aber für die 7. Strophe eine Verbesserung vor. Auch das Gedicht „Der Narr von Zimmern“ wird von Storm auf diese Weise kritisch beleuchtet.
Keller meinte dazu: „Sie (Storm) sind etwas streng im Punkte der Lyrum-larum-Sachen“ (13. 8. 78); er hat jedoch Storms „handwerkliche Ratschläge und Winke“ angenommen und in der Buchausgabe der „Gesammelten Gedichte“ (Berlin 1883) z. B. das Gedicht „Aroleid“ entsprechend geändert[11].

Schärfer ins Gericht gegangen ist Storm mit den Erzeugnissen junger Dichter bzw. Dichterinnen. Als Hermione von Preuschen z. B. Storm ihren – der Stormschen Lyrik-Auffassung entgegenstehenden – Gedichtband „Regina vitae" widmete, antwortete dieser empört (Ende 1887):

> „Sie haben mir mit Ihren Gedichten einen großen Schmerz verursacht. (...). Das sind ja keine abgerundeten, harmonischen kleinen Kunstwerke. – Jedes Lied darin ist ein ungebändigter verwerflicher Naturschrei, und ich bin tief darüber erschrocken. Wie können Sie diese Ausbrüche elementarer Leidenschaft mir, dem abgeklärten Lyriker widmen?
> Gewiß, Ihr Talent ist ein großes, gewaltiges, es berechtigt eben darum zu den höchsten Anforderungen. Das ist das Stammeln wilder Leidenschaft in abgerissenen Tagebuchblättern, nimmermehr aber vollendete, abgeklärte Kunst."

Aber Storm gibt den jungen Künstlern auch Ratschläge, verweist sie auf Vorbilder, denen sie nacheifern sollen. So rät er der jungen Dichterin Ada Christen z. B., folgendermaßen an ihren Gedichten zu arbeiten (und da verrät Storm offensichtlich eigene Werkstatt-Rezepte) (13. 4. 70):

> „Ich möchte Sie nun eben dazu anreizen, auch das kleinste Gedicht nicht aus der Hand zu lassen, bis es Sie selbst in die behagliche Stimmung innerlichster Befriedigung versetzt, bis es in jeder Silbe das ausprägt, was Ihr Inneres Sie auszuprägen trieb und auch nicht ein Wort oder eine Silbe dabei ist, die bloßes Beiwerk ist. Ein Gedicht, das so beschaffen ist, das *bleibt*; (...)."

Er nennt in diesem Zusammenhang als Vorbilder zwar nicht eigene Gedichte (da hätte er ohne Zweifel einige nennen können), sondern u. a. Gedichte von Uhland („Die linden Lüfte sind erwacht"), von Mörike („Früh, wenn die Hähne krähn"), von Heine („Am fernen Horizonte") und von Goethe („Über allen Wipfeln ist Ruh").
Das schönste Beispiel, wie briefliche literarische Gespräche zwischen zwei Dichtern einer Dichtung neue Impulse geben können,

sind die Briefe, in denen Storm und Keller sich über die Umarbeitung des Romans „Der grüne Heinrich“ (1879f.) unterhalten. Als Keller von seinen Schwierigkeiten bei der Umarbeitung spricht und Storm deswegen „anbohrt“ (25. 6. 78), macht dieser einige sehr kluge und wohlüberlegte Vorschläge, u.a. folgende (an Keller, 15. 7. 78):

> „Sie dürfen die schöne Wirkung, welche die Rückkehr der Judith hervorbringen muß, dem Schlusse des Buches nicht entziehen. Das muß sich machen lassen, irgendwie. Zunächst müßte die Judith bei ihrem Fortgang nicht 30, sondern etwa 25 Jahre alt sein (...) und in der Seelenbewegung des Wiedersehens noch in, wenn auch vergehender, Schönheit erscheinen (...) die Rückkehr der nie vergessenen Geliebten (...). Welch eine Szene!“

Storms Vorschlag hat Keller positiv aufgenommen. Er antwortete (13. 8. 78):

> „Die Reduktion von Judiths Lebensalter hat mir mit einem Male den Schluß des Grünen Heinrich in eine hellere Beleuchtung gesetzt und ich denke jetzt ein freundlicheres Finale zu gewinnen“.

Der Schluß der zweiten Fassung des „Grünen Heinrich“ geht also – und das wissen die wenigsten heutigen Leser – auf briefliche literarische Gespräche zwischen Theodor Storm und Gottfried Keller zurück.

Wenn wir alle Storm-Briefe und -Briefwechsel, die überliefert sind, vor unserem inneren Auge Revue passieren lassen, dann ist Storm – neben Fontane, der ihn allerdings noch übertrifft – einer der bedeutendsten Dichter-Korrespondenten des 19. Jahrhunderts, sowohl was die Zahl, als auch was die Form und den Inhalt seiner Briefe angeht; vor allem aber auch, weil für Storms Briefe das zutrifft, was Fontane einmal seinem Freund Lepel gegenüber festgestellt hat (27. 7. 46): „daß einem aus jedem Worte der Schreiber leibhaftig vor Augen tritt“.

III

„Storm hatte eine überaus zart besaitete Seele, und war doch im Leben ein die Dinge dieser Welt nüchtern ins Auge fassender Mann.“

Hermann Heiberg, mit Storm bekannter Schriftsteller und Verlagsbuchhändler (1900/01)

Storm – ein „unpolitisches Tier“?

Viele halten Storm für einen Menschen, der sich politisch wenig interessiert und engagiert hat. Dabei beruft man sich oft auf zwei frühe Briefstellen. In dem einen Brief nennt Storm sich einen „wenig politischen Menschen“ (an Brinkmann, 14. 10. 1850), in dem anderen ein „eigentlich unpolitisches Thier“ (an Theodor Mommsen, 4. 3. 1854). Beide Briefstellen stammen aus der Zeit der politischen Wirren um Schleswig-Holstein. Wenn man sie näher untersucht und in ihren Zusammenhang stellt, ergeben sich überraschende Erkenntnisse.

In dem Brief an Brinkmann (14. 10. 50) spricht Storm davon, daß „diese Zeit“, d. h. der damals gerade vollzogene Rückzug der schleswig-holsteinischen Truppen hinter die Eider und das „Friedrichstädter Bombardement“, ihn – den „wenig politischen Menschen“ – so aufgeregt und zu so deutlichen politischen Äußerungen veranlaßt hätten, daß es „unter den Dänen hier“ heiße, er „rase vor Patriotismus“. Die Dänen – das muß man ihnen zugestehen – hatten recht. Denn in dieser Zeit hat Storm mehrere, äußerst patriotische Gedichte verfaßt, u. a. „Im Herbste 1850“, „Gräber an der Küste“, und „Ein Epilog“ (I, 58–61). Er war also gerade damals auf besondere Weise politisch engagiert.

In dem Brief an Theodor Mommsen (4. 3. 54) schildert Storm rückblickend die Jahre 1850 bis 1852, in denen er seine Mitbürger „als Advokat nach Kräften gegen die dänischen Militair- und Civilbehörden vertreten“ und schließlich seine „Bestallung dadurch verloren“ habe; und fährt dann fort, daß er, obgleich er „eigentlich ein unpolitisches Thier“ sei, „keinen Schritt ⟨reuiger Unterwerfung in Kopenhagen⟩ getan“ habe, „um sie ⟨die Bestallung⟩ wieder zu erlangen“. Wahrlich, ein Akt echter politischer Selbstbestimmung!

Allerdings muß hier auch gesagt werden, daß die Politik für Storm nicht das von ihm bevorzugte Feld seiner Interessen war. Im Eigentlichen war Storm keine politisch, sondern eine poetisch veranlagte Natur. Sein Verhältnis zur Politik bzw. Dichtkunst verdeutlicht ein Vierzeiler aus dem Jahre 1864 (I, 85):

Wir können auch die Trompete blasen
Und schmettern weithin durch das Land;
Doch schreiten wir lieber in Maientagen,
Wenn die Primeln blühn und die Drosseln schlagen,
Still sinnend an des Baches Rand.

Storm also „schreitet“ lieber „still sinnend“ durchs Leben. Aber wenn er selbst und seine Welt politisch bedrängt werden, dann ist er auch bereit, sich politisch zu engagieren, dann kann er „die Trompete blasen“. Und das hat er getan, wie sich im folgenden zeigen wird.
Schon sein Verhältnis zu den Idealen der Französischen Revolution und zu den Ereignissen von 1848 war engagiert und politisch eindeutig. Von 1848 erwartete er mehr Freiheit für die Menschen, mehr Gleichheit (Abschaffung insbesondere der Vorrechte des Adels) und mehr Demokratie. Rückblickend erschien ihm die Zeit „nach Napoleons Sturz“, die Restaurationsepoche also, als eine „praktisch unpolitische Zeit“, in der die von den Fürsten „in der Not versprochenen Verfassungen“ nicht gegeben wurden (IV, 436). Der „Frühling 1848“ dagegen war für ihn die Zeit, in der „sich die ganze Welt verjüngte“ (IV, 439).
So hat Storm sich in seiner 1848 entstandenen Prosaskizze „Im Saal“ ganz auf die Seite der 1848er gestellt (I, 293). Da richtet die Großmutter folgende vorwurfsvolle Frage an ihren Enkel:

„⟨Früher trug⟩ jeder den Rock nach seinem Stande. Jetzt tragt Ihr sogar Schnurrbärte wie die Junker und Kavaliere. Was wollt ihr denn? Wollt Ihr alle mitregieren?“

Storm läßt den Enkel kurz und bündig antworten: „Ja, Großmutter.“ Und auf die neue Frage der Großmutter:

„Und der Adel und die hohen Herrschaften, die doch dazu geboren sind? was soll aus denen werden?“

antwortet der Enkel lakonisch:

„Streichen, Großmutter, oder wir werden alle Freiherrn, ganz Deutschland mit Mann und Maus“.

Mit deutlicher Sympathie folgt Storm hier den Egalité-Parolen der Französischen Revolution und den Demokratiebestrebungen der 48er Bewegung.

Ähnlich radikale Forderungen enthält das um dieselbe Zeit entstandene Gedicht „Halbe Arbeit". Nachdem 1805 in Schleswig-Holstein die Leibeigenschaft abgeschafft worden war, forderte Storm jetzt, die Vorrechte des Adels zu liquidieren („das freche Haupt herabzuschlagen") (I, 252):

> Leibeigenschaft war nur der Rumpf;
> Nur halb erlegte man den Drachen,
> Der noch aus dem feudalen Sumpf
> Zu uns herüber reckt den Rachen.
> Behalten blieb es bessern Tagen,
> Das freche Haupt herabzuschlagen.

Zu Beginn der schleswig-holsteinischen Erhebung (1848–1850) hat Storm sich sogar – auf Wunsch von Theodor Mommsen – der „Schleswig-Holsteinischen Zeitung", dem Presseorgan der „Provisorischen Regierung", als Berichterstatter zur Verfügung gestellt. In seinen Artikeln zeigt sich, wie stark er von den demokratischen Ideen der neuen Zeit erfaßt war. Am 30. August 1848 z. B. berichtet er von einer Versammlung, die der Superintendent Nielsen einberufen hatte, „behufs Besprechung einiger höchst wichtigen Zeitfragen, wie der Trennung der Kirche vom Staat, Emancipation der Schule und über eine bessere Einrichtung der Kirchenvisitationen". Scharf kritisiert Storm das bei der Einberufung und Durchführung der Versammlung angewandte undemokratische Verfahren (IV, 319 f.):

> „So angemessen wir es nun auch finden, wenn Gelegenheit gegeben wird, diese so tief eingreifenden Fragen wirklich zu verhandeln, so sehr müssen wir es tadeln, wenn solche Versammlungen nicht öffentlich angezeigt und abgehalten werden (...); wir sind nämlich der Ansicht, daß die Gemeinde als wesentlicher Teil der Kirche auch ein Recht habe, über solche Fragen sich teils belehren zu lassen, teils auch ihre Ansicht auszusprechen; wir kön-

nen die Geistlichkeit nicht anders denn als Diener der Kirche betrachten; wir finden es entschieden falsch, wenn Personen vermöge ihrer Gemeindeämter zur Verhandlung so wichtiger Fragen berufen werden. – Hier muß völlige Freiheit herrschen".

Eine andere Meldung (in der Schleswig-Holsteinischen Zeitung vom 13. 9. 1848) beginnt Storm mit den Worten: „Husum steht in dem Verdachte des Republikanismus, der Wühlerei wohl gar und Anarchie!" Damit karikiert er den Bericht des „Altonaer Mercur", der wissen wollte, daß in Husum „die Republik proclamirt" worden sei. Dabei sei – so klärt Storm seine Leser auf – nur folgendes vorgefallen: Ein Husumer Klempner hatte, „der Abwechslung wegen", rote Kokarden angefertigt und an ein paar Soldaten verkauft. Diese hatten die roten Kokarden (das „Symbolum" der „bösen Freiheit", wie Storm sarkastisch vermerkt) an ihren Mützen befestigt und waren so zum Dienst erschienen. Ihr Hauptmann hatte ihnen dies „verwiesen", und die Polizei hatte „den ferneren Verkauf der roten Kokarden" verboten. „Das ist" – meinte Storm bissig, und man spürt, daß er sich die Ausrufung einer richtigen Republik gewünscht hätte – „die Geschichte der Husumer Republik".
Daß Storm damals eine politische Neuordnung wünschte und sich für eine solche auch einsetzte, beweist der satirische Unterton des Gedichts „Gesegnete Mahlzeit", das in Biernatzkis „Volksbuch auf das Jahr 1848" zum erstenmal abgedruckt wurde (I, 41 f.):

Sie haben wundervoll diniert;
Warm und behaglich rollt ihr Blut,
Voll Menschenliebe ist ihr Herz,
Sie sind der ganzen Welt so gut.

Sie schütteln zärtlich sich die Hand,
Umwandelnd den geleerten Tisch,
Und wünschen, daß gesegnet sei
Der Wein, der Braten und der Fisch.

1871 – Eine Halligfahrt

Die Geistlichkeit, die Weltlichkeit,
Wie sie so ganz verstehen sich!
Ich glaube, Gott verzeihe mir,
Sie lieben sich herzinniglich.

Storm verspottet hier das auf eigene Vorrechte basierende autoritative politische Zusammenwirken der damaligen „Weltlichkeit“ und „Geistlichkeit“.

Dabei war sein politischer Horizont nicht auf Schleswig-Holstein beschränkt. In dem Gedicht „Im Herbst 1850“ z. B. spricht er von dem „Tag“, an dem „diese deutsche Erde“ (Schleswig-Holstein) „im Ring des großen Reiches“ liegen werde. Und im Gedicht „Nach Reisegesprächen“ (1848/49) kritisiert er seinen Freund Tycho Mommsen, den Altphilologen, weil dieser nach Italien gereist ist, um alten „römischen Berichten“ nachzugehen, statt „vorwärts“ zu schreiten „durch die deutschen Nebelschichten“(I, 57), – eine Anspielung auf die revolutionären Ereignisse von 1848 und auf die Diskussionen in der „Deutschen Nationalversammlung“ in der Paulskirche zu Frankfurt.

Daß Storm auch später noch den revolutionären Bestrebungen der 1848er Jahre positiv gegenüber gestanden hat, wird in der Novelle „Eine Halligfahrt“ (1871) deutlich. Der Erzähler wird als ein Anhänger der neuen Zeit charakterisiert. Statt sich – wie man das von ihm erwartet – mit der Tochter der Frau Geheimrätin zu verloben und sich durch eine Heirat den vom „Rangklassenbewußtsein“ (II, 51) bestimmten Strukturen der Gesellschaft zu unterwerfen, hält er an den Symbolen der 48er Revolution fest, an „Schnurrbart“ und „Heckerhut“ (II, 58–61) (der Rechtsanwalt Friedrich Hecker hatte 1848 versucht, in Baden eine Republik auszurufen).

Auch der Botaniker Richard in der Novelle „Waldwinkel“ (1874) erhält dadurch, daß man ihm nachsagt, an der „großen Studentenverschwörung“, am „Wartburgtanze“, d. h. am Wartburgfest, teilgenommen zu haben (II, 229) und bei „den Preußen jahrelang in einem dunklen Kerkerloch“ gehalten worden zu sein, positive Züge. Storm hat selbst nicht an „Studentenverschwörungen“ und an Barrikadenkämpfen teilgenommen, aber er hat seine Sympathie für die Ideale dieser Freiheitskämpfe immer deutlich zum Ausdruck gebracht, z. B. in einem Brief an den russischen Dichter Turgenjew, in dem er seinen Groll über die Annexion Schleswig-Holsteins durch Preußen folgendermaßen Ausdruck gibt (30. 5. 68):

> „Die (preußische) Regierung hat auch bei uns gezeigt, daß sie kein Recht der Nation respectirt, als das, wozu sie auf den Barrikaden gezwungen wird.“

Mit den „Barrikaden“ spielt Storm auf die Barrikadenkämpfe in Berlin im März 1848 an, mit denen – wie im Februar in Paris – eine republikanische Verfassung und Pressefreiheit durchgesetzt werden sollten.

Die politischen Grundvorstellungen in und nach der 1848er Revolution bestimmten weitgehend auch Storms Verhalten im Streit mit der dänischen Zentralregierung. Solange die Herzogtümer Schleswig und Holstein innerhalb des dänischen Gesamtstaatsverbandes ihre selbständige Stellung bewahren konnten, war Storm ein treuer dänischer Untertan, der sich nach seinem Studium die amtlich vorgeschriebenen dänischen Sprachkenntnisse aneignete[1] und „alleruntertänigst“ ein Gesuch um Bestallung als „Untergerichtsadvokat“ an den König von Dänemark richtete[2]. Auch als auf beiden Seiten – auf der dänischen ebenso wie auf der deutschen – das allgemein erwachende Nationalgefühl die Gemüter erhitzte, blieb Storm kühl und besonnen. Zwar gehörte er zu den Initiatoren des Bredstedter Nordfriesenfestes (10. 6. 44), aber als die nationalen Emotionen überschäumten, distanzierte er sich von den „gefühlvollen Dänenfressern“ (an seine Braut, 11. 6. 44); selbst den Advokaten Hartwig Beseler, der später an die Spitze der schleswig-holsteinischen Erhebung trat und die „Provisorische Regierung“ bildete, kritisierte er, weil dieser „die Leute von der Tribüne herab politisch konfirmierte“.

Als der dänische König am 28. Januar 1848 jedoch eine „Gesamtstaatsverfassung“ verkündete, was einer Einverleibung der Herzogtümer in das Königreich Dänemark gleichkam und die Aufhebung der Eigenständigkeit Schleswig-Holsteins bedeutete, engagierte sich Storm gegen den König und gegen den Staat, dem er bis jetzt loyal gedient hatte. Er sah Freiheit und Demokratie in seinem Heimatland gefährdet und fühlte sich verpflichtet, gegen Willkür von oben und für die Erhaltung der Eigenständigkeit in Schleswig-Holstein aktiv zu werden.

Es ist erstaunlich, wie stark Storm sich in den Jahren 1848 bis 1852 persönlich politisch für die Freiheit Schleswig-Holsteins engagiert und exponiert hat. Zum Beispiel unterschrieb er am 14. Mai 1849 – zusammen mit 227 Husumer Bürgern – eine Petition von äußerst aktuellem und äußerst brisantem Inhalt. In dieser wurde festgestellt, daß „der König von Dänemark Friedrich VII., welcher bereits zum zweiten Male die Herzogthümer Schleswig-Holstein mit ungerechtem Krieg überziehe", sich „der Herzogskrone verlustig gemacht" habe und daß „die Personalunion mit dem befeindeten Dänenvolke" für alle Zukunft aufgehoben werden solle[3].

Noch im gleichen Jahr, am 5. Oktober 1849, protestierte Storm – mit vielen anderen Husumern – gegen die „Aufhebung bestehender Gesetze, namentlich des Staatsgrundgesetzes" und bezeichnete diese „Aufhebung" als „einen Akt reiner Willkür"[4].

In dieser Zeit entstanden die letzten Strophen des Gedichts „Ostern", dem er in der ersten Fassung die Überschrift „Ostern 1848" gegeben hatte. Mit den Worten „wanke nicht, du feste Heimaterde" (in der 6. Strophe) spielt Storm auf das 1844 entstandene Freiheitslied der Schleswig-Holsteiner an: „Schleswig-Holstein stammverwandt, wanke nicht, mein Vaterland". Noch deutlicher wurde er dann in der letzten Strophe (I, 57):

Und jauchzend ließ ich an der festen Wehr
Den Wellenschlag die grimmen Zähne reiben;
Denn machtlos, zischend schoß zurück das Meer –
Das Land ist unser, unser soll es bleiben!

Nach der verlorenen Schlacht bei Idstedt (25. Juli 1850) brachten die Besetzung durch dänische Truppen und die Etablierung der neuen dänischen Landesverwaltung eine – so auch von Storm

1850 verlorene Schlacht Idstedt
Storms Praxis wird geschlossen

empfundene – verstärkte Bedrohung der gewachsenen Lebensordnung mit sich. Als Angriff auf die Eigenständigkeit wurde vor allem die Entlassung deutschsprachiger, schleswig-holsteinisch gesinnter Beamten und Pastoren empfunden, die durch Dänen oder Anhänger der dänischen Sache ersetzt wurden. Aus Protest dagegen hat Storm die Zusammenarbeit mit den neuen dänischen Justizbeamten abgelehnt und 1850 seine Rechtsanwaltpraxis geschlossen.

Besonders empfindlich reagierte man in Schleswig-Holstein auf die sog. Sprachreskripte der neuen dänischen Landesverwaltung vom Februar 1851, die in Mittelschleswig das Dänische als einzige Schulsprache vorschrieben und in der Kirche deutsche Predigten nur im Wechsel mit dänischen zuließen. Noch in der Emigration (in Heiligenstadt) fand der Widerstand gegen eine solche Maßnahme ihren literarischen Niederschlag in einer Novelle. In die Novelle „Abseits" fügte Storm die Verse ein (I, 647):

> Die fremde Sprache schleicht von Haus zu Haus
> Und deutsches Wort und deutsches Lied löscht aus;
> Trotz alledem – es muß beim Alten bleiben: (...).

Den damaligen „Durchschnittszustand" charakterisiert Storm in einem Brief vom 7. Mai 1851 an Brinkmann dahingehend, „daß das Volk, die Bauern und der kleinere Bürgerstand, vom Polizeidiener oder Polizeimeister oder Kommandanten mit Stöcken und Fäusten geschlagen wird, wenn sie es für gut finden, d. h. wenn sie die Mütze nicht ziehen, (...) wenn sie sich nach der Polizeistunde auf der Straße betreffen lassen etc. etc."

Unter dem Eindruck dieser Verhältnisse und um seine Mitbürger „gegen Willkür der neu eingesetzten königlich-dänischen Behörden" zu verteidigen (an Mörike, 12. 7. 53), hat Storm seine Rechtsanwaltpraxis 1851 wieder aufgenommen. Seine Aktivitäten kennzeichnet er in Briefen an Brinkmann (6. 4. 51):

> „Ich habe mich mit Civil- und Militairbehörden herumgeschlagen und Zorn und Schaam genug dabei verschluckt".

Und ein Jahr später (30. 5. 52):

> „Die Gendarmen hausen hier auf den Dörfern wie lauter kleine Geßler, in Ostenfeld haben sie ein Paar Tage nach der Reihe zwei angesehenen Bauern die Knochen im Leibe entzwei geschlagen; die Ostenfelder sind zu mir gekommen, und ich trete kräftig für sie auf; ich bin einmal an meinem Platze."

Storms kritische Haltung gegenüber den Behörden und sein Engagement für politische Selbständigkeit und Freiheit blieben nicht ohne Folgen. Storm hatte sich schließlich gegen „seinen" Staat erhoben, mit seiner Unterschrift die Aufhebung der Personalunion mit Dänemark gefordert und damit eine der Grundfesten des dänischen Gesamtstaates de facto und de jure in Frage gestellt. Man warf dem „Untergerichtsadvokaten H. T. Woldsen-Storm" vor (so der offizielle Bericht der dänischen Behörden vom 6. Juli 1850), daß er „während des Aufruhrs", der „Insurrection", seine „politisch-separatistische Tendenz" und seine „schleswig-holsteinische Gesinnung durch Unterschrift illoyaler Adressen und Renitenz wider die (...) Obrigkeit mannigfach manifestiert" habe[5]. Die Aufhebung seiner Bestallung als Rechtsanwalt durch den dänischen König und das damit verbundene Berufsverbot haben seine Zivilcourage jedoch nicht brechen können. Er „dachte nicht daran" (so wörtlich am 24. 12. 52 an E. Esmarch), „in Kopenhagen auch nur den kleinsten Schritt zu tun". Er wollte sich – wie er am 11. 9. 1852 seinem Freund Brinkmann schrieb – „unter keiner Bedingung gegen ⟨seine⟩ Überzeugung gebrauchen lassen oder überhaupt um der lieben bürgerlichen Existenz willen so handeln". Storm emigrierte und fand in Preußen eine neue, wenn auch kümmerliche Existenz. –
Aus Storms positiver Einstellung zu den Ideen der 1848er Revolution folgt konsequent Storms radikale Kritik am Obrigkeitsstaat und am feudalistischen Herrschaftssystem, wie er es 1853 im damaligen Preußen vorfand, an einer Gesellschaftsordnung, in der Adel und Kirche Vorrechte eingeräumt wurden.
So wundert man sich nicht, daß Storm sich in Potsdam nicht wohlfühlte. Er kritisierte den „preußischen Menschenverbrauch im Staatsmechanismus", den „Militair-Etat", der dort „alles auffrißt",

Abb. 23: Theodor Storm 1852. Aufgenommen während seiner Bemühungen um eine Stelle im preußischen Justizdienst in Berlin. Nachdruck einer Daguerreotypie (StA Husum).

vor allem aber, daß man „auch in den gebildeten Kreisen" „den Schwerpunkt nicht in die Persönlichkeit, sondern in Rang, Titel, Orden und dergleichen Nipps legt"[6]. Aus solchen Erfahrungen und aus Diskussionen mit Theodor Fontane über die gesellschaftlichen Verhältnisse in Preußen ist das Gedicht „Für meine Söhne" entstanden (I, 66 f.):

Hehle nimmer mit der Wahrheit!
Bringt sie Leid, nicht bringt sie Reue;
Doch, weil Wahrheit eine Perle,
Wirf sie auch nicht vor die Säue.

Blüte edelsten Gemütes
Ist die Rücksicht; doch zu Zeiten
Sind erfrischend wie Gewitter
Goldne Rücksichtslosigkeiten.

Wackrer heimatlicher Grobheit
Setze deine Stirn entgegen;
Artigen Leutseligkeiten
Gehe schweigend aus den Wegen.

Wo zum Weib du nicht die Tochter
Wagen würdest zu begehren,
Halte dich zu wert, um gastlich
In dem Hause zu verkehren.

Was du immer kannst, zu werden,
Arbeit scheue nicht und Wachen;
Aber hüte deine Seele
Vor dem Karriere-Machen.

Wenn der Pöbel aller Sorte
Tanzet um die goldnen Kälber,
Halte fest: du hast vom Leben
Doch am Ende nur dich selber.

Wie in der zweiten und vorletzten Strophe bemängelte Storm in einem Brief an Fontane das Fehlen der „goldnen Rücksichtslosigkeit“ gegenüber dem Standes- und Karrieredenken, „die allein den Menschen frei macht“ (27. 3. 53). Und ganz im Sinne der 4. Strophe widersprach er Fontane, der die „Egalité“ in Preußen weitgehend für verwirklicht hielt (2. 5. 53), indem er provokativ Zweifel anmeldete: „Fragen Sie Ihren Grafen Armin doch einmal, ob er dem ⟨bürgerlichen⟩ Prof. Dove oder dem Maschinenbauer Borsig auch seine Tochter zur Ehe geben wolle!“ (5. 6. 53).
Deutliche Kritik an der Ausnahmestellung des Adels und gleichzeitig an den autoritär-orthodoxen Glaubenslehren der Kirche enthalten die in Heiligenstadt entstandenen Novellen Storms, ganz im Sinne seines Diktums (an Brinkmann, 18. 1. 64):

> „Ich sage Dir ⟨,⟩ der Adel (wie die Kirche) ist das Gift in den Adern der Nation“

So propagiert die Novelle „Im Schloß“ (1861) die Aufhebung der Standesunterschiede zwischen Adeligen und Bürgerlichen (das Schloßfräulein Anna ringt sich zu einer modernen Weltsicht durch und heiratet einen Bürgerlichen, einen Bauernsohn). Die noch während der Arbeit geäußerte Bitte der Frau des Landrats von Wussow, „nichts gegen den Adel zu schreiben“, wies Storm zurück (an die Eltern 9. 12. 61): „Ich mußte ihr freilich erklären, daß (...) zu meinen tiefsten Überzeugungen gehöre, Adel und Kirche seien die zwei wesentlichen Hemmnisse einer durchgreifenden sittlichen Entwicklung unsres sowie andrer Völker.“
Auch später (Ende Mai 1868) verteidigte er in einem Brief an seinen Sohn Hans noch einmal energisch seine Novelle „Im Schloß“ gegen den Landrat von Wussow: Wenn seine Poesie „überhaupt einen Wert“ habe, dann werde „auch die darin enthaltene Demokratie ihren Wert und ihre Wirksamkeit haben“. „Es wäre doch sehr merkwürdig“, meinte er, wenn seine Novelle „Im Schloß“ nicht in vielen Lesern „ein Nachdenken, eine Vorstellung, eine neue Einsicht oder ein schärferes Empfinden und Auffassen dieser ⟨undemokratischen⟩ Verhältnisse des Lebens“ bewirken würde.

„Der Adel (wie die Kirche) ist das Gift in den Adern der Nation,

In der ebenfalls in Heiligenstadt entstandenen Novelle „Veronica" (1861) verurteilte der Dichter das starre Festhalten an überkommenen Glaubensvorstellungen: Veronica geht nicht zur Beichte, sondern vertraut sich ihrem Ehemann an. Der Justizrat, der Ehemann in der Novelle, gehört „zu der immer größer werdenden Gemeinde," welche im Christentum „nur ein natürliches Ergebnis aus der geistigen Entwicklung der Menschheit zu erblicken vermag". Er erwartet vom fortschrittlich denkenden Christen (und so auch von seiner Frau) eine „allmähliche selbständige Befreiung" von orthodoxen Glaubensvorstellungen (I, 474).
Das Bündnis von „Weltlichkeit" und „Geistlichkeit" von „Thron und Altar" hatte Storm schon 1848 in dem Gedicht „Gesegnete Mahlzeit" (I, 41 f.) satirisch beleuchtet (s. o.). Noch schärfer verspottete er jetzt (1863) das Zusammengehen von Junkertum („des Königs Hermeline") und Kirche („Christi Mantel") in dem Gedicht „Der Lump" (I, 82):

Und bin ich auch ein rechter Lump,
So bin ich dessen unverlegen:
Ein frech' Gemüt, ein fromm' Gesicht,
Herzbruder, sind ein wahrer Segen!

Links nehm' von Christi Mantel ich
Ein Zipfelchen, daß es mir diene,
Und rechts – du glaubst nicht, wie das deckt –
Rechts von des Königs Hermeline.

Besonders scharf hat Storm 1862 (in Heiligenstadt) auf Versuche der preußischen Regierung reagiert, vor den Neuwahlen für das Abgeordnetenhaus Druck auf die Beamten auszuüben und ihr Wohlverhalten zu beeinflussen, d. h. konservative Kandidaten zu wählen[7]. Storm war empört und bemühte sich, auf einer Plenarsitzung seines Kreisgerichts einen „ehrerbietigen Protest seitens der Collegii durchzusetzen" (an die Eltern, 16. 4. 62). Als ihm dies nicht gelang, schickte er eine entsprechende „Erklärung" nach Berlin, um sie „als Inserat in die Vossische Zeitung" einrücken zu lassen, und fügte diesem Brief noch „einen Vers nach alter Weise" bei (an Theodor Mommsen, 15. 4. 62; vgl. I, 82):

Der Eine fragt: Was kommt danach?
Der Andre fragt nur: Ist es recht?
Und also unterscheidet sich
Der Freie von dem Knecht.

Eine Chance für eine politische Neuordnung sah Storm 1864 (also nach der Befreiung seines Heimatlandes und nach seiner Rückkehr) in einem selbständigen Schleswig-Holstein. Zwar befürwortete er eine Regentschaft des Erbprinzen, des Herzogs Friedrich III. von Augustenburg, aber eine befristete: Nur solange dieser die Befreiung Schleswig-Holsteins vorantrieb; danach sollte er abtreten. Denn „wie alle Gekrönten" war der Herzog dem „demokratischen Herzen" Storms „eine sehr gleichgültige Person" (an die Eltern, 21. 12. 63). Diese seine politische Auffassung brachte der Dichter in einem höchst aktuellen, politisch äußerst brisanten Gedicht zum Ausdruck (das er allerdings nicht veröffentlichte), dessen ersten beiden Strophen lauten (I, 264):

Und haben wir unser Herzoglein
Nun erst im Lande drinnen,
Dann wird, mir kribbelt schon die Faust,
Ein ander' Stück beginnen.

Der Junker muß lernen den schweren Satz,
Daß der Adel in unsern Zeiten
Zwar allenfalls ein Privatplaisir,
Doch sonst nichts hat zu bedeuten.

Das „neue Stück" sollte nach Storms Vorstellung und im Sinne des „Egalité"-Gedankens mit der Abschaffung der Vorrechte des Adels beginnen. Dabei war er sich bewußt, daß „der überall unausbleibliche Kampf zwischen der alten und neuen Zeit" in Schleswig-Holstein ein „sehr hartnäckiger" werden müsse. „Diesen sozialen Kampf" wollte er in seiner Heimat „durch das begeisterte Wort mitkämpfen" (an die Eltern, 21. 12. 63). Er sah sich in der Rolle eines „Tyrtäus der Demokratie" (an Brinkmann, 18. 1. 64), also als Dichter, der mit seinen politischen Liedern die innere Demokratisierung vorantreibt.

Unter den damaligen politischen Verhältnissen waren das allerdings unrealistische Träume. Schon Ende 1864 zeichnete sich ab, daß Schleswig-Holstein eine preußische Provinz werden sollte. Storm hat seiner Enttäuschung unverblümt Ausdruck gegeben. Er sprach von „Bismarckscher Räuberpolitik" und „preußischem Terrorismus", ja, er sah im preußischen Staat ein „System der brutalen Machtherrschaft" (an Pietsch, 27. 12. 64 u. 17. 5. 66).

So kam es auch zu Dissonanzen mit Theodor Fontane. Dieser hatte aus Anlaß des Einzugs der im dänischen Krieg siegreichen preußischen Truppen in Berlin ein „Einzugslied" mit dem Untertitel „7. Dezember 1864" geschrieben und Storm zugeschickt. Storm aber bemängelte, daß „der Zipfel der verfluchten Kreuzzeitung aus jeder Strophe heraushänge" und daß das Lied „lediglich die militairische Bravour" feiere.

Als Fontane dann aber seinen Husumer Kollegen auch noch aufforderte, seinerseits eine Hymne auf den Sieg der Preußen über die Dänen zu schreiben, antwortete Storm empört: „Hol Sie der Teufel! Wie kommen Sie dazu, daß ich eine Siegeshymne dichten soll!" Und meinte bitterböse, er könnte eher eine Hymne auf „die Neider der preuß⟨ischen⟩ Macht" schreiben (19. 12. 64).

In diesem Sinne hat Storm sich wohl auch öffentlich geäußert. Denn Ludwig Pietsch mußte den Husumer Dichter von Berlin aus – angesichts der von ihm „heraufbeschworenen Mißliebigkeit und Ungnade im hiesigen Ministerium" – zu mehr Zurückhaltung auffordern. Unmißverständlich warnte er: So „werdet Ihr das preußische ‚Militärjoch' doch nicht los, vielleicht aber eines schönen Tages Eure Stellen" (12. 12. 64).

Storms Vorbehalte dem preußischen Staat gegenüber verschärften sich noch, als er – nach der offiziellen Eingliederung Schleswig-Holsteins – aus seinem demokratisch legimitierten Amt als Landvogt hinausgeworfen und als Amtsrichter in die preußische Beamtenhierarchie eingereiht wurde: „Die Stellung des Beamten in Preußen", meinte er am 30. 1. 1867 Pietsch gegenüber, ist „eine unwürdige, eine Art Gymnasiasten und dumme Jungenstellung". Besonders empörte ihn das anmaßende Auftreten der ins Land gekommenen höheren Beamtenschaft: „So kommt doch jeder preußische Beamte, amtlich oder außeramtlich, mit der Miene eines kleinen persönlichen Eroberers und als müßte er uns die höhere Einsicht bringen, hieher" (16. 8. 67).

Diese kritische Einstellung fand auch in seiner Dichtung ihren Niederschlag. In der Kladde der Novelle „Eine Malerarbeit" (1867) ist eine Szene enthalten, in der es zu einem Streit und später zu einem Duell zwischen einem hochnäsigen „Regierungsassessor" und einem verkrüppelten Maler kommt. Ihr Disput entzündet sich an dem „Paß- und Reisezwang" für wandernde Handwerksgesellen (II, 10), den der Maler abgeschafft wissen möchte, weil diese so „als präsumtiv verdächtigte Subjekte von einem Polizeiamt an das andere geschickt" würden:

> „Aber dem Assessor schien jetzt die Zunge gelöst: ‚Das sind ja demokratische Träume', sagte er mit seinem spitzesten Lispeln, ‚diese Leute müssen fühlen, daß sie controlirt werden'.
> ‚Demokratisch, Herr Assessor?' erwiderte der Maler. ‚Ich habe noch nie drei beisammen gesehen, wovon auch nur zwei über dieß gemißhandelte Wort mit einander im Klaren gewesen. Mich kümmert das nicht; aber mich empört die Kränkung der Menschenwürde, die in dieser angemaaßten Bevormundung eines ganzen Standes liegt'."

Diese Szene hat Storm zwar nur stark verkürzt in die endgültige Fassung seiner Novelle übernommen, der Entwurf zeigt jedoch seine damalige kritische Einstellung deutlich[8].

Aus Protest gegen „preußischen Gehorsam und subalternes Wesen" (an Rodenberg, 27. 5. 68) und gegen die immer mehr zunehmende Reglementierung durch die preußische Bürokratie ist auch das Gedicht „Der Beamte" geschrieben, dem Storm zuerst den Titel „Der Büreaukrat" (1867) und dann den satirisch gemeinten Titel „Fortschritt" gegeben hat (I, 85):

Er reibt sich die Hände: „Wir kriegen's jetzt!
Auch der frechste Bursche spüret
Schon bis hinab in die Fingerspitz',
Daß von oben er wird regieret.

Bei jeder Geburt ist künftig sofort
Der Antrag zu formulieren,
Daß die hohe Behörde dem lieben Kind
Gestatte zu existieren!"

Das „Von-oben-Regiertwerden", das in diesem Gedicht angesprochen wird (4. Zeile), widersprach Storms Demokratieverständnis dermaßen, daß er die politischen Verhältnisse unter den Preußen gleichsetzte mit den Zuständen während der dänischen Besatzungszeit. Seinem Freund Pietsch schrieb er nach Berlin (16. 8. 67): „Wir fühlen alle, daß wir lediglich unter der Gewalt leben; das ist um so einschneidender, da sie von denen kommt ⟨von den Preußen⟩, die wir gegen die fremde Gewalt zu Hilfe riefen ⟨gegen die Dänen⟩ und die uns jetzt selbst als einen besiegten Stamm behandeln, nachdem sie uns von der andern Gewalt befreit haben; (...)"

Storms Mißmut über den Obrigkeitsstaat und seine Beamtenhierarchie findet 1871 deutlichen Ausdruck in der Novelle „Eine Halligfahrt". Im Mittelpunkt der Erzählung steht der „Vetter", ein alter Herr (Storm: „Der Alte, das bin ich"[9]); er hat sich auf die Hallig zurückgezogen, um endlich einmal frei zu sein von den „kleinen regierungslustigen Mitkreaturen" und den „Geheimen-Ober-Gott-weiß-was Räten". Es sind das, meint er, „so lange sie noch in ihren Drähten hängen, oftmals ganz verruchte Figuren, und man muß ihnen ausbiegen, damit man keine Schläge von ihren hölzernen Armen bekommt" (II, 50).

Wie sehr es Storm um innere Demokratisierung und Humanität geht, zeigt seine Einstellung zu den Siegen im Krieg 1870/71. Während man überall in Deutschland (auch in Husum) die Siege bejubelte, schrieb Storm die Verse (I, 260; vgl. Abb. 24):

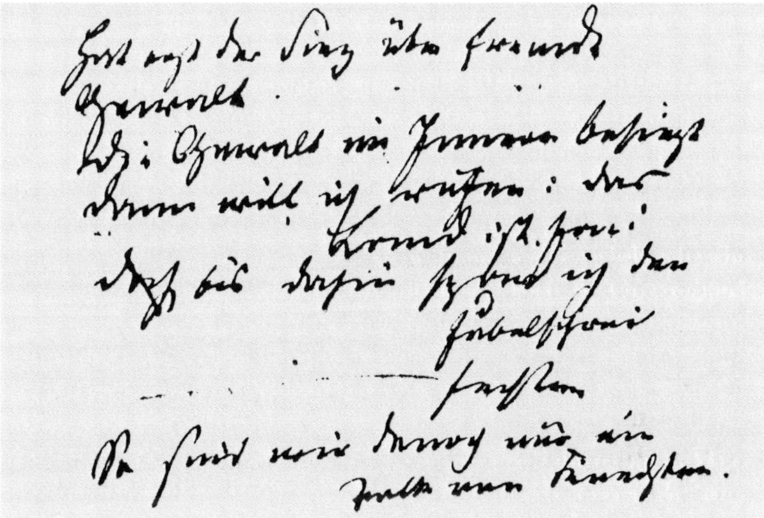

Abb. 24: Storm zu den Frankreich-Siegen im Krieg 1870/71. Faksimile des Entwurfs in dem Band „Meine Gedichte" (S. 123, StA Husum).

„Hat erst der Sieg über fremde Gewalt
Die Gewalt im Innern besiegt⟨,⟩
Dann will ich rufen: Das Land ist frei!
(Doch) bis dahin spar ich den Jubelschrei.
. . . . - - - fechten
So sind wir den⟨n⟩och nur ein Volk von Knechten."

Hat erst der Sieg über fremde Gewalt
Die Gewalt im Innern besiegt,
Dann will ich rufen: Das Land ist frei!
Bis dahin spar ich den Jubelschrei.

In demselben Sinne schrieb er dem Greifswalder Professor Pyl (14. 11. 70): „Und der Krieg? – Ich habe, so selbstverständlich dieser Krieg sein mag – mehr Begeisterung für den Kampf im Staate als für den um seine Grenzen. Etwas sitzt mir auch wohl der Groll gegen das spezifisch preuß⟨ische⟩ Wesen (...) in der Kehle".

1868 Preussen in Schleswig-Holstein

Seine Einstellung gegen den 1870/71er Krieg, ja, gegen jeden Krieg, brachte Storm in einem Brief an seinen Sohn Ernst (3. 8. 70) zum Ausdruck: „Was mich hauptsächlich beherrscht – und das verschlingt alles andre –, das ist der Ekel, einer Gesellschaft von Kreaturen anzugehören, die außer den übrigen ihnen von der Natur auferlegten Funktionen des Futtersuchens, der Fortpflanzung usw. auch die mit elementarischer Stumpfheit befolgt, sich von Zeit zu Zeit gegenseitig zu vertilgen."
Theodor Storm hat dann – nachdem Schleswig-Holstein 1868 preußische Provinz geworden war – als preußischer Beamter, als Amtsrichter, gearbeitet und seine Pflicht getan. In seinen Chroniknovellen jedoch hat er seiner Kritik an der Junkerherrschaft weiter Ausdruck gegeben.
Die Chroniknovellen, die zwischen 1876 und 1885 entstanden sind, basieren, ganz im Sinn der Ratschläge, die Storm der österreichischen Dichterin Ada Christen gegeben hat (30. 1. 70), auf der „genauen Kenntnis des 18. Jahrhunderts", „wo Gewalt und Luxus die Menschenwürde in den Staub trat". Der „sittliche Zorn", der daraus entspringt, durchweht diese Novellen. Storm führt das „verrottete Junkertum" vor, das auf seinen Standesvorurteilen beharrt, Liebesheiraten zwischen Adeligen und Bürgerlichen verhindert und seine Vorrechte brutal ausnutzt. Die Brutalität und Unmenschlichkeit des Adels kennzeichnet Storm in äußerst häßlichen Bildern, wenn er z. B. schildert, wie ein Junker einen Bürgerlichen, der um die Hand seiner Schwester angehalten hat, einfach niederschießt (in „Aquis submersus", II, 425), oder wie eine Gutsherrin leibeigenen Mägden, die im Winter beim Flachsspinnen über kalte Finger klagen, den Flachs um die Finger wickelt und anzündet (in „Eekenhof", II, 688).
In seinem Tagebuch (April 1883: IV, 525) hat Storm deutlich gemacht, wo die Schuld für die in den Chroniknovellen geschilderten ungerechten Zustände liegt: „Sie liegt auf der andern Seite, hier auf dem unerbittlichen Geschlechter-Haß, dort auf dem Übermut jenes Bruchteils der Gesellschaft, welcher, ohne Verdienst auf die irgendwie von den Vorfahren eroberte Ausnahmestellung pochend ⟨,⟩ sich besseren Blutes dünkt, und so das menschlich Schöne

und Berechtigte mit der ererbten Gewalt zu Boden tritt; (...)"
Storms distanzierte Haltung gegenüber dem preußischen Staat und seiner Gesellschaftsordnung ermöglichte ihm einen verschärften Blick auch für andere Gefahren der Zeit. Nach dem gewonnenen Krieg von 1870/71 und infolge der Zahlung von 5 Milliarden Franc Kriegsentschädigung zeigten sich mit dem zunehmenden wirtschaftlichen Aufschwung und dem Wohlstand innerhalb der bürgerlichen Gesellschaft Entartungserscheinungen, die Storm mehr und mehr deutlich wurden und die er in seinen späten Novellen scharf kritisiert hat.
In der Novelle „Im Nachbarhause links" hat Storm schon 1875 warnend die Stimme erhoben, daß ein nur auf Äußerlichkeiten, auf Geld und Schönheit, angelegtes Leben keinen Sinn hat: die reiche Madame Sievert Jansen verkommt in Schmutz und Dreck und wird schließlich von ihren eigenen Goldtalern erschlagen.
Eine Warnung vor den Gefahren der Zeit veranschaulicht die Novelle „Hans und Heinz Kirch". Hier macht Storm deutlich, wohin übertriebenes Streben nach Wohlstand und bürgerlichen Ehren führt, nämlich zur Deformation der bürgerlichen Tugenden, zu seelischer Härte, zu Mitleidlosigkeit, zu einem Leben ohne Liebe und Nächstenliebe: Der Vater Hans Kirch – an einer Stelle mit Judas Ischariot verglichen, der Jesus um 30 Silberlinge verrät – verrät und verstößt seinen eigenen Sohn.
Die Storm-Biographen haben lange Zeit Storms Interesse für soziale Fragen und seine Kompetenz für die Problematik der „kleinen Leute" übersehen. Dabei hat Storm selbst einen Novellenband unter dem Titel „Bei kleinen Leuten" herausgebracht (1887).
Ein zuverlässiger Zeuge gerade für die späten Jahre ist Storms jugendlicher Freund, Professor Ferdinand Tönnies (1855–1936), der Begründer der Soziologie in Deutschland. Er stellt in seinen „Gedenkblättern" fest (S. 69 u. 70): „Storm war Demokrat (...); man möchte sagen, mehr im ethischen als im politischen Verstande (...). Da er wußte, daß ich, wenn auch kein Genosse, so doch ein Verteidiger der vielgeschmähten Partei ⟨der Sozialdemokraten⟩ war, so hat er (...) eingehend mit mir über Demokratie und über Sozialismus gesprochen."

Eine eindrucksvolle soziale Anklage gegen die bürgerliche Gesellschaft enthält die Novelle „Ein Doppelgänger" (1887). Im Mittelpunkt der Handlung steht der aus dem Zuchthaus in Glückstadt entlassene Arbeiter John Hansen, der in der kleinen Stadt, in die er zurückkehrt, keine Anerkennung und zuletzt auch keine Arbeit mehr findet. Vergebens setzt sich der Bürgermeister für die Resozialisierung des Zuchthäuslers ein. Resigniert muß er feststellen (III, 174):

> „Nachdem dieser John von Rechtes wegen seine Strafe abgebüßt hatte, wurde er, wie gebräuchlich, der lieben Mitwelt zur Hetzjagd überlassen. Und sie hat ihn nun auch zu Tode gehetzt; denn sie ist ohn Erbarmen."

Der sozialdemokratische Schriftsteller Johannes Wedde würdigte noch zu Lebzeiten des Dichters diese Novelle als „schneidigen Protest" gegen die damaligen Zustände[10].
Theodor Storm erweist sich damit in viel stärkerem Maße, als seinen Lesern gemeinhin bewußt ist, als ein kritischer Beobachter seiner Zeit und als ein Mann mit Gespür für die latenten Gefahren der Epoche. Seine Grundhaltung war entscheidend bestimmt von den demokratischen Idealen der 1848er Revolution. Die Parteien, die Staatsform oder außenpolitische Fragen allerdings interessierten ihn wenig. Aber wo er die Freiheit im Innern bedroht sah, reagierte er empfindlich. Er war also kein „unpolitisches Tier", und auch seine Dichtung ist zeitkritischer, als man bisher angenommen hat.

Vom Essen, Trinken und Rauchen

Über Storms Verhältnis zu den kleinen Freuden des Lebens, zum Essen und Trinken und zum Rauchen, informieren uns die Briefe, die er geschrieben hat, nur verhältnismäßig selten.

Kulinarischen Genüssen ist Storm – soviel wir wissen – nicht abhold gewesen. Als Junggeselle und frischgebackener Rechtsanwalt ließ er entsprechende Festivitäten nicht ungenutzt vorübergehen. Wenn er z. B. von seinem reichen Onkel Friedrich August Woldsen, dem Hamburger Kaufmann, in dessen „Woldsensche Villa" eingeladen war, schwärmte er, wie „vortrefflich" er dort „gegessen und getrunken" habe. Auch an dem „jährlichen Deichbezugsschmaus" bei „Werner" in der Großstraße, wo es „recht heiter zuging und zuletzt in Champagner endete", hat er gern teilgenommen (an die Braut, 29. 8. u. 13. 9. 45).

Freilich, in seiner jungen Ehe, vor allem im Exil in Potsdam und Heiligenstadt, mußte gespart werden: Fliederbeeren wurden zu Saft verarbeitet, Bucheckern wurden gesammelt und Zwetschgen wurden zu „Mus" verkocht, um Butter zu sparen; Zucker gab es nur zum Nachmittagstee (an die Eltern 2. 10. 58 u. 6. 12. 61). Sonst waren ihm Tafelfreuden – wenn solche ihm geboten wurden – höchst willkommen. Das Frühstück „im engeren Kreise" z. B., das der Landrat Graf Reventlow von 1870 an jedes Jahr im Husumer Schloß zu seinem Geburtstag am 6. Januar gab, hat Storm nie versäumt. Es bestand aus folgender „fester Speisefolge"[1]: „Schokolade mit Kuchen, eingemachte Mettwurst, Käse und Zunge mit Sherry, Bier und Kümmel". Und wenn Storm – was zweimal geschehen ist – zu „Pfordte", einem berühmten Feinschmecker-Restaurant in Hamburg (später und heute: „Hotel Atlantik"), eingeladen wurde, konnte er sich geradezu an dem opulenten Essen begeistern[2]. Von einem „Karneval" in Husum erfahren wir Einzelheiten (an Elsabe 23. 2. 84): „Soupers und Diners (letztere höchst fein: Fasanen, russische Haselhühner, Yquem, römischer Punsch usw.) wechselten Tag für Tag".

Auch Storms haben natürlich gelegentlich zum Essen eingeladen. In Heiligenstadt allerdings war das Geld so knapp, daß der Vater aus Husum einen Zuschuß schicken mußte, wenn der Landrat von Wussow und dessen Frau zur „Abendschüssel“ in die Wilhelmstraße kamen (vgl. 12. 4. 58).

In Husum und Hademarschen lebte es sich dann besser. Das Stormsche Haus war bald bekannt für seine Gastfreundschaft und seine Bereitschaft, Gäste einzuladen und aufzunehmen. Als der Dirigent des Leipziger Gewandthausorchesters Carl Reinecke 1874 auf einer Konzertreise nach Kopenhagen in Husum Station machte, wohnte er bei Storms in der Wasserreihe. Nach dem Konzert in der Aula des Gymnasiums, das Storm organisiert hatte, aß man im Hause des Dichters gemeinsam zu Abend und diskutierte und konzertierte (an Storms Tafelklavier) noch bis halb ein Uhr nachts[3]. Gern haben Storms bei solchen Gelegenheiten zu „Hecht“ eingeladen, den sie extra aus Schleswig kommen ließen; dazu gab es die berühmten „Pellwormer Kartoffeln“ und erlesenen Weißwein[4].

Storm liebte besonders süßen Wein. Auf Säure reagierte sein Magen empfindlich. So kredenzte Mörike ihm in Stuttgart „Wein aus dem Garten von Mergentheim“, der dem Husumer – laut Tagebuch – „später eine leichte körperliche Buße auferlegte“ und ihn veranlaßte, sich von dem dortigen Arzt Dr. Evren ein Rezept für ein Magenberuhigungspulver geben zu lassen[5].

Storms Lieblingswein, sein „Leibwein“[6], war deshalb der „Château d' Yquem“, ein Bordaux-Wein aus der Nähe von Sauternes, der zu den besten französischen Weißweinen zählt und noch heute angepriesen wird als „luxuriöser, honigsüßer Wein“. Wilhelm Jensen berichtet (S. 507 f.), daß er für Storm einmal eine „seit langem für besonderen Fall aufbewahrte Flasche“ dieses Weins aus dem Keller geholt habe: „Storm trank indes ein paar Gläser, ohne ein Wort zu äußern, noch eine Miene zu regen.“ Zuletzt hat ihn Jensen gefragt, ob der Wein ihm zusage, und Storm hat geantwortet: „O ja, er könnte nur ein bißchen süßer sein.“ Jensen entsetzte sich: „Süßer als alter Yquem –!“

Im Hause Storm gehörte der Punsch zu den bevorzugten Getränken. Besonders an den gemütlichen abendlichen Gesprächsrunden wurde er gern angeboten. An den sogenannten „römischen Abenden“, die Storm gelegentlich veranstaltete, gab es neben Tee auch

Abb. 25: Die Punschbowle der Familie Storm (StA Husum).

Bowle und Punsch (an Petersen, 21. 11. 81), und z.B. an einem „Dreimännerabend" mit Dr. Wachs und Dr. Julius Mannhardt wurde nach dem Essen „Punsch in der Veranda" serviert (an Lucie, 13.6. 83). Auch die Erzählung vom Schimmelreiter in der gleichnamigen Novelle beginnt ja mit einer „Punschbowle", die auf dem Tisch steht, und mit einem „dampfenden Glas", das dem Erzähler „hingeschoben" wird (III, 637). Und in der Spukgeschichtensammlung „Am Kamin" ist – in Anspielung auf E. T. A. Hoffmanns „Serapionsbrüder" – von einer Punsch-Bowle die Rede, der aber noch eine halbe Flasche „Marasquino" (Kirschlikör) zugesetzt wird (IV, 54).

Storms Punschrezept ist erhalten (im Storm-Archiv, Husum). Man nehme: 3 Flaschen „Graves" (roter oder weißer Bordaux-Wein), 1 Flasche Madeira, $^1/_2$ Flasche Arrak, 1 Pfund Zucker. – Die Mitarbeiter des Storm-Hauses haben sich daran versucht. Es wird jedoch dringend vor diesem Getränk gewarnt. Es ist furchtbar süß und stark und sollte nur in kleinen Mengen getrunken werden.

Sonst könnte es einem so ergehen wir dem Herrn Etatsrat in Storms gleichnamiger Novelle. Der reißt sich nach ausgiebigem Punschgenuß seine Kleider vom Leib und liegt zuletzt in „greuelvoller Unbekleidung“, also nackt, „gleich einem ungeheuren Roßkäfer auf dem Rücken“ und arbeitet „mit seinen kurzen Beinen ganz vergebens in der Luft umher“ (III, 13).

Übrigens, die „Punschbowle“, die Storm benutzte (Abb. 25), war nicht von „getriebenem Silber“ wie die des Herrn Etatsrats (III, 11), sondern Steingut (glasiert). Sie zeigt (man kann sich davon im Husumer Storm-Museum überzeugen), daß im Hause des Dichters ein außerordentlich starker Punsch gebraut wurde: Teile des Stormschen Punschbowlengefäßes sind im Laufe der Zeit rotbraun angelaufen!

Süße alkoholische Getränke scheinen im Stormschen Hause beliebt gewesen zu sein. Einmal berichtet der Dichter von einem „wichtigen opus ⟨lat. Werk⟩“. In seinem Hause sollte „Wallnuß-Liqueur“ gebraut werden. Dazu bestellte er beim Apotheker, da „die Nüsse etwas ausgetrocknet“ waren, „5 Kannen“ des „kräftigsten“ französischen Branntweins[7].

Das größte Fest des Jahres war für Storm und seine Familie das Weihnachtsfest. Den traditionellen Ablauf des Festes hat der Dichter in seinen Briefen und in seiner Novelle „Unter dem Tannenbaum“ ausführlich geschildert[8]. Nicht nur der Tannenbaum selbst wurde alljährlich in gleicher Weise geschmückt (etwa wie die Tanne, die jeweils vom 1. Advent an im Husumer Storm-Museum zu besichtigen ist), auch der Verlauf der Bescherung war traditionell festgelegt: Sie begann mit einer Tasse „besonders fein gemischten Tees“, und bestimmte kulinarische Köstlichkeiten durften nicht fehlen. Neben „Apfel, Nuß und Mandelkern“, die der Knecht Ruprecht in Storms gleichnamigem Gedicht mitbrachte, waren es vor allen Dingen die in Fett gebackenen und mit Zucker bestreuten „Futjen“ oder „Pförtchen“ (Rezept: Abb. 26), das Marzipan, der „braune Kuchen“ und die Pfeffernüsse, die zum Weihnachtsfest dazugehörten. Auch von einem Apfelkuchen, der scherzhaft „Tante Moritz“ genannt wurde, wird berichtet. Das „unerläßliche Festgericht“ bestand am Weihnachtsabend aus „Fi-

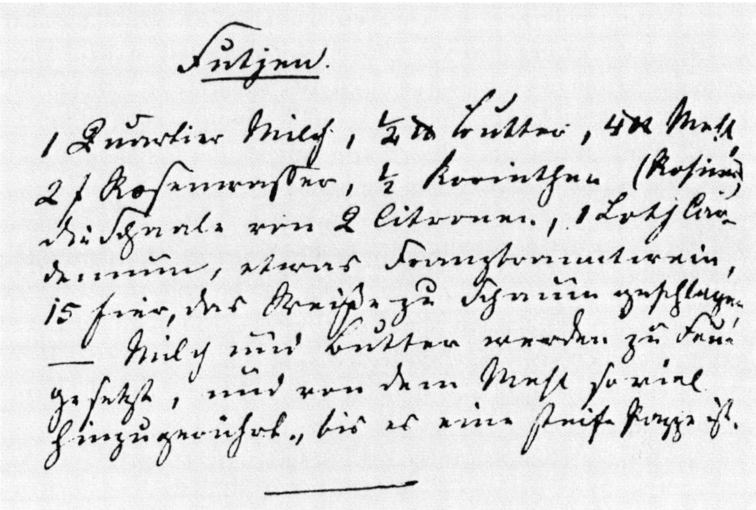

Abb. 26: Futjen-Rezept, Storms Handschrift (in einem Kochbuch aus Storms Bibliothek: StA Husum).

Futjen.
1 Quartier ⟨Viertel⟩ Milch, 1/2 ℔ ⟨Pfund⟩ Butter, 4 ℔ ⟨Pfund⟩ Mehl, 2 f ⟨Fläschchen⟩ Rosenwasser, 1/2 ⟨Pfund⟩ Korinthen (Rosinen), die Schale von 2 Citronen, 1 Loth Cardemum, etwas Franzbranntwein, 15 Eier, das Weiße zu Schaum geschlagen – Milch und Butter werden zu Feuer gesetzt, und von dem Mehl so viel hinzugerührt, bis es eine steife Pappe ist.

schen“ oder „Sauerbraten“, und danach gab es noch einmal „Futjen“ oder „Tante Moritz“ und für die Erwachsenen „Punsch“[9]. Storms Abneigung gegen das Biertrinken und gegen das „Kneipen“ stammt offenbar aus seiner eigenen Studentenzeit. Sie fällt zusammen mit seiner Kritik an dem oberflächlichen Studenten, dem „Geist und Herz und Gefühl für alles Schöne“ fehlt, „der viel kneipt und trinkt“ und „von nichts anderem redet, als von Kneipereien und Paukereien“ (IV, 495). Als seine drei Söhne studierten, rief er aus: „Das Bier ist in Bezug auf Euch Jungens eine von meinen Todesängsten“ (29. 3. 72). Den besonders alkoholgefährdeten Sohn Hans warnte er, „nicht täglich ins Wirthshaus“ zu gehen, er habe „wenige solcher Kneipengänger gekannt, die, wenn sie älter wurden, nicht etwas von innerlicher Verlumptheit in sich angesammelt" hätten (11. 11. 71); es möge „Gott verhüten", daß er ihn „bierdick" nach Hause kommen sehe. Warnend stellt er ihm die Gestalt seines Freundes Noodt vor Augen, der „schließlich als eine kolossale Alkohol-Fettmasse vom Bier erstickt" worden sei (29. 3. 72).

Wenn Storm den „alten Herrn" in der Spukgeschichtensammlung „Am Kamin" sagen läßt, daß „das Bier der Feind" und „der Tee der Freund der denkenden Menschen" sei (IV, 71), dann spricht er da offensichtlich seine eigene Meinung aus. Denn wie er das Biertrinken verabscheute (s. o.), so liebte er den Tee und die Nachmittagsteestunden. Dabei kam es ihm nicht auf die Stärke des Tees an (für den Junggesellen Storm waren – so an seine Braut [25. 12. 45] – „vier Teelöffel Tee für vier Personen" schon eine „große Verschwendung"), wohl aber auf die „Art, wie sich der Mensch zu diesem Getränk, zu dessen Bereitung und dessen Genuß" verhält; von daher läßt sich – nach Storm – sogar „Wesen und Wert der Persönlichkeit, des Herzens und des Geistes" bestimmen[10]. Vor allem ein „kupferner blankgeputzter Teekessel" gehörte dazu, auf einem mit „glühenden Torfkohlen" gefüllten „Komfort" ⟨Messing-Untersatz für die Kohle⟩. Eine moderne „Berzeliuslampe", d. h. ein Spirituskocher, war bei Storms verpönt; aber „Kandiszuckerstücke in rubinroten Glasschälchen" durften nicht fehlen[11]. Nur so ergab sich die erstrebte „Behaglichkeit". In „Am Kamin" heißt es denn auch: „Wenn der Teekessel ein Vertreter des häuslichen Herdes sein soll, so muß er unbedingt auf einem Kohlenbecken kochen, und zwar auf Torfkohlen, gehörig durchglühten. Das hält auch besser Dauer als jene ungemütliche Maschinerie" (IV, 63). Nach Fontane soll Storm sogar „ganz ernsthaft" geglaubt haben, daß eine „wirkliche Tasse Tee nur aus seiner Husumer Kanne" kommen könne"[12].

Das Rauchen hat Storm zeitlebens abgelehnt. Dafür gibt es eindeutige Briefzeugnisse. So bringt Storm in einem frühen Brief an seine Braut (20. 3. 46) seine Genugtuung darüber zum Ausdruck, daß sie nicht rauche; er habe es bei seinem Freund Lorenzen „nur

fünf Minuten aushalten" können, „nachdem dieser seine Pfeife angezündet" habe. „Ich bin leider", meinte Storm abschließend, „eine gar zu schwache Personage".
Auch später hat Storm das Rauchen nicht angefangen. Humorvoll bekannte er sich in einem Brief an Wilhelm Petersen zum Nichtraucher: Für ein Bildgeschenk, das „Sonntagmorgen in Schleswig" betitelt war und eine behaglich rauchende Person zeigte, bedankte er sich bei Petersen mit den Worten (8. 12. 77):

> „Bei dem Bilde thut's mir bitter leid, daß ich in meiner Jugend das Rauchen nicht hab lernen können, oder mich schwacher Weise durch kleine Beschwerden davon hab abspenstig machen lassen. Himmel, wenn ich jetzt so rauchen könnte, ich glaub, dann würd's von selber ‚Sonntagmorgen'."

Wie stark Storm unter dem Tabakqualm gelitten hat, veranschaulicht eine Stelle aus seinem Brief an Constanze, in dem er sich über den „beizenden Tabakqualm" in seinem Zugabteil beklagt, der ihm „Erstickungskrämpfe" verursacht habe (14. 3. 64).
In der Stormschen Dichtung allerdings spielt das Rauchen eine andere Rolle. Es gehört zu den Requisiten, die der Dichter benutzt, um die mündliche Erzählsituation zu beglaubigen. So hat z. B. der Musiker, der die Geschichte von den „zwei Königskindern" erzählt, sich dazu „die Erlaubnis zu einer langen Pfeife ausgebeten" (III, 294). Die Geschichte der Jenni in „Von Jenseit des Meeres" erfahren wir von einem Architekten, der „seine Zigarre rauchend" auf- und abgeht (I, 647). Die Novelle „Im Nachbarhause links" beginnt damit, daß der Erzähler „mit dem kleinen Finger die Asche von seiner Zigarre" abstreift (II, 346), und sie endet mit dem Hinweis, daß dieser „sich statt der längst in Rauch aufgegangenen eine neue Zigarre anzündet" (II, 377).
Man darf also – das zeigt sich hier einmal mehr – den Erzähler in den Stormschen Novellen nicht ohne weiteres mit dem Dichter selbst identifizieren.

Storm auf Reisen

Wer den Namen Theodor Storm hört, denkt unwillkürlich an einen Dichter, der in Husum in seinem „Poetenstübchen" sitzt und nur selten in die Welt hinauskommt. Doch schon die summarische Betrachtung seiner Biographie macht deutlich, daß dieses Bild korrigiert werden muß. Gewiß, seine Kindheit und frühe Jugend hat Storm in Husum verbracht (1817–1835). Aber wenn man die übrigen Lebensjahre – sozusagen sein Erwachsenendasein – vom Besuch des Lübecker Katharineums an (1835) bis zu seinem Tode (1888) – zusammenzählt, dann hat er von diesen 53 Jahren 26 Jahre, also die Hälfte, *nicht* in Husum verbracht! Das sind die sechs Ausbildungs- und Studentenjahre in Lübeck, Kiel und Berlin, die zwölf Jahre des Exils in Potsdam und Heiligenstadt und die acht Jahre in Hademarschen.

Auch im einzelnen bewahrheitet sich die Vorstellung von einem nur in seiner Klause sitzenden, von der Welt abgeschnittenen Dichter nicht. Wenn man näher hinschaut, stellt man bei Storm eine überraschend große Beweglichkeit und Weltoffenheit fest. Untersuchen wir einmal ein beliebiges Jahr, z. B. 1877! Storm wohnte damals mit seiner Frau und seinen Kindern in Husum, im Haus Wasserreihe 31, war vielbeschäftigter Amtsrichter (d. h. er war gerade zum „Oberamtsrichter" befördert worden), und als solcher war er zuständig für den Landbezirk um Husum herum. Das bedeutete, daß er von Amts wegen nicht selten unterwegs war, also schwierige Fälle vor Ort zu untersuchen hatte; dazu mußte er z. B. mit dem Dampfer nach Nordstrand (an Hans, 27. 11. 68) und mit der Kutsche nach Schwabstedt oder Ostenfeld (vgl. in den Novelle „Draußen im Heidedorf"). Daneben absolvierte der Dichter ein umfangreiches privates Besuchs- und Reiseprogramm. Im Jahre 1877 hat Storm – soweit sich das aus seinen Briefen rekonstruieren läßt – folgende Reisen unternommen und selbst folgende auswärtigen Besuche empfangen:

6. Februar–3. März: Reise nach Würzburg (wegen Sohn Hans)
7. März: Reise nach Schleswig (zu W. Petersen)
11. April: Auswärtige Nichten bei Storms zu Besuch
23. Juni: W. Petersen besucht Storm
29. Juni–3. Juli: Reichsrat Schindler aus Leopoldskron bei Salzburg zu Besuch
6.–8. August: Reise nach Schleswig (zu W. Petersen)
10.–16. August: Reise nach Hademarschen (zum Bruder)
20. August–3. September: Reise nach Fobeslet bei Kolding/Dänemark (zu Verwandten seiner Frau)
14. September: 60. Geburtstag Storms mit zahlreichen auswärtigen Gästen
30. September–2. Oktober: Hermione von Preuschen aus München zu Besuch
7.–10. Oktober: Logierbesuch bei Storms
19. November: W. Petersen besucht Storm

Hinzu kamen die brieflichen Verbindungen zu Menschen in ganz Deutschland und darüber hinaus: 1877 z. B. sind über 60 Briefe zwischen Storm in Husum und Erich Schmidt in Würzburg, Paul Heyse in München, Gottfried Keller in Zürich, Alexander Schindler in Salzburg bzw. Wien und Wilhelm Petersen in Schleswig hin- und hergegangen. Wenn man ferner berücksichtigt, daß Storm neben seinem Beruf, neben den oben angeführten Besuchs- und Reiseterminen und neben der großen Zahl von Briefen, die er empfangen und geschrieben hat, auch noch die Novelle „Carsten Curator“ verfaßt (Februar bis August) und Vorarbeiten für die geplante Novelle „Renate“ angefangen hat, dann hat man eine Vorstellung von Storm, wie er wirklich war: tätig, beweglich, aufgeschlossen und gern – auch im übertragenen Sinne – „unterwegs“.
Das Reisen selbst war zu Storms Zeit unbequem und teuer. Auf vielen Strecken mußte noch die Kutsche benutzt werden, und der Zustand der Straßen verhinderte ein zügiges Vorankommen. In seinen autobiographischen Skizzen „Aus der Jugendzeit“ gibt uns Storm ein anschauliches Bild, wie man damals reiste (IV, 432 f.):

> „(...) keine Kunststraße führte aus unsrer Stadt zu einer andern, nach Flensburg mahlten die Wagenräder viele Stunden lang im tiefsten Sande und ich fühle noch den träumerischen Zustand, wenn ich mit meinem Vater in der sogenannten Chaise saß, welche langsam in den knarrenden Riemen schaukelte (...). Nicht viel anders war der Weg nach Schleswig; aber nach dem benachbarten Friedrichstadt, der sauberen Treenestadt, wo mir ein Onkel wohnte, fuhren wir in trockner Sommerzeit auf dem Marschboden, wie auf einer ebenen Diele; in der Regenzeit und im Wintertauwetter war es um so schlimmer, statt der sonst anderthalb Stunden kam man unter vier Stunden nicht zur Stelle, Schritt für Schritt ging es, die Pferde traten tief in den durchweichten Boden (...)."

Nicht nur der Zustand der Straßen, sondern auch der Zustand des Gefährts, das man benutzte, beeinflußte das Reisen. So beklagte sich Storm einmal seiner Frau gegenüber (19. 9. 60), daß ihm für eine Fahrt nach Schwabstedt statt einer „eleganten Equipage" nur eine „alte Reisekalesche" zur Verfügung gestanden und daß dabei „der Wind schändlich durch das alte defekte Leder" gepfiffen habe.
Wie umständlich und langwierig das Reisen damal war, wird an zwei Reiserouten deutlich, die Storm mehrfach benutzt hat und über die wir Näheres wissen. Wenn er seine Braut bzw. seine Schwiegereltern in Segeberg besuchen wollte, war zunächst bis zu einer der beiden Eider-Anlegestellen bei Tönning oder Friedrichstadt die Kutsche zu benutzen; mit dem Dampfschiff ging es dann die Eider aufwärts bis Rendsburg, dort mußte meist eine Hotelübenachtung, z. B. im Hotel „Zum Prinzen" am Schloßplatz, eingeschoben werden; erst am nächsten Tag konnte die Reise weitergehen: mit der Eisenbahn nach Neumünster und von dort mit der Kutsche über Rickling nach Segeberg. (Die ganze Strecke – von Husum nach Segeberg – bewältigt man heute mit dem Pkw in ca. zwei Stunden).[1]
Ähnlich umständlich war die Verbindung von Husum nach Heiligenstadt. Die Reise dauerte praktisch drei Tage. Der erste Tag diente der Anreise bis Hamburg-Altona, wo übernachtet werden mußte, um am nächsten Morgen mit dem Boot nach Harburg übersetzen und um von dort am selben Tag mit der Eisenbahn –

bei längerem Aufenthalt in Hannover – nach Göttingen gelangen zu können. Dort wurde „bei Herrn Bettmann“ in der „Krone“ zum zweitenmal übernachtet. Für die letzte Wegstrecke nach Heiligenstadt benötigte man – mit der Kutsche – am nächsten Tag noch einmal drei Stunden[2].

Gern und oft hat Storm Verwandte und Freunde besucht. Nur ein paar Beispiele. Ziele solcher Reisen waren u. a. Hadersleben (dän. Haderslev), wo die Schwiegereltern des Sohnes Ernst, – Eutin, Segeberg und Neumünster, wo Verwandte der ersten und dann der zweiten Frau, – Hademarschen, wo Mitglieder der Familie des Bruder Johannes wohnten. In Kiel und Schleswig galt der Besuch guten Freunden (u. a. Klaus Groth und Wilhelm Petersen). Häufig war Storm in Hamburg. Dahin ging z. B. die Hochzeitsreise nach Wiederverheiratung (Sommer 1866); dort wohnte man im Hotel „Stadt Kiel“, oder man war Gast bei den Familien der Maler Otto bzw. Hans Speckter und bei dem Theologen und Pädagogen Heinrich Schleiden.

Sogar von Potsdam und Heiligenstadt aus haben die Storms – auch wenn das Geld damals besonders knapp war – Ausflüge und Reisen unternommen. Mit seiner Frau, aber auch allein, ist Storm von Potsdam nach Berlin gefahren, um an Sitzungen des „Rütli“ und des „Tunnels über der Spree“, an Paul Heyses Hochzeit oder an einem Diner mit Eichendorff teilzunehmen. Einmal war er mit seinen Söhnen Hans und Ernst im „Friedrich-Wilhelmstädtischen Theater.“ Dort wurde, wie Storm seinen Eltern schrieb (23. 4. 53), „Schneewittchen, eine Märchenscene von Theodor Storm“ gegeben. „Da sah ich zum ersten und wahrscheinlich auch zum letzten Mal meinen Namen groß gedruckt an allen Ecken Berlins. Hans und Ernst beklatschten das Werk ihres Vaters nach Verdienst (...)“.

Von Heiligenstadt aus hat man mehrfach Fahrten zum Hanstein (Abb. 27), zur „Teufelskanzel“ (vgl. in „Eine Malerarbeit“), nach Wahlhausen, nach Theistungen und zu den Göttinger Gleichen veranstaltet. Von Dienstfahrten des Kreisrichters in die schöne Umgebung ist oft die Rede.

Auch Urlaubsreisen von Potsdam und Heiligenstadt in die alte Heimat sind überliefert. Denn man darf Storms Emigranten-

Reise: Eider-Anlegestelle
Tönning, Friedrichsstadt,
Eider aufwärts bis Rendsburg
Neumünster / Segeberg

Abb. 27: Burg Hanstein (15 km von Heiligenstadt). Mit dem darunterliegenden „Dorfe“: Vorbild für das Grafenschloß in Storms Märchen „Der Spiegel des Cyprianus“ (StA Husum).

schicksal – so hart es für ihn im fremden Lande, in Preußen, auch war – nicht mit modernen Emigrantenschicksalen vergleichen. Er selbst und seine Familie waren ja nicht politisch verfolgt. Storm hatte seine Heimat verlassen, weil der dänische König seine Bestallung als Rechtsanwalt kassiert hatte und weil er nur in Preußen eine Arbeitsmöglichkeit als Jurist gefunden hatte. Reisen in die Heimat waren also ohne weiteres möglich und wurden – soweit das Geld reichte – auch genutzt. Mitunter hat man sogar mehrere Wochen lang bei den Eltern und Schwiegereltern in Husum und Segeberg Urlaub gemacht. In Lütjenburg wurden Freund Brinkmann und seine Frau Laura, in Kiel, Friedrichstadt, Bockhorst (bei Hademarschen), Glückstadt und Altona Verwandte besucht.

Ein besonderes Ereignis während der Potsdamer Jahre war die Reise nach Stuttgart zu Eduard Mörike, die Storm zusammen mit seinen Eltern im August 1855 unternommen hat und die – soweit wir wissen – auch von den Eltern finanziert wurde. Storms Vater wollte vor allem alte Erinnerungen an die Studentenzeit auffrischen. In Heidelberg wohnte man – ganz standesgemäß – im „Gasthof zum Ritter“, besichtigte ausgiebig die Stadt und die Universität: „Es war rührend mit dem Alten, wie er dort den Spuren seiner Jugend nachging“ (an Brinkmann, 28. 9. 55). Über seine Begegnung mit Mörike in Stuttgart hat Storm ausführliche Erinnerungen hinterlassen: Mörike las aus seinem neu entstandenen Werk „Mozart auf der Reise nach Prag“ (Storm: „ein kleines Meisterstück“) und zeigte seinen Besuchern die Stadt, das Katharinenstift, wo Mörike Literaturstunden gab, das Haus am Markt, das mit seiner „Steinfigur“ die Anregung für das Märchen „Das Stuttgarter Hutzelmännlein“ gegeben hatte.

Auf der Rückfahrt kehrte Storm nicht auf dem kürzesten Wege nach Potsdam zurück, sondern unternahm noch eine Schiffahrt von Heilbronn den Neckar hinunter und anschließend eine Rheinfahrt von Mainz bis Köln. Begeistert berichtet der Dichter von seinen Eindrücken: „Am Morgen sah ich den alten Strom in solchem grünen Dufte, daß mir mit einem mal seine ganze Poesie lebendig wurde, – ich hörte die Loreleilieder; Brentanos Märchen fuhren singend den Strom hernieder“[3].

Husum – Eltern
Segeberg – Schwiegereltern
Lütjenburg – Freund Brinkmann

1865 Husum – Baden-Baden
Constanzes Tod | Minden → Elise Polko
Frankfurt → Städel

Besonderen Stellenwert in Storms Leben hatte die Reise von Husum in das Weltbad Baden-Baden im Jahre 1865. Ende Mai war seine Frau Constanze gestorben. Schon am 19. Juli faßte der Witwer den Entschluß, auf Reisen zu gehen. Seinem Freund Pietsch, der den Sommer bei dem russischen Dichter Iwan Turgenjew in Baden-Baden verbringen wollte, eröffnete er seinen Plan, im „Spätsommer (etwa Septbr. oder Oktbr.) 3 oder 4 Wochen zu reisen", dabei „namentlich Menschen ⟨zu⟩ sehen, wo möglich neue Fäden in's Leben ⟨zu⟩ spinnen" (19. 7. 65).

Dieses energische Sich-Losreißen von Zuhause, von der Trauer um Constanze, von melancholisch erinnernder Rückwärtsgewandtheit, dieser Entschluß, Husum eine Zeitlang den Rücken zu kehren, um Abstand zu gewinnen von dem herben Schicksalsschlag, der ihn getroffen hatte, ist bewundernswert. „Es gilt nun weiter zu leben ohne sie ⟨Constanze⟩", hatte er Mörike geschrieben (6. 7. 65).

Die brieflich ausgesprochene Absicht, „Menschen zu sehen" und „neue Fäden ins Leben zu spinnen", bestimmte die ganze Reise. Sie dauerte vier Wochen (vom 1. 9. bis 30. 9. 1865). Auf der Hinfahrt schon machte er zweimal für mehrere Tage Station, einmal in Minden, um mit der erfolgreichen Schriftstellerin Elise Polko zusammenzutreffen, zum andern in Frankfurt am Main, um seinen alten Studienfreund Tycho Mommsen, der an dem dortigen Gymnasium als Direktor wirkte, zu besuchen. Er benutzte den Aufenthalt aber gleichzeitig, um im Städelschen Kunstmuseum Danneckers „Ariadne auf dem Panther" zu besichtigen und mit seinen Quartiersleuten aufs „Jägerhaus" (Storm: „S⟨iehe⟩ Goethes Faust!") hinauszufahren[4].

Am 5. September 1865 ist Storm dann in Baden-Baden eingetroffen und hat dort bis zum 13. September bei Turgenjew im Hause Schillerstraße 277 gewohnt. Trotz seiner Trauer um Constanze und trotz der „unerträglichen Sonnenglut", die dort herrschte, hat Storm sich der ungewohnten Umgebung und den fremden Menschen gegenüber aufgeschlossener gezeigt, als zu erwarten war. Gewiß – „das schwindelnde Genußleben der Geld- und Adelsaristokratie" in den Trink- und Spielsälen befremdete ihn. Aber er

Abb. 28: „Eine Matinee in der Villa Viardot" in Baden-Baden, Holzstich nach einer Zeichnung von L. Pietsch, 1867 (Ausschnitt). Bildmitte: Der russische Dichter Iwan Turgenjew, links von ihm: Madame Viardot, rechts von ihm im Hintergrund: Theodor Storm (StA Husum).

berichtet auch von „Spaziergängen" zu den „alten Schloßruinen", wo man „in den behaglichsten Wirtschaften" bei einem „Glase Wein" auf „köstliche Schwarzwaldberge" herabsehen konnte. An den musikalischen Veranstaltungen der weltberühmten Sängerin Pauline Viardot-Garcia hat er mehrfach teilgenommen. Von einer Matinee berichtete er nach Hause (vgl. Abb. 28): „Nur Fürstinnen, Prinzessinnen und Freunde des Hauses waren geladen. Vorne saß eine feine, freundliche Frau; das war die Königin von Preußen"[5]. Einmal hat auch Storm „eins von den wunderschönen Liedern der Viardot" gesungen, „während sie begleitete". Ausgewählt hatte er dazu das zweistrophige Gedicht „Zwei Rosen" des russischen Lyrikers Afanasij Fet, das der Münchener Dichter Friedrich Bodenstedt ins Deutsche übersetzt und das Madame Viardot vertont hatte. Es beginnt: „Schlaf nicht mehr – zwei junge Rosen / Mit dem Frühtau bring ich dir –". Storm, der bekanntlich eine gutausgebildete Tenorstimme besaß, erntete für seine Gesangsdarbietung von der berühmten Sängerin ein „Bravo, Herr Storm![6]"

Besonders beeindruckt hat den Husumer der russische Dichter Iwan Turgenjew: „Einer der schönsten Männer, die ich jemals sah", meinte er, „eigentlich etwas fremdartig, aber höchst liebenswürdig", und „wie lebhaft und anschaulich wußte er zu erzählen!"

Die Rückreise von Baden-Baden hat Storm dann ausgiebig genutzt, um viel „außer-husumische" Welt kennenzulernen. Nach Stippvisiten in Heidelberg und Frankfurt fuhr er mit dem Schiff von Mainz nach Köln, logierte im „Hotel du Nord", dicht am Dom, „brillant, aber teuer", besuchte am nächsten Morgen den Dom, kaufte „Eau de Cologne", ging in den „außerordentlich schön angelegten Zoologischen Garten", reiste weiter nach Duisburg, wo er seinen alten Schulkameraden, den Pastor Ohlhues, und nach Arnsberg, wo er den früheren Heiligenstädter Landrat von Wussow besuchte. Weitere Visiten galten den Städten Kassel, Berlin und Hamburg. Erst am 30. September kehrte Storm nach Husum zurück[7].

Die Verbindung zur „großen Welt" hat Storm nicht abreißen lassen. Madame Viardot schickte er den Band seiner „Drei Märchen" (Hamburg 1865/66), und sie bezeichnete sich in ihrem Antwortschreiben als seine „aufrichtige Bewunderin". Zwischen Storm und Turgenjew blieb die Briefverbindung bis 1876 bestehen, und noch 1883, im Todesjahr Turgenjews, hat Storm sich nach seiner Adresse erkundigt. Sie haben Neuerscheinungen diskutiert (z. B. Flauberts „Madame Bovary"[8]) und sich gegenseitig ihre Werke zugeschickt: Storm erhielt die Bände der Mitauer Ausgabe, und Turgenjew die drei ersten Bände der bei Westermann erscheinenden Stormschen Gesamtausgabe (1868 f.) sowie „Aquis submersus" (1876). Als Storm 1883 vom Tod des russischen Dichters hörte, meinte er: „Er war ein Mann von der größten Humanität[9]."

Die südlichste und weiteste Reise führte Storm 1872 nach Salzburg. Er folgte damit einer Einladung des österreichischen Reichsrates Alexander Schindler, von dem er in seinem „Hausbuch aus deutschen Dichtern seit Claudius" zwei Gedichte unter dessen Dichterpseudonym „Julius von der Traun" veröffentlicht hatte. Das Reiseprogramm, das Storm sich zusammengestellt hat, war äußerst umfangreich. Es würde selbst einem heutigen Reisenden, dem bequeme Busse und ICE-Züge zur Verfügung stehen, einiges abverlangen: Die Reise begann Mitte Juli; sein „Reisegenosse" war – bis München – sein Vetter Ludwig Scherff. Nach Aufenthalten in Hamburg und Göttingen wurde mehrere Tage in Heiligenstadt Station gemacht. „Abends um 11 Uhr, als wir noch in dem Hausflur bei offenen Thüren und vollen Flaschen saßen, ertönte Gesang draußen im Garten; da waren es die Reste meines alten Gesangvereins, die mir ein Ständchen brachten. Das gab dann eine herzliche etwas wehmütige Begrüßung" (an Esmarch, 19. 10. 72). Von Heiligenstadt ging es weiter nach Eisenach, wo die Wartburg besichtigt wurde. Für einen Tag und eine Nacht blieben die beiden Reisenden in Nürnberg, man wohnte im „Rothen Roß", in der Nähe des Hauptmarktes also. Das „Besehen" von Kaiserburg, Sebalduskirche und Moritzkapelle war bei der sommerlichen Hitze jedoch so anstrengend, daß Storm die Stunde in Nürnberg für die „glücklichste" hielt, als er in seinem Hotelzimmer sich „platt auf den Fußboden" ausstrecken konnte, „nur mit meinen beiden Fingerringen bekleidet und mit einem feuchten Handtuch zugedeckt" (an Esmarch s. o.). In München traf er am 29. Juli ein, wohnte im „Rheinischen Hof" beim Bahnhof und traf sich mit seinem Dichterfreund Paul Heyse im Garten des „Café National" zum Mittagessen. Allein – also ohne Scherff – fuhr er dann weiter nach Salzburg bzw. nach Schloß Leopoldskron, das dem Reichsrat Schindler gehörte und in dem Storm vom 30. Juli bis zum 17. August als Schindlers Gast wohnte (Abb. 29).

„Das Schloß" – so berichtet Storm[10] – „ist groß und hell, eine breite Treppe von poliertem Marmor führt in die beiden oberen Etagen", von einem breiten Balkon hatte er die Aussicht „über Garten und See hinweg auf die Kette der Voralpen, Hohenstaufen, Untersberg, Göll, Tännengebirg, steinernes Meer usw." Auf dem Schloß lebte man „wie Gott in Frankreich"; ihm (Storm) aber wa-

Abb. 29: Schloß Leopoldskron bei Salzburg, wo Storm im Sommer 1872 Gast des österreichischen Reichsrats und Dichters Julius von der Traun war. Original-Ansichtskärtchen, das Storm von der Reise mitbrachte (StA Husum).

ren „Kost und Wein gar zu reichlich". „Ich bin nicht geschaffen", meinte er, „mich ins Schlaraffenland hineinzuessen."
Es wurden aber auch poetische Fachgespräche geführt. Schindler hatte gerade das Epos „König Salomon von Ungarn" vollendet, und nun bereiteten der deutsche und der österreichische Dichter das Werk gemeinsam zum Druck vor, „korrigirten und strichen". Vor allem aber war Schindler darauf bedacht, dem Gast aus dem Norden seine Welt, seine österreichische Heimat, zu zeigen. Storm hat soviel gesehen und seine Reiseberichte sind so detailliert, daß ein heutiger Tourist sie ohne weiteres als Anregung für einen Aufenthalt im Salzburger Land benutzen könnte. „Im Stall standen 2 Paar erlesene Luxuspferde", berichtet Storm, „die nichts zu tun hatte, als uns spazieren zu fahren", und staunend fügt er hinzu: „Nie bin ich auf einem Wagen so geflogen, wie dort mit den ungarischen Schimmeln." „Größere Ausflüge" gingen nach Golling,

zum Paß Lueg, nach Berchtesgaden, zum Königsee (an Ernst: „den wir ganz befahren haben bis zum Obersee“), zum Schloß Hellbrunn und nach Bad Reichenhall (in dessen Kurgarten der Dichter später 1886/87 Szenen der Rahmenerzählung seiner Novelle „Ein Bekenntnis“ verlegte).

Salzburg machte auf Storm den Eindruck einer „italienischen Stadt“. Eingehend wurden die bischöfliche Residenz, die Feste Hohensalzburg, der Petrikirchhof und die Kirchen der Stadt besichtigt. In einem „Felsen-Biergarten“ und im „interessanten Petrikeller“ erquickte man sich nach den Besichtigungsstrapazen.

Die Rückreise führte zunächst nach Prien am Chiemsee, wo ihn Heyse in seinem Sommerdomizil empfing; dann über München nach Leipzig, wo Storm zwei Tage seinen Sohn Karl besuchte, der auf dem dortigen Konservatorium Musik studierte. Schließlich machte er noch in Hamburg Station, um an einem der letzten Augusttage nach Husum zurückzukehren. –

Energische Reiseentschlüsse sind bei Storm keine Seltenheit. So ist er in der Gluthitze des August 1876 z. B. für drei Tage von Husum nach Würzburg gereist, um seinem Sohn Hans, der bereits im 22. Semester stand und nicht zum Abschluß seiner Studien kommen konnte, bei den ersten Schritten ins Medizinexamen zur Seite zu stehen. Das war allerdings – wie er selbst meinte – eine „par force-Tour“, eine Gewaltstour. Gleich anschließend fuhr Storm – und das demonstriert seine „Beweglichkeit“ – weiter nach Jütland, nach Fobeslet (in der Nähe von Kolding), auf das – schon im dänischen Staatsgebiet liegende – Gut seines Freundes Georg Lorenzen[11].

Im Februar 1877 machte Storm sich zum zweitenmal auf, um seinem alkoholgefährdeten Sohn in Würzburg zu helfen, sein medizinisches Examen zum Abschluß zu bringen. Während Storms vierwöchentlicher Anwesenheit in Würzburg hat sein Sohn Hans die wichtigsten Prüfungen mit Erfolg absolviert, so daß der Vater am 7. März 1877 beruhigt wieder nach Husum zurückkehren konnte. Dann aber versagte Hans beim Schlußexamen. Dieses Examen wurde zwar als „reine Formsache“ angesehen, Hans aber war angetrunken in die Prüfung gekommen[12].

Sohn Hans trinkt

Abb. 30: Zeitgenössisches Foto: Erich Schmidt (1853–1913) als junger Professor in Würzburg, wo Storm 1877 seine Bekanntschaft machte, die einen regen Briefwechsel auslöste (StA Husum). Germanist

In anderer Weise jedoch war der Würzburg-Aufenthalt für Storm fruchtbringend. Er lernte dort einen jungen Germanisten kennen, den damals 24jährigen, begabten, später zu einem der führenden deutschen Literarhistoriker aufgestiegenen Professor Erich Schmidt (Abb. 30). Das war ein Umgang, wie ihn der in Husum lebende, von der Hochschulwissenschaft abgeschnittene Storm brauchte. Mit Erich Schmidt diskutierte er poetologische und literarhistorische Fragen, mit ihm besuchte er das Theater, ihn begleitete er in seine Lessing-Vorlesungen, ihm und seiner Braut las er aus eigenen Werken vor. Das war die Initialzündung für einen der interessantesten Storm-Briefwechsel, die überliefert sind.
Durch Erich Schmidt ergaben sich in Würzburg auch Kontakte mit anderen Professoren der dortigen Universität: mit dem Zoologen Semper, dem Juristen Held und dem Mathematiker Prym. „Prym holt mich immer ab und schleppt mich nach den sehenswerthen Orten", berichtete Storm seinem Freund Petersen nach Schleswig (27. 2. 77).
So gehört die Würzburgreise einerseits zu den unerfreulichsten (Hans), andrerseits zu den erfreulichsten Reisen (Erich Schmidt), die Storm unternommen hat.

In den Regalen: Welt-Literatur

Storm hat – wie wir gesehen haben – mit Hilfe vielfältiger Reisen, soweit diese ihm als Amtsrichter mit acht Kinden im Rahmen seiner finanziellen Verhältnisse möglich waren, seinen Horizont zu erweitern versucht. Eine andere Möglichkeit, fremde Lebens- und Kulturformen kennenzulernen, bot ihm die ausländische Literatur, die er antiquarisch oder auf dem Büchermarkt erwerben konnte. Und diese Möglichkeit hat er erstaunlich intensiv genutzt. Die fremdsprachige Literatur hat Storm im allgemeinen in Übersetzungen gelesen[1]. Zwar konnte er der englischen Übersetzerin Miß Clark, als diese ihm ihre „Immensee"-Übersetzung schickte, englische Verbesserungsvorschläge machen, aber so ganz sicher war er sich seiner Englischkenntnisse nicht; denn er bat dann doch seinen Freund Fontane um Unterstützung (an Fontane, 29. 6. 60). Und als Storm in Baden-Baden von den französisch sprechenden Viardots aufgefordert wurde, „einige französische Worte (zu) murmeln", hat er dies zwar versucht und wurde dafür von den Zuhörern mit einem „Da kommt es ja heraus!" belobigt, aber – so meinte er selbst – „mehr kam denn auch nicht"[2]. In Storms Bücherschrank standen daher – von wenigen Ausnahmen abgesehen – im allgemeinen deutsche Übersetzungen der fremdsprachigen Literaturwerke.

Wir finden da z. B. mehrere Shakespeare-Ausgaben, u. a. die „Dramatischen Werke" in der Übersetzung von Schlegel und Tieck (12 Bände, Berlin 1871). Schon als Student hat Storm „oft bis weit in die Nacht" Shakespeare gelesen[3]; von Potsdam aus ist er nach Berlin ins Theater gefahren, um „Othello" zu sehen (an die Eltern, 26. 6. 55), und später verteidigte er seinen „Etatsrat" mit Gestalten aus „Hamlet" (an Schleiden, 9. 11. 81).

Zahlreich sind die Werke von Charles Dickens in Storms Bibliothek vertreten. Allein 33 Bände der Ausgabe, die 1850ff. bei Weber in Leipzig herausgekommen ist, sind erhalten, z. T. übersetzt von Moriarty und mit Federzeichnungen von Cattermole und Browne. Einige Bände zeigen deutliche Gebrauchsspuren, geradezu zerlesen ist der „David Copperfield". Allerdings meinte

Tristram Schandy's
Leben u. Meinungen
von neuem verdeutscht.

Zweiter Band.

Leipzig, bei Salomo Lincke.
1801.

Abb. 31: Laurence Sterne: Tristram Shandy's Leben und Meinungen, von neuem verdeutscht, Leipzig: Salomo Lincke 1801 (aus Storms Bibliothek: StA Husum).

Storm, als Fontane Ähnlichkeiten zwischen den Figuren dieses Dickenschen Romans und der Stormschen Novelle „Auf der Universität" konstatierte, daß er „den Copperfield" schon bei seinem Erscheinen (um 1850) gelesen und bei der Abfassung der Novelle „Auf der Universität" (1861) keine genaue Erinnerung an die Romangestalten gehabt habe (13. u. 20. 12. 62).

Die Bände der äußerst frühen Übersetzungen der Werke Walter Scotts (Danzig: Gerhardsche Buchhandlung 1825/31, und Stuttgart: Franck 1825/29) sind entweder antiquarisch erworben oder Familienerbstücke. Scotts „Guy Mannering" hat Storm in der von Hans Speckter illustrierten Grote'schen Ausgabe (Berlin 1876) mit „innigstem Genuß" gelesen (an E. Schmidt, 12. 4. 77).

Auch die bekanntesten Werke von Laurence Sterne, z. B. „Yoriks empfindsame Reise" und „Leben und Meinungen Tristram Shandys" (Abb. 31) sowie die wichtigsten Werke von Alfred Tennyson und Washington Irving haben sich in Storms Bibliothek erhalten, z. T. in älteren, z. T. in zeitgenössischen Übersetzungen. Die frühe Kenntnis von Gedichten des schottischen Dichters Robert Burns ergibt sich aus Storms Briefen[4]. Eine Übersetzung der „Lieder und Balladen" (Berlin, 1860) von Winterfeld hat der Landrat von Heiligenstadt, Alexander von Wussow, „seinem verehrten Freunde" im März 1864 mit einer entsprechenden handschriftlichen Widmung geschenkt (Abb. 32).

Eine besondere Überraschung ist ein Band der „Sämtlichen Werke" von Lord Byron in der Übersetzung von A. Böttger (Leipzig 1839) mit dem handschriftlichen Besitzvermerk „HTW Storm". Wahrscheinlich hat Storm sich diesen Band als Student angeschafft. Rätselhaft sind uns die handschriftlichen Gedicht-Eintragungen auf den hinteren freien Blättern: Sind es Übersetzungsversuche des jungen Storm aus dem Englischen? Dieser Frage muß noch näher nachgegangen werden.

Daß auch Edgar Allen Poe's Werke (u. a. „Sämtliche Werke" Leipzig 1853) in Storms Bücherschrank standen, wundert uns nicht angesichts des besonderen Interesses Storms für das Unheimliche, Unerklärbare und Hintergründige. Am 8. 10. 1882 z. B. notierte Storm ins Tagebuch: Poe's Interesse liegt „auf der Entwicklung je-

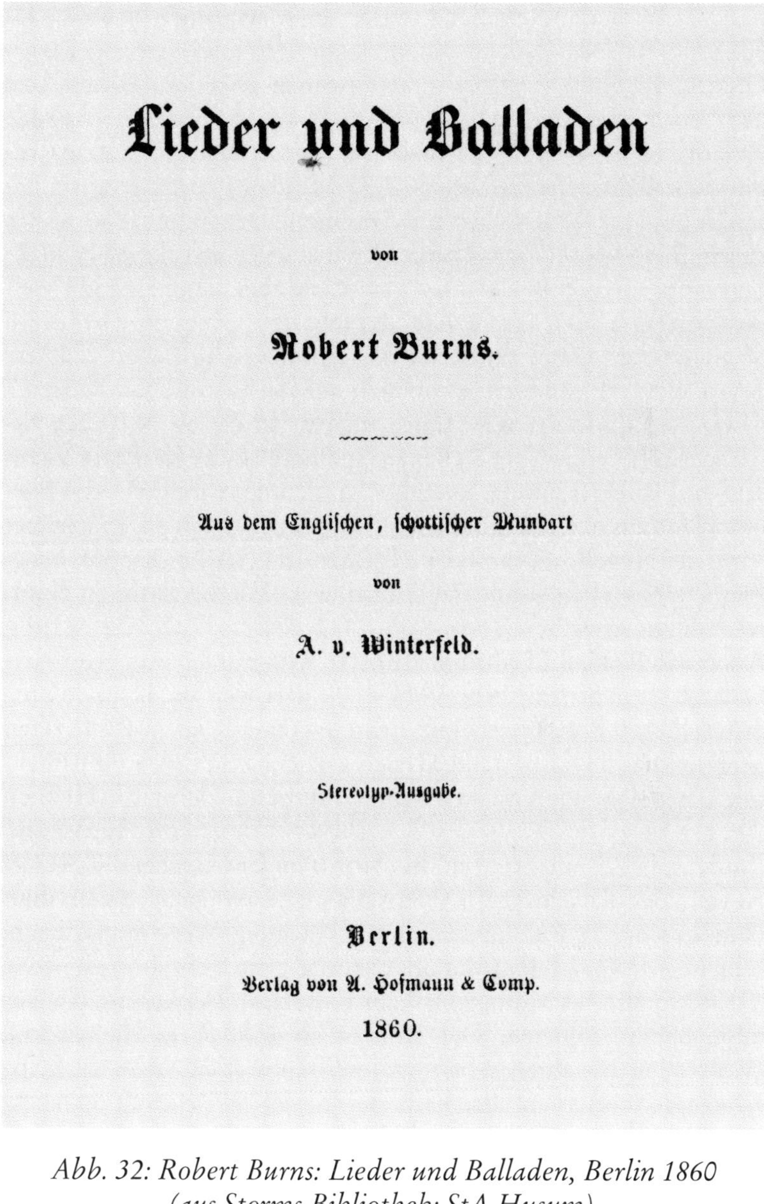

Lieder und Balladen

von

Robert Burns.

Aus dem Englischen, schottischer Mundart

von

A. v. Winterfeld.

Stereotyp-Ausgabe.

Berlin.

Verlag von A. Hofmann & Comp.

1860.

Abb. 32: Robert Burns: Lieder und Balladen, Berlin 1860 (aus Storms Bibliothek: StA Husum).

nes fast immer unheimlichen oder doch seltsamen Etwas" (IV, 521).

Gustave Flauberts weltberühmter Roman „Madame Bovary" ist 1857 erschienen und schon 1858 ins Deutsche übersetzt worden (Wien: Hartleben 1858). Erhalten ist dieser Band in Storms Bibliothek nicht; aber daß Storm sich mit dem Roman intensiv beschäftigt hat, geht aus seinem Brief vom 9. Dezember 1866 an den russischen Dichter Iwan Turgenjew hervor. Dort nennt er Flaubert einen „feinen Beobachter", kritisiert aber die „Passivität" seines Vortrags; das „Vereinzelte" ist ihm „zu wenig zu lebendigen Scenen verarbeitet", ihm fehlt das „dramatische Leben"[5]. Diese Kritik wird verständlich, wenn man sich die Stormschen Novellen Mitte und Ende der 60er Jahre ansieht. In diesen Novellen benutzte Storm vorwiegend engagierte Erzähler, die ganz im Gegensatz zu Flauberts „impersonnalité" und „impassibilité" – das Vorgetragene aus einer persönlichen Perspektive erzählen. Erst später – mit der Novelle „Draußen im Heidedorf" (1872) – hat Storm begonnen, Novellen „ohne den Dunstkreis einer bestimmten ‚Stimmung'" zu schreiben (an E. Kuh, 24. 2. 73).

Auch der Roman „Fromont jeune et Risler aîné" von Alphonse Daudet ist in Storms Bibliothek nicht nachweisbar. Dennoch hat Storm diesen Roman gekannt; denn in einem Brief an Paul Heyse vergleicht er die „Ehestandsszenen zwischen Sidonie und Rißler" mit entsprechenden Szenen seines Freundes Hermann Heiberg (19. 3. 83).

Emile Zola's „L'assommoir" hat Storm in der deutschen Übersetzung („Der Totschläger") 1882 seinem alkoholgefährdeten Sohn Hans geschenkt, wahrscheinlich zur Warnung: Weist doch Zola in seinem Vorwort selbst darauf hin, daß sein Roman zeige, wie „Trunksucht und Müßiggang" am Ende zur „Lockerung der Familienbande" führten. Der Roman als solcher mißfiel Storm: „Zola versuche ich vergebens zu lesen, so sehr ich seine Kraft anerkenne", schrieb er, „das halte der Teufel aus!" (an E. Schmidt, 1. 3. 82). Zwar ist Zola für den Husumer ein „recht großer Poet", wie er seinem Tagebuch anvertraute (IV, 549: 9. 3. 86), aber ihm und der „sogenannten neueren Schule", die „aus Frankreich gekommen“, warf er vor, sie verwechsle „die natürliche Wahrheit mit der poetischen“.

Überraschenderweise stoßen wir in Storms Bibliothek auch auf einige Werke, die in französischer Sprache abgefaßt sind, u. a. Molières „Oeuvres complètes“ (Paris: Furne 1838) mit dem Namenszug des jungen Storm, auf Werke von J. F. Casimir Delavigne im „Repertoire de Theatre français“ (Berlin 1832), ebenfalls mit Storms Besitzvermerk, und auf die „Toutes les Chansons“ von Pierre Jean Béranger (Paris 1843); von dem letzteren besaß Storm noch eine Auswahl seiner „Lieder“, bearbeitet von Chamisso und Gaudy (Leipzig: Reclam 1838). Die frühen Erscheinungsdaten und die Handschrift Storms lassen vermuten, daß es sich hier um Erwerbungen des Schülers bzw. Studenten Storm handelt.

Noch älter ist die Ausgabe der „Fabeln“ von La Fontaine, übersetzt von J. H. Meil, aus dem Jahre 1779. Möglich, daß Storm sie nicht nur wegen des Textes, sondern auch wegen der interessanten Kupferstiche, die ihr beigegeben sind, antiquarisch erworben hat.

Verhältnismäßig häufig sind Werke russischer Autoren in Storms Bibliothek nachzuweisen. Nicolai Gogols bekanntes Lustspiel „Der Revisor“ und das „Tagebuch eines Verrückten“ hatte Storm – wenigstens in Teilen – schon 1854 in Potsdam durch ihren ersten Übersetzer August von Viedert kennengelernt[6]. Alexander Puschkins „Gedichte“ und „Die Hauptmannstochter“ sind im Stormschen Büchernachlaßverzeichnis aufgeführt, ebenso die „Poetischen Werke“ (in der Übersetzung von Friedrich Bodenstedt, Berlin 1855).

Die große Zahl der Werke von Iwan Turgenjew in Storms Bücherschrank erklärt sich einerseits aus der Sympathie des Husumer Dichters für die Dichtungen des Russen, andrerseits aus ihrer persönlichen Bekanntschaft. Die erste deutsche Übersetzung der berühmten „Aufzeichnungen eines Jägers“ (erster Band von A. v. Viedert) hat Storm bereits im Sommer 1854 – also schon lange vor der persönlichen Bekanntschaft – kennengelernt, sogar den Druck dieses Werkes bei seinem Verleger Schindler in Berlin vermittelt[7]. Den Roman „Das adelige Nest“ in der Übersetzung von Fuchs (Leipzig 1862) hat Storm sich selbst „zum Geburtstag geschenkt“

(an Pietsch, Nov. 1864). Turgenjews Erzählungen „Faust“ und „Die drei Begegnungen“ haben auf ihn einen großen Eindruck gemacht. Von der letzteren meinte Storm, sie hätte etwas „Bestrickendes“, die „Stimmung“ sei bei Turgenjew – wie auch bei ihm selbst – „eigentlich das Thema“ (an Pietsch, 15. 9. 63). Die vier Bände der „Ausgewählten Werke“ (Mitau, Behre 1869 ff.) hat Turgenjew dem Husumer Dichter zugeschickt, darunter auch den Band, in dem sein berühmter Roman „Väter und Söhne“ abgedruckt ist (mit der handschriftlichen Widmung „An Th. Storm, zur freundl⟨ichen⟩ Erinnerung vom Verf⟨asser⟩, Baden 1869“ (Abb. 33). Auch die französische Übersetzung von Turgenjews Roman „Rauch“ („Fumee“) „in schönem roten Ledereinband“ stand in Storms Bibliothek. Noch 1883, als die briefliche Verbindung zu dem russischen Dichter längst abgebrochen war (er ist am 3. 9. 1883 in Bougival bei Paris verstorben), hat Storm sich seine „Senilia“, die „Gedichte in Prosa“, angeschafft und gelesen (an Pietsch, 4. 4. 83).

Mit Tycho Mommsen, dem Altphilologen und Studienfreund, hat Storm in den Jahren, als dieser „Kollaborator“ an der Husumer Gelehrtenschule war (1848–50), „Dante“ gelesen[8]. Diese Lektüre muß sehr intensiv gewesen und später fortgesetzt worden sein; denn in einem Brief an seinen Landvogt-Kollegen Tiedemann zitiert Storm Verse aus Dantes „Göttlicher Komödie“. Später, nach dem Tode seiner Frau, in einem Brief an Mörike (3. 6. 65), bezeichnet er sich als einen Mann, „über dessen Zukunft die Worte stehen, die Dante über seine Hölle schrieb“ (Laßt, die ihr eingeht, alle Hoffnung fahren). Unter Storms Büchern haben sich – offenbar aus der Tycho-Mommsen-Zeit – die Bände einer italienischen Ausgabe „La divina commedia“ (Paris 1847) und einer deutschen Übersetzung bis heute erhalten (StA). Laut Büchernachlaßverzeichnis standen vier Bände von Boccaccios „Decamerone“ (St. Petersburg: 1784) in Storms Bücherschrank. Auch eine zweibändige Ausgabe von Torquato Tassos „Befreites Jerusalem“ in der frühen Übersetzung von J. D. Gries (5. Aufl. Jena 1837) findet sich da, mit dem Namenszug „Th. W. Storm“ auf dem Vorsatzblatt. Im Alter hat Storm dann noch die Gedichte des italienischen Dichters

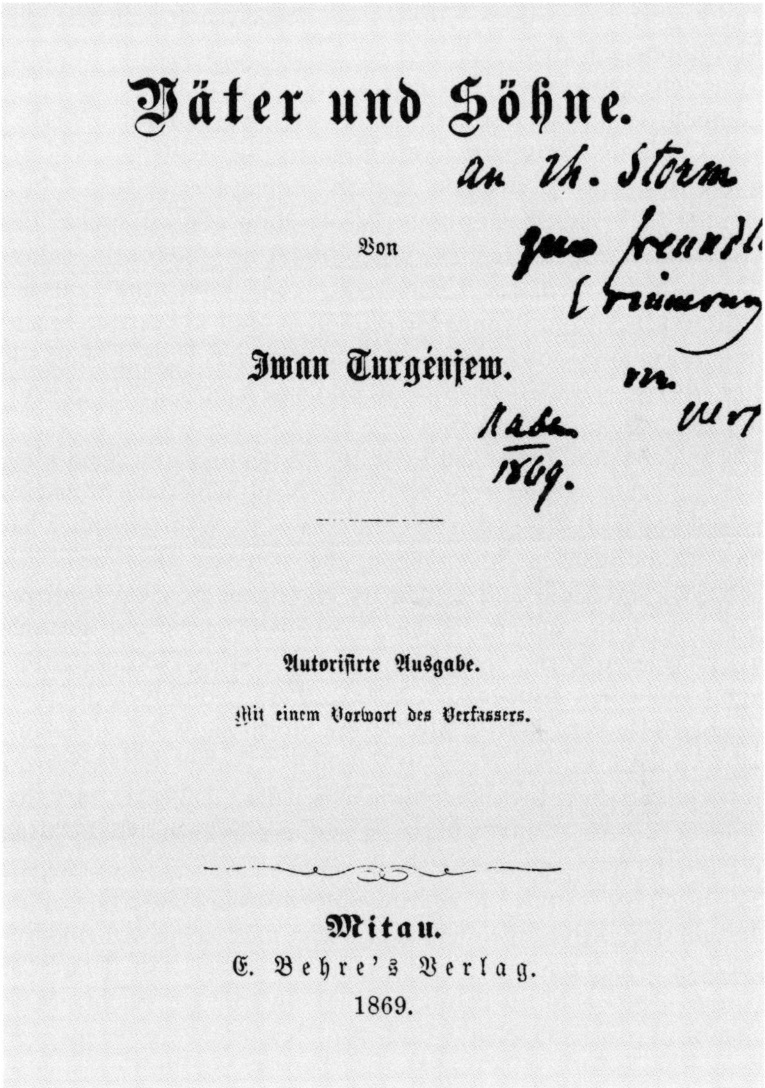

Väter und Söhne.

Von

Iwan Turgénjew.

Autorisirte Ausgabe.

Mit einem Vorwort des Verfassers.

Mitau.

E. Behre's Verlag.

1869.

an Th. Storm zur freundl. Erinnerung vom Verf Baden 1869.

Abb. 33: Iwan Turgenjew: Väter und Söhne, Mitau 1869, mit handschriftlicher Widmung des Autors: „An Th. Storm zur freudl. Erinnerung vom Verf⟨asser⟩, Baden 1869.“ (Privatbesitz).

und Literaturhistorikers Carducci kennengelernt (durch Theodor Mommsen: 8. 6. 84).
Von den spanischen Dichtern kannte Storm die beiden bedeutendsten: Erhalten sind vier Bände der „Ausgewählten Werke" von Calderon (Stuttgart: Cotta/Kröner, übersetzt von Schlegel und Gries), und durch einen Brief an Ludwig Pietsch vom 8. November 1867 ist die Kenntnis des „Don Quijote de la Mancha" von Cervantes nachgewiesen. Natürlich findet sich unter seinen Bänden auch die spanische Übersetzung von „Immensee", die der Übersetzer Antonio Paz y Melia 1877 in Madrid herausgebracht und Storm zugeschickt hat. Der Band trägt den Titel „El Lago de Las Abejas" (Der See der Bienen) und eine handschriftliche Widmung von dem „traductor".
Werke der skandinavischen Literatur waren in Storm Bibliothek weniger zahlreich vertreten, als bei der Nähe Schleswig-Holsteins zum europäischen Norden zu vermuten wäre. Wahrscheinlich haben die politischen Spannungen, die sich seit 1848 zwischen Schleswig-Holstein und Dänemark entwickelten, dazu beigetragen. Immerhin – seinen „Holberg" hat Storm „gern" und auf „dänisch" gelesen (gemeint ist der Band von Ludwig Holberg: Samtlige Comoedier, Kiobenhavn 1843)[9]. Werke von Steen Steensen Blicher oder Paul Martin Møller, die Storm als Werke des dänischen poetischen Realismus nahestehen[10], finden sich in Storms Bibliothek nicht, obwohl man annehmen darf, daß er sie oder Abschnitte daraus – möglicherweise auf der Schule, wo Dänisch Pflichtfach war – gelesen hat.
Sicherlich hat man den Kindern im Stormschen Hause H. C. Andersens Märchen vorgelesen, auch wenn man sich einen entsprechenden Band erst von Freunden leihen mußte. Mit dem Brief vom 6. April 1851 an Brinkmann z.B. wurde ein solcher Märchenband zurückgeschickt und um „Nachsicht" gebeten, weil „durch einen Schnitt im Finger beim Vorlesen ein Blutfleck ⟨in den Band⟩ gekommen" sei. In Storms Bibliothek haben sich (durch Zufall) nur Andersens „Bilderbuch ohne Bilder" (Hamburg 1886) und „Nur ein Geiger" (Braunschweig 1846) erhalten; andere sind wahrscheinlich vorhanden gewesen, aber abhanden gekommen.

Selbstverständlich besaß Storm die dänischen Übersetzungen seiner eigenen Werke, die Johannes Magnussen herausgebracht hat, z.B. „Theodor Storm's Noveller" (Kjöbenhavn: Schou 1885). Storm hatte die Arbeit von Magnussen in den Jahren 1881–1885 selbst mit Übersetzungsvorschlägen begleitet und z.B. für die Übersetzung des schwierigen Titels „Zur ‚Wald- und Wasserfreude'" die Übersetzung „Til Skov og Bades Glaede" vorgeschlagen[11].

Als Schüler der Husumer Gelehrtenschule und des Katharineums in Lübeck, altsprachlicher Gymnasien also, kannte Storm natürlich die Klassiker der griechischen und römischen Literatur.

Homers „Odyssee" hat er besonders geliebt. Die Übersetzung von Johann Heinrich Voß stand in seinem Bücherschrank, und aus diesem Band hat er den Seinen vorgelesen, seiner jungen Frau „während sie an einem Kittelchen für den kleinen Häwelmann nähte" (Gertrud St. I, 198) und später seinen Kindern Karl, Lisbeth und Ernst, die „gespannt" zuhörten (an Hans, 3. 12. 66, 13. 1. u. 8. 3. 67). So hat Storm seinem Chroniknovellen-Sammelband (Berlin, Paetel: 1886) nicht von ungefähr ein Motto vorangestellt, das mit den Worten beginnt: „Das war zu Odysseus' Tagen (...)".

Ein Band mit Platons Dialogen „Phädrus" und „Gastmahl" (übersetzt von K. Lehrs, Leipzig 1869) ist heute noch in Storms Büchernachlaß vorhanden. Er trägt auf dem Vorsatzblatt den handschriftlichen Namenszug „Ferd. Tönnies". Es handelt sich um den Band, den Tönnies Storm „geliehen" hatte (so Tönnies Anmerkung zum Briefwechsel). In dem Band haben sie gemeinschaftlich gelesen bzw. lesen wollen, wie Storms Brief an Tönnies vom 9. Dezember 1885 zeigt, wo es heißt: „(...) kommen Sie wieder einmal zu uns. Vormittags arbeiten wir; Nachmittags Schlafen, Teestunde, Lektüre (Platons Symposion etc.) (...)." Ein kurioser Zufall will es, daß zwischen den Blättern des Bandes zwei vergilbte Lesezeichen liegen geblieben sind: Ein nicht näher identifizierbarer abgerissener Zettel im „Phädrus"-Text und ein Abriß eines Briefumschlags im „Gastmahl"-Text[12]. Ganz offensichtlich handelt es sich um Lesezeichen, die Storm selbst hineingelegt hat. Denn von dem Briefumschlag haben sich der gedruckte Absender („Herm. Kern,

Weinhandlung, Itzehoe“ – Itzehoe liegt 15 km von Hademarschen entfernt) und ein Teil der Briefmarke erhalten: Danach ist der Brief am 30. 3. 1882 in Itzehoe abgeschickt worden. Es ist also anzunehmen, daß Storm Platons Dialoge wirklich „gelesen“ hat.

Wie gut Storm die alten Klassiker kannte, wird auch daran deutlich, daß er sie gern (und richtig) zitiert. Mörike gegenüber z. B. gesteht er (27. 8. 55), daß er seine Novelle „Ein grünes Blatt“ etwas „invita Minerva“, d. h. gegen den Willen der Göttin der Kunst, überarbeitet habe, und bezieht sich dabei auf ein Wort von Horaz in seiner „Ars poetica“ (in der Epistula „Ad Pisones“, Vers 385). Heyse gegenüber klagt er (3. 11. 78), daß ihn die Furcht vor der „instans (...) senectus“ niederdrücke und zitiert damit aus der Horaz-Ode II, 14, 3 („das drohende Greisenalter“). In einem Brief an Gottfried Keller vom 8. August 1882 spricht er in Anlehnung an Horaz, „Epistulae I“, XIX, 19, von dem „pecus imitatorum“, dem „Vieh der Nachahmer“.

Selbst bei der Bildung einiger Novellen-Titel scheut Storm sich nicht, auf lateinische „Vokabeln“ zurückzugreifen: „Viola tricolor“, das „dreifarbige Veilchen“, der lateinische Name für „Stiefmütterchen, z. B. gibt – verschlüsselt – den Inhalt der Novelle wider. „Carsten Curator“ benutzt das lateinische Wort für „pflegen“ (lat. curare), und „Aquis submersus“ (im Wasser ertrunken) deutet auf das tragische Ende der Novelle, wo das gemeinsame Kind der Liebenden in einer Wasserkuhle ertrinkt.

Auch in den Novellen selbst begegnen wir häufig lateinischen Zitaten, etwa wenn der kleine Arzt in „Drüben am Markt“ in Gedanken an die geliebte Bürgermeisterstochter seine Horaz-Ausgabe aufschlägt und aus der Ode I, 22 die Worte „Lalagen amabo! (...) Ich liebe Lalagen!“ zitiert (I, 453). In der anderen Arzt-Novelle, in „Ein Bekenntnis“, gebraucht Storm nicht nur zahlreiche lateinische medizinische Ausdrücke, sondern zieht auch den bekannten Hexameter aus Horaz „Epistulae I“, X, 24 heran, um Elsi, die empfindsame Frau des Arztes, zu charakterisieren: „Wolltest du die Natur auch mit der Furke (Gabel) heraustreiben, sie wird dennoch zurückkehren“ (III, 599 u. 600).

Auch in den Novelle „Psyche“ geht Storm auf Werke antiker

Schriftsteller zurück. Er benutzt die Geschichte von „Amor und Psyche“, wie sie Apulejus in seinem Roman „Der goldene Esel“ erzählt hat, und zeichnet die Gestalt der „Fama“ (Gerücht) wie Ovid in seinen „Metamorphosen XII“ (vgl. II, 332 u. 338). Über Teilen der Novelle steht – um die Worte Storms zu gebrauchen (II, 345) – „in vollem Glanz (…) die Sonne Homers“.

Natürlich fehlt das „Buch der Bücher“, die Bibel, in der Übersetzung Martin Luthers unter Storms Büchern nicht. Von den Vorfahren stammten altehrwürdige großformatige Exemplare wie die 1642 in Lüneburg gedruckte „ganze Heilige Schrift“ (darin handschriftliche persönliche Aufzeichnungen der Woldsen-Familie). –

Mit den über 200 Bänden „Welt-Literatur“ legt Storms Bibliothek Zeugnis ab von einer erstaunlich weitgespannten Welt-Kenntnis des Dichters.

Fontane → Altpreusser
Storm → Schleswigholsteiner

Zwischen „Husumerei" und „Weltwürde der Dichtung"

Theodor Fontane hat in seinen 1896 veröffentlichten Erinnerungen „Von Zwanzig bis Dreißig"[1] Theodor Storm „lokalpatriotische Husumerei" und „Provinzialsimpelei" vorgeworfen (S. 200 u. 208). Das Wort „Husumerei" – analog gebildet zu „Treibelei" und „Menzelei"[2] – wird in der literarischen Welt oft gedankenlos nachgesprochen. Deshalb muß, um dem Bild Storms, seiner Persönlichkeit und seiner Dichtung, klare Konturen zu geben, eine Antwort auf die Frage nach den Gründen und nach der Berechtigung der Fontaneschen Kritik gesucht werden.

Eine erste Antwort hat Fontane selbst gegeben. Er hat in dem genannten Zusammenhang (S. 199/200) die „Überheblichkeit" des eingefleischten Schleswig-Holsteiners und sein „Antipreußentum" kritisch beleuchtet. Über dieses „diffizile Thema" habe er mit Storm „zahllose Gespräche" geführt; aber in diesem Punkte seien sie sich nicht näher gekommen. Storm „zog es vor" – schreibt Fontane (S. 199) – „den politischen Ankläger zu machen". Das aber könne man sich als „Altpreuße" nicht „gefallen lassen". Schließlich – was sei schon „die ganze schleswig-holsteinische Geschichte nach der Geschichte des Alten Fritzen!" (S. 200).

Ganz offensichtlich – das wird hier deutlich – standen sich in Storm und Fontane zwei Patrioten gegenüber, ein Schleswig-Holsteiner und ein Preuße, und beide hatten bedenkenswerte Argumente vorzubringen. Storm hatte in seinem Heimatland – auch unter dänischer Herrschaft – eine moderat liberal-demokratische Ordnung kennengelernt, in der eine gewisse Presse- und Redefreiheit herrschte, und in der die Obrigkeit und das Militär keine dominierende Rolle spielten. Von daher ist Storms „Antipreußentum" zu verstehen; er sah – um es überspitzt mit Fontanes Worten auszudrücken – „(...) in einem ⟨preußischen⟩ Gardeleutnant (...) ein trauriges Werkzeug der Tyrannei"[3].

Fontane dagegen war von der historischen Größe und von der historischen Aufgabe Preußens überzeugt. Schleswig-holsteinische

Schlachten wie die von „Bornhöved und Hemmingstedt“ waren – selbst gegen „Unglücksschlachten“ wie „Hochkirch und Kunersdorf“ – für ihn „Kleinkram“ (S. 200). Und wenn Storm später die Einverleibung Schleswig-Holsteins in Preußen beklagte, so war diese für Fontane eine historische Notwendigkeit, die die Provinz modernisierte und wirtschaftlich voranbrachte (womit Fontane – historisch gesehen – sicherlich recht hatte).

Aber auch Storm hatte recht, wenn er den Untergang „seiner“ Welt beklagte, wenn er die „Bismarcksche Räuberpolitik“ und das „preußische Wesen“ kritisierte[4]. So z. B. wenn er Fontane gegenüber bemängelte, daß man in Preußen „in den gebildeten Kreisen“ den „Schwerpunkt nicht in die Persönlichkeit, sondern in Rang, Titel, Orden und dergleichen Nipps“ lege (27. 3. 53). Damit deckte Storm einen Schwachpunkt der damaligen preußischen Gesellschaft auf, was Fontane seinerseits jedoch nicht wahrhaben wollte. Fontane war der Meinung, daß es „nirgends in der Welt“ – außer in Frankreich – „eine so annähernde Verwirklichung“ der Egalité gäbe wie in Preußen: „Geburt, Reichtum, Rang, Talent und Wissen“ vertrügen sich „in wunderbarer Weise“ (2. 5. 53). Dem hat Storm heftig widersprochen (5. 6. 53) und zeitlebens – nicht nur in Potsdam – den „preußischen Staatsmechanismus“, das Obrigkeitsdenken, die Adelsherrschaft und die Standesvorurteile kritisiert[5]. Sicherlich hat Storm übertrieben, wenn er den preußischen Staat als „Feind aller Humanität“ bezeichnete[6], aber im Kern hatte er recht. Ja, er ist mit seiner Preußenkritik eigentlich hellsichtiger gewesen als Fontane: Dieser hat erst sehr viel später – in den 90er Jahren – in seinen Romanen und in seinen Briefen die Schwächen der preußischen Gesellschaft und des Adels kritisch betrachtet[7].

Natürlich haben auch Storms damalige Lebensstimmung und sein Potsdamer Lebensstil bei Fontane gewisse Aversionen hervorgerufen. Storm hat sich ja – wie wir wissen – in dem „großen Militärkasino“ Potsdam, in dem der „Militair-Etat“ alles „auffrißt“, nicht wohlgefühlt[8]. Und so hat er – aus einer gewissen Vereinsamung heraus und unter Heimweh leidend – im Freundes- und Bekanntenkreis häufig der verlorenen Heimat gedacht, und sie – wie das in solchen Situationen verständlich ist – auch verklärt. Auf diese Weise konnte der Eindruck entstehen, daß Storm „seine" Welt über die preußische erhob. Selbst Ludwig Pietsch war der Meinung, daß Storm „immer nur eine Landschaft" liebte, „die seiner schleswig-holsteinischen Heimat"; die Potsdamer Landschaft sei Storm „gleichsam infiziert" erschienen von dem ihm „in tiefster Seele antipathischen preußischen Hof-, Garde- und Lakaiengeist"[9]. Ähnlich ist es offenbar Fontane ergangen: er hatte im Umgang mit Storm den Eindruck gewonnen, daß Storm den „Anblick eines ehrlichen Kartoffelfeldes" dem Anblick der „geschniegelten, überall eine künstlich ordnende Menschenhand verratenden Parks" vorzog (S. 199).

Das stimmte so allerdings nicht; denn für Storm waren Sanssouci und die Havelseen reizvolle Landschaften, Ziele vieler Spaziergänge und Ausflüge[10]. Ja, er hat sich „vor der Gemäldegalerie" in Sanssouci, wo „noch die alten Buchsbaumschnörkel der Rokokozeit schimmern und duften", zu einer kleinen Erzählung inspirieren lassen („Im Sonnenschein")[11] und später – 1864 – die Hauptszenen seiner Novelle „Von Jenseit des Meeres" in den Park von Sanssouci verlegt[12]. Aber daß ihm die Potsdamer Welt nicht behagte, das hat er seinen Freunden gegenüber damals offenbar deutlich zum Ausdruck gebracht, auch dadurch, daß er versuchte, im eigenen Hause einen Schutzwall gegen die fremde Welt zu errichten und z. B. in den „Teestunden" gewissermaßen den „häuslichen Herd" in die eigene Stube zu „verpflanzen" (an Mörike, Anfang Okt. 1854). Solche – aus Storms Sicht verständliche – Emigranten-Sentimentalitäten verstärkten bei Fontane den Eindruck der „Husumerei", und er spöttelte, es ginge in Storms „Potsdamer Hause" zu wie in dem „Hause seiner Husumer Großmutter" (S. 208).

Aber Fontane hat nicht nur dem damaligen Lebensstil Storms, sondern auch seiner Dichtung „lokalpatriotische Husumerei" vorgeworfen. Sie zöge sich – so meinte er – „durch seine ganze Produktion" (S. 200). Damit allerdings widersprach Fontane teilweise sich selbst; denn wenige Seiten weiter (S. 203 f.) hat er Storm z. B. attestiert, daß seine Liebesgedichte „hoch" über Geibels Gedichten stünden, und im Schlußabsatz seines Essays (S. 215) zählt

Abb. 34: Theodor Fontane, Foto um 1865 (StA Husum).

er Storm „als Lyriker“ zu den „drei, vier Besten, die nach Goethe kommen“.

Storms Dichtung trifft der Vorwurf der „lokalpatriotischen Husumerei“ auch deshalb nicht, weil man von einem Lokalpatrioten erwartet, daß er ein durchgehend schönes und positives Bild von seiner Heimat zeichnet und seine Heimat über die Heimat anderer stellt. Solche Heimatverherrlichung aber ist Storms Dichtung fremd. Gewiß – Storm zeichnet gelegentlich „schöne“ Bilder seiner heimatlichen Welt, doch solche schönen Bilder sind bei ihm selten. Schon seine „Stadt“ ist „grau“ und liegt „seitab“ in einer „eintönigen“ Umgebung (I, 14). Und in der Novelle „In St. Jürgen“ z. B. ist die „Vaterstadt“ ein „schmuckloses Städtchen“ in einer „baumlosen Küstenebene“ (I, 694). Außerdem ist folgendes zu beachten: Wenn Storm einmal ein „schönes“ Bild in seine Dichtung einführt, dann macht er gleichzeitig auf die häßlichen und gefährlichen Hintergründe aufmerksam, die der schöne Vordergrund verschweigt. In der Erzählung „Von heut' und ehedem“ z. B. zeichnet der Dichter ein prächtiges Bild vom Urgroßvaterhaus (Ausschnitt: IV, 193):

> „(...) Das Haus mit der Sandsteinvase auf dem spitzen Giebel, welches zu Pfingsten seinen frischen, sandgrauen Ölanstrich erhalten hatte, schaute aus den blank polierten Fenstern wie die lachende Gegenwart auf die Schiffe des gegenüberliegenden Hafens, deren Wimpel regungslos an den heißen Masten hingen. Auch drinnen der weißgetünchte, durch zwei Stockwerke hinaufreichende Flur des Hauses war voll von Sonnenschein, der durch die beiden übereinander liegenden Fenster freien Eingang hatte. Aber Alles war still und feierlich. Der Riesenschrank, welcher, die Leinenschätze des Hauses enthaltend, über die Hälfte der einen Wand einnahm, war augenscheinlich frisch gebohnt, die krausen Messingbeschläge blitzten; stattlich erhoben sich auf seiner Bekrönung die großen blau und weiß glasierten Vasen“.

Hier hat Storm ohne Zweifel einen bestimmten husumischen Ort biedermeierlich-friedlich verklärt. Unmittelbar vorher jedoch hat er darauf hingewiesen, wie es den Mitgliedern der „freundschaftlichen Gesellschaft“, die sich früher in diesem Hause trafen, ergangen ist: Sie sind gestorben und haben im Regelbuch der Gesellschaft den nüchternen Vermerk „obiit“ (lat.: ist verstorben) erhalten. Wenige Seiten später erfährt der Leser, daß es hinter der „lachenden Fassade“ einen „Saal“ gibt, dessen Fenster auf eine „enge sonnenlose Twiete“ hinausliegen, in der ehemals ein „Mord verübt“ worden ist. Und an den Wänden des Saales hängen neben schönen Landschaftsbildern auch düstere Kupferstiche, die von „Todesangst“, „Grauen“ und Hilflosigkeit einzelner Menschen erzählen (IV, 199 f.).

Ein anderes Beispiel ist die Novelle „Der Schimmelreiter“. Dort gibt es nur wenige freundliche Meer- und Marschbilder. Eines ist besonders friedlich (III, 739):

> „– – Am folgenden Vormittag, als er wieder auf den Deich hinauskam, war die Welt eine andere, als wie er sie Tags zuvor gefunden hatte; und zwar wieder hohl Ebbe, aber der Tag war noch im Steigen, und eine lichte Frühlingssonne ließ ihre Strahlen fast senkrecht auf die unabsehbaren Watten fallen; die weißen Möwen schwebten ruhig hin und wider, und unsichtbar über ihnen, hoch unter dem azurblauen Himmel, sangen die Lerchen ihre ewige Melodie.“

Aber gleich anschließend erinnert der Dichter den Leser daran, „wie uns die Natur mit ihrem Reiz betrügen“ kann. Bezeichnenderweise bricht wenig später an dieser als „friedlich“ geschilderten Stelle der Deich, und nicht zufällig findet hier Hauke Haien mit Frau und Kind den Tod.

Fontane hat – in dem genannten Zusammenhang (S. 208) – die Ansicht vertreten, Storm neige dazu, „alles aufs Idyll zu stellen“. Das ist eine weit verbreitete Meinung, die auch heute noch geäußert wird. Tatsächlich gibt es eine ganze Reihe Stormscher Novellen, die „Idyllen“ enthalten, und in diesen hat Storm so zauberhafte Stimmungen eingefangen (ich erinnere an Szenen in „Ein grünes Blatt“, in „Auf der Universität“ oder „Eine Halligfahrt“), daß er – ähnlich wie Turgenjew – vielen als Dichter der „Stimmung“ gilt[13]. Dabei übersieht man meistens – und das übersieht auch Fontane – folgendes: Erstens, daß die sog. Stimmungsnovellen bei Storm nach 1872 (mit „Draußen im Heidedorf“[14]) selten und von der

Zahl der Problem- und Untergangsnovellen weit übertroffen werden. Zweitens, daß Storm, wenn er Idyllen zeichnet, gleichzeitig deutlich zu machen versucht, wie gefährdet sie sind. Neben Szenen, die dem Leser familiäre Geborgenheit vergegenwärtigen, stehen Szenen, die auf Zerstörung, Verfall und Tod verweisen. In der Novelle „Ein Doppelgänger" z. B. kontrastiert Storm die bürgerlich-beruhigte Idylle im Hause des Oberförsters und die ärmlich-proletarische Idylle im Hause des Zuchthäuslers mit den gräßlichen Bildern vom Elend des Zuchthäuslers und – zuletzt – vom Absturz in den Brunnen-Abgrund. Ebenso wechseln z. B. in der Novelle „Carsten Curator" Bilder des Familienglücks mit Bildern vom Verfall der Familie. Storms Idylle ist also – was nicht gesehen wird – vielfach eine „Idylle am Abgrund". So kann von einer durchgehenden Idyllisierung, Verklärung und Heimatverherrlichung bei Storm nicht die Rede sein.

Mit dem Wort „Husumerei" (ähnlich wie mit „Treibelei" und „Hamburgerei"[15]) wollte Fontane offenbar den engen Kreis bezeichnen, in dem Storms Novellen angesiedelt sind. Die Vorbilder für die Schauplätze, Personen und Details der Stormschen Dichtung stammen ja vielfach – mit Ausnahmen allerdings[16] – aus der Region, in der Storm selbst zu Hause war. Aber kann – so fragt man sich – Fontane der Stormschen Dichtung wirklich in diesem Sinne Regionalität vorgeworfen haben, wo er selbst so großen Wert auf Wirklichkeitsdetails aus der eigenen Region, aus Berlin und der Mark Brandenburg legte?[17] In dem Roman „Vor dem Sturm" z. B. ist es ihm darum gegangen, „eine große Anzahl märkischer (...) Figuren aus dem Winter 12 und 13 vorzuführen" (an W. Hertz, 12. 6. 66). Von einem Gewährsmann erbat er sich später „Biographien verhältnismäßig kleiner Leute" und „Schilderungen des Kleinlebens in Dorf und Stadt" (an W. Holtze, 6. 12. 65). Und so sind „Kessin" in „Effi Briest" und die „Gärtnerei" in „Irrungen Wirrungen" liebenswerte kleine Orte aus der eigenen Region wie Storms Schwabstedt in der Novelle „Renate" oder wie der „Garten der Vergangenheit" in „Viola tricolor".

Die Benutzung von regionalen Gegebenheiten in der Dichtung kann Fontane dem Husumer also nicht vorgeworfen haben; viel-

Fontane: Storms Regionalität

leicht aber die „das richtige Maß überschreitende“ (S. 200) Benutzung, und zwar in dem Sinne, daß Storm bei der intensiven Schilderung seiner Regionalwelt in dieser kleinen Welt steckengeblieben und daß es ihm nicht gelungen sei, in der „kleinen“ Welt die „große“ Welt sichtbar werden zu lassen.

Fontanes Absicht ist klar. Er wollte in der kleinen Welt von Kessin und der Keithstraße auf jene große Welt verweisen, in der das „tyrannisierende Gesellschafts-Etwas“ dem Menschen das Menschsein unmöglich macht (im 27. Kap. von „Effi Briest“). Auch im „Stechlin“, wo er im See, im Dorf und Schloß eine kleine märkische Welt und den „Typus eines Märkischen von Adel“ präsentiert, werden gleichzeitig Verbindungen mit Menschen und Zuständen „weit draußen in der Welt“ sichtbar gemacht (so gleich auf den ersten sechs Seiten des Romans).

Nun hat Storm seine kleine Welt gewiß sehr intensiv dargestellt, intensiver vielleicht als Fontane; aber der Verweis auf die große Welt fehlt bei ihm dennoch nicht! In der Novelle „Auf dem Staatshof“ wird zwar eine lokal eng begrenzte Welt geschildert; diese kleine Welt jedoch enthält Verweise auf die große Welt: Der Tod von Anne-Lene, des letzten Gliedes der Familie van der Roden, ist nicht nur das sinnfällige Bild vom ‚Verfall einer Familie‘, sondern spiegelt gleichzeitig den Untergang der patrizischen Lebens- und Kulturepoche, den Anfang einer neuen (kapitalistischen) Wirtschaftsordnung und den Aufstieg einer neuen Gesellschaftsschicht[18].

Natürlich geht es Storm wie allen anderen Realisten, wenn sie die lokalen Gegebenheiten ihrer Region in ihre Dichtung hineinnehmen, auch darum, dem novellistischen Geschehen einen anschaulichen Wirklichkeitshintergrund zu geben. Darüber hinaus aber haben diese Schilderungen poetische, über die Wirklichkeit, über die „kleine Welt“, hinausweisende Funktionen. Das gilt auch für Storms Landschaftsschilderungen. Und da steht Storm nicht hinter Fontane zurück.

Wenn Fontane z. B. Botho und Lene in „Irrungen-Wirrungen“ nach „Hankels Ablage“ führt, so beschränkt er sich bei seiner Schilderung nicht auf die Darstellung der regionalen Örtlichkeit. Der idyllische Ort, die Beschreibung von Gasthaus und Spree-

„Draußen im Heidedorf"

landschaft, die Kahnfahrt – alles verweist direkt oder indirekt auf die „Vertreibung aus dem Paradiese“ (Kap. 11–14), alles ist „Zeichen“ für das Ende des Glücks der beiden Liebenden und für die Mächte, die ihrer Verbindung im Wege stehen.

Eine ähnliche Funktion haben die Landschaftsschilderungen bei Storm, z. B. in der Novelle „Draußen im Heidedorf“. Als Vorbild für seine Schilderung benutzt Storm hier – wie Fontane – einen realen Ort aus seiner Region: das sogenannte „Wilde Moor“, das sich damals in der Nähe von Husum zwischen den Dörfern Schwabstedt und Ostenfeld in einer Größe von ca. 28 Quadratkilometern hinzog. Storm schildert die Landschaft aus dem Blickwinkel eines „Amtsvogts“, der mit einer Kutsche auf dem Weg zu einem Verhör ist (II, 78 f.):

> „Aber die Gegend wurde anders; die bewachsenen Wälle mit den bebauten Feldern dahinter hörten auf. Statt dessen fuhren wir hart am Rande des sogenannten „wilden Moors“ entlang, das sich derzeit, so weit der Blick reichte, nach Norden hinauszog. Es schien hier, als sei plötzlich der letzte Sonnenschein, der noch auf Erden war, von dieser düsteren Steppe eingeschluckt worden. Zwischen dem schwarzbraunen Heidekraut, oft neben größeren oder kleineren Wassertümpeln, ragten einzelne Torfhaufen aus der öden Fläche; mitunter aus der Luft herab kam der melancholische Schrei des großen Regenpfeifers, der einsam darüber hinflog. Das war Alles, was man sah und hörte.“

a) Dieses Moorbild, das der Amtsvogt in sich aufnimmt, hat eine verweisende, ja geradezu leitmotivische Funktion: Mit ihm wird auf die „öde“ Einsamkeit und die „düstere“ Ausweglosigkeit des jungen Bauern Hinrich Fehse verwiesen, der – wie sich dann während x des Verhörs herausstellt – seinem Leben, aus dem „der letzte Sonnenschein“ verschwunden war, in der „schwarzen Lake“ des Moores ein Ende gemacht hat (II, 100).

b) Ähnlich, aber doch ganz anders, ist es in der Novelle „Aquis submersus“. In der „Dorfkirche“, dem Hauptschauplatz dieser Novelle, scheint eine bestimmte nordfriesische Kirche naturgetreu

a) genaue Landschaftsbeschreibung
b) Fantasie-Beschreibung

Ortsbeschreibungen

abgebildet zu sein. Beim näheren Hinsehen entdeckt man aber, daß dies nicht so ist. Storm hat hier ein Phantasie-Bild geschaffen, das in dieser Form gar nicht existiert. Er hat Details aus vier verschiedenen Kirchen seiner Nahwelt zu einem neuen „Bild" zusammengefügt.

Das „schrecklich übermenschliche Crucifixus", das „mitten in die Kirche herabhängt" und dessen Glieder „mit Blute überrieselt" sind, wie auch der „spitze Kirchthurm", von dem man auf den „nicht gar fernen Meeresstrand" hinunterschauen kann, wo „bei der großen Fluth" der Vater und der Bruder des Predigers ertrunken sind (II, 380 f., 436 f.), stammen aus der Hattstedter Kirche.

Das „unschuldige" Bildnis des „toten Kindes", mit der Unterschrift „incuria servi aquis submersus", die Storm zu „culpa patris aquis submersus" verschärft (II, 381 f., 453), hängt in der Drelsdorfer Kirche.

Der „große geschnitzte Altarschrank" mit den „seltsam wilden Gesichtern" des Kaiphas und der Kriegsknechte aus der „Leidensgeschichte Christi", die „um des Gekreuzigten Mantel" würfeln (II, 381), steht in der Kirche von Schwabstedt.

Die „braungeschnitzte Kanzel" mit den geschnitzten „Frucht- und Blattgewinden" und „allerlei Tier- und Teufelsfratzen (II, 381) befindet sich in der Kapelle des „Gasthauses zum Ritter St. Jürgen" in Husum.

Bei der Dorfkirche in „Aquis submersus" handelt es sich also nicht um eine getreue Abbildung einer nordfriesischen Kirche, obwohl das Bild aus Details einer regionalen Wirklichkeit zusammengesetzt ist, sondern um ein poetisches Bild. Dieses Bild ist so gezeichnet, daß es zu einer Art Sinn-Bild wird. Mit dem „spitzen" Kirchtum, in der Nähe des todbringenden Meeres, mit dem Bild des „toten Kindes" und der anklagenden Unterschrift darunter, mit dem vom „Blute überrieselten" Kruzifix, den „wilden Gesichtern der Kriegsknechte" und den „Tier- und Teufelsfratzen" verweist Storm sinnbildhaft auf die Mächte, die – in der Novelle wie in unserer Wirklichkeit – zerstörerisch in das Leben der Menschen einbrechen und unendliches Leid verursachen.

In der Novelle „Hans und Heinz Kirch" ist – wie häufig bei Storm

– eine „kleine Stadt" der Schauplatz des novellistischen Geschehens. Hier hat der Dichter – wie nachgewiesen worden ist (III, 801 ff.) – Eindrücke der Stadt Heiligenhafen an der Ostsee (genauer: am Fehmarn-Sund) verarbeitet. Vornehmlich aber hat er aus der vorgegebenen Wirklichkeit die Merkmale einer Kleinstadt herausgefiltert, die die Enge und Beschränktheit der Verhältnisse, in denen die Menschen hier leben, verdeutlichen. So wird die kleine Stadt geradezu zum Symbol für die Enge und Beschränktheit der bürgerlichen Welt. Um so deutlicher kann Storm an einem Bürger dieser Stadt, dem Schiffer und Kaufmann Hans Kirch (ähnlich etwa wie Fontane an Jenny Treibel), die gründerzeitliche Wertewelt verurteilen, in der Wohlstand und Ansehen in der Gesellschaft an erster Stelle stehen und in der kein Platz bleibt für Liebe (vgl. Wieb) und Nächstenliebe (vgl. den Vater und die Worte des Pastors: III, 78). Der Vater (Hans Kirch) wird auf diese Weise zum Sinnbild für eine – zeitlich aktuelle, aber dennoch allgemeingültige – Erscheinung: Daß übertriebenes Wohlstands- und Prestigedenken zur Ent-Menschlichung führt. Besonders deutlich wird das in der Szene, wo der Vater einen unfrankierten Brief seines Sohnes zurückweist und der Dichter diese Szene in Anlehnung an die bekannte Bibelstelle Matthäus 26,15 kommentiert: „(...) für dreißig Reichsgulden haben sie unsern Herrn Christus verraten", nun habe er, der Vater, sein „Fleisch und Blut" um „dreißig Schillinge verstoßen" (III, 88).

„Die Poesie soll" – wie Storm postuliert (an Schleiden, 9. 11. 81) – „ein concentrirter Spiegel des Lebens sein". Demgemäß sind bei ihm wie bei Fontane nicht lokale Ereignisse, sondern allgemeine Probleme des Menschenlebens die bevorzugten Themen seiner Dichtung. Da wird z. B. gezeigt, wie eine fremde, betörend schöne Frau eine Ehe und schließlich das Leben eines einfachen Menschen zerstört („Draußen im Heidedorf"), wie ein falsches Gerücht eine gesunde Firma ins Unglück stürzt („Im Brauer-Hause"), wie die Mächte der Vererbung das Leben eines rechtschaffenden Bürgers ruinieren („Carsten Curator"), oder – um ein positives Beispiel zu nennen – wie die Verbindung zwischen einem Handwerker und einer Puppenspielerin (wenn sie denn wohlgegründet ist) durch

den Spott und die Mißgunst ihrer Mitbürger nicht beeinträchtigt werden kann („Pole Poppenspäler“). Außerdem werden von Storm Fragen, die sich aus Standesunterschieden ergeben, behandelt („Im Schloß“, „Auf der Universität“), werden Resozialisierungs- und Euthanasieprobleme angeschnitten („Ein Doppelgänger“, „Ein Bekenntnis“), wird auf die verderbliche Macht des Alkohols aufmerksam gemacht („Der Herr Etatsrat“, „John Riew'“). Und in den sogenannten Chroniknovellen wird gezeigt, wie das „menschlich Schöne und Berechtigte“ von einem „Bruchteil der Gesellschaft“ mit der „ererbten Gewalt“ zu Boden getreten wird (Tagebuch, IV, 525, zu „Aquis submersus“).
Das sind Probleme des Lebens, die – wenn sie wahrhaftig erscheinen und den Leser „treffen“ sollen – eines anschaulichen Wirklichkeitshintergrundes bedürfen. Deshalb ist es notwendig, sie in einer überzeugenden lokalen Realität anzusiedeln, aber gleichzeitig über diese lokal begrenzte Welt auf Allgemeingültiges hinauszuweisen.
Wie eng Storms Dichtung einerseits mit seiner Heimat verbunden, wie weit sie andererseits dennoch von jeglicher „lokalpatriotischen Husumerei“ entfernt ist und über diese hinausweist, bestätigt eine diesbezügliche Betrachtung der Novelle „Der Schimmelreiter“. Der ihr zugrunde liegende Stoff stammt bekanntlich nicht aus Nordfriesland, sondern aus Danzig bzw. von den Dämmen der Weichsel. Storm hat diesen Stoff nach Norddeutschland verlegt, die Novelle also in der ihm bekannten Meer-, Marsch- und Deichwelt angesiedelt. Diese Wirklichkeitsverankerung ist dem Dichter so gut gelungen, daß schon ein zeitgenössischer Kritiker den „sachkundigen Realismus“ bewunderte, „der da weiß, wie man Deiche baut usw., wie die Fluth frißt usw.“[19] Und daß sogar viele Storm-Leser heute noch glauben, mit dem „Schimmelreiter“ eine „echte“ nordfriesische Deich-Geschichte vor sich zu haben (obwohl diese von ihrem Ursprung her eine Weichsel-Geschichte ist).
Daß Storm soviel „kleine Welt“, soviel regionale Landschaft, soviele Züge historischer Deichgrafen, Deichvögte und Deichbaumeister (einen nennt er sogar in der Novelle: Hans Mommsen, III, 639) und soviele historische Anspielungen (z. B. auf die großen

Sturmfluten), in seine „Schimmelreiter"-Novelle hineinnahm, ja, sogar einen Deichbausachverständigen (Chr. Eckermann in Heide) zu Rate zog, hatte einen konkreten Grund: Er meinte, gerade dieser Novelle einen wirklichkeitsgesättigten Hintergrund geben zu müssen, weil es hier darauf ankam, die Spannung zwischen Wirklichkeit (der Geschichte des Deichgrafen Hauke Haien) und Unwirklichkeit (der Deichgespenstsage), die den eigentlichen Reiz der Erzählung ausmacht, zu erhalten. Der phantastischen Gespenstergeschichte mußte eine konkrete, realistische Deichgrafengeschichte entgegengestellt werden. Es galt – wie Storm seinem Verleger Paetel schrieb – „einen Deichspuk in eine würdige Novelle zu verwandeln, die mit den Beinen auf der Erde steht"[20].

Aber Storm bleibt auch in dieser Novelle nicht in der kleinen Regional-Welt befangen. Die Meer-, Deich- und Marschlandschaft, ihre Bewohner, der Deichgraf, der Deichbau und die Koogsgründung werden ins Sinnbildhafte erhoben. Hier geht es nicht um „lokalpatriotische Husumerei", sondern um das uralte Anliegen des Menschen: Sich gegen die Naturgewalten zu behaupten, Siege zu erkämpfen, Niederlagen hinzunehmen. Der Deichgraf, der Deichbau, die Koogsgründung sind mehr als nur Bilder aus der „kleinen" Welt an der Nordseeküste. Hauke Haien ist zwar als nordfriesischer Deichgraf gezeichnet, aber er steht für den Menschen schlechthin, für den Menschen, der sein „Rechnen", seine Technik, dazu nutzt, um sich vor den Naturgewalten zu schützen, der Fehler macht, sich verrechnet oder aus Unachtsamkeit Gefahren heraufbeschwört.

Darüber hinaus hat Storm in Hauke Haien eine Gestalt geschaffen, die in mancher Hinsicht in der Nähe des Nietzscheschen „Übermenschen" steht, der das „Werk" über das „Glück" stellt[21], des Machtmenschen, der mit einer Art Herrenmoral „scharf" und „mitleidig" auf seine Mitmenschen herabsieht (III, 725) und sie am liebsten „peitschen" möchte (III, 689).

Auf diese Weise werden selbst Züge von Goethes Faust im Deichgrafen Hauke Haien sichtbar[22]: Er will dem Meer „grüne" und „fruchtbare Gefilde" abgewinnen („Faust" II, 11565). In seiner „Ehrsucht" (III, 680) und seiner Rücksichtslosigkeit gegenüber

Abb. 35: Thomas Mann. Foto um 1940 (STSG 13/1964, S. 46 f.).

den „andern" schießt er über das menschliche Maß hinaus und wird schuldig. Auf diese Weise werden in Hauke Haien allgemeinmenschliche Schwächen (und Schwächen der Storm-Zeit, der Gründerzeit) sichtbar. Er wird damit zu einem negativen Sinnbild, zu einer Warnung an alle Menschen, auch unserer Zeit. Erst in der letzten Szene, durch seinen Opfertod („Herr Gott, nimm mich; verschon die andern") erhebt er sich zu wahrer Größe.

Diese sinnbildhafte Erhöhung des Deichgrafen Hauke Haien über das rein Lokale und Regionale hinaus verleiht der „Schimmelreiter"-Novelle „Weltwürde" und erhebt sie über jede „lokalpatriotische Husumerei".

„Absolute Weltwürde" hat Thomas Mann der Stormschen Dichtung zugesprochen und sie energisch gegen den Fontaneschen Vorwurf der „Provinzialsimpelei" und „Husumerei" verteidigt[23]. „Es ist nichts Rechtes damit, es stimmt nicht", stellte er kurz und bündig fest und verwies dabei auf ein Element der Stormschen Kunst, dem Fontane wenig Beachtung geschenkt hat: auf „das Element des Abenteuerlichen, Exzentrischen, Unregelmäßigen, Norm- und Glückswidrigen", das bei Storm „fühlbarer" sei als bei dem „liebenswürdigen Fontane" (S. 25).

Besondere Aufmerksamkeit hat Thomas Mann der Stormschen Lyrik gewidmet. Als Beispiel für das „Raffinement der Stormschen Empfindsamkeit" (S. 19) zitiert er die zweite Strophe des Gedichts „Frauenhand":

> Die Hand, an der mein Auge hängt,
> Zeigt jenen feinen Zug der Schmerzen,
> Und daß in schlummerloser Nacht
> Sie lag auf einem kranken Herzen.

Das sind Verse, in denen – wie Thomas Mann sich ausdrückt – der „Verfeinerungs- ja Überfeinerungscharakter" der Stormschen Kunst zum Ausdruck kommt.

Thomas Mann hat – nach eigenem Bekunden (S. 25) – „die sensitive Vergeistigung bei Storm, den Extremismus seiner Gemüthaftigkeit" betont, „um nichts auf ihn kommen zu lassen, was auf

Bürgernormalität oder -sentimentalität, auf seelisches Philistertum hinausliefe" (S. 25: „weil nämlich Fontane von ‚Provinzialsimpelei' gesprochen hat"). Er sah in Storm jene „Mischung" von „Artistik und Bürgerlichkeit", die er selbst verkörperte und der er in seiner Novelle „Tonio Kröger" Ausdruck gegeben hat[24]. Dabei hat Thomas Mann die „Heimatbefangenheit", die „Heimatsmanie", bei Storm nicht übersehen, und der Gegensatz zu dem „weltmännischen und großstädtisch-aufgeweckteren Fontane" ist ihm nicht entgangen (S. 21 f.). Aber er hat auf „das larmoyant Eigensinnige" dieser Heimatmanie verwiesen, auf die „ein wenig krankhafte Gleichsetzung von Vergangenheit und Heimat", die ihn weit von jeglicher „Heimatkunst" entfernt.

Als Beispiel für das „Ineinanderrinnen der beiden Gefühlsideen ‚Zu Haus' und ‚Vergangenheit' " (S. 24) hat Thomas Mann das Gedicht „Immensee" zitiert:

Aus diesen Blättern steigt der Duft des Veilchens,
Das dort zu Haus auf unsren Heiden stand,
Jahr aus und ein, von welchem Keiner wußte,
Und das ich später nirgends wieder fand.

In solchen Versen findet er „Sehnsucht, Nostalgie, ein Heim*weh*", das auf keine Realität bezogen ist, sondern sich ganz „aufs Vergangene, Versunkene, Verlorene" richtet (S. 22).

Was hier von der Stormschen Lyrik gesagt wird, gilt ebenso – wenn auch mit anderen Akzenten – für die Stormsche Novellistik. Schon vom Thema her werden viele Novellen von Vergänglichkeitsgedanken bestimmt. Die Geschichte der Novelle „Eine Halligfahrt" z.B. kommt „weit her aus der Vergangenheit" (II, 41) und endet mit einem „Requiescat!". Die Novelle „Ein stiller Musikant" ist dem „gesegneten Andenken" eines inzwischen verstorbenen Musikmeisters gewidmet, dessen Bild aus dem „dichten Nebel" der Vergangenheit aufsteigt (II, 280 u. 311). „Aquis submersus" ist im Grunde ein einziges Klagelied des Erzählers, eines Malers, über den Verlust der Geliebten und den Tod ihres gemeinsamen Kindes (II, 455).

Noch stärker als vom Thema wird die Vergänglichkeits- und Verfallstimmung von der Art und Weise, wie Storm bzw. wie seine Protagonisten erzählen, bestimmt. Aus einer konkreten Erinnerungssituation heraus und mit Hilfe eines persönlichen Erzählers gelingt es Storm, das Erzählte in einem besonderen Licht und in einer besonderen Perspektive erscheinen zu lassen. Alles müsse sich – meinte Storm selbst – „lebendig und doch wie aus dem Nebel herausgetuscht ansehen“[25]. Dabei wird vom Erzähler immer wieder darauf hingewiesen, wie weit das Erzählte zurückliegt und wie lückenhaft oder unvollständig das Erinnerte bzw. Überlieferte ist. In der Novelle „Auf dem Staatshof“ z. B. kann der Erzähler „nur Einzelnes sagen“ und nur soviel, wie „die Erinnerung ihm tropfenweise hergibt“ (I, 392). Im „Etatsrat“ weist der Erzähler ausdrücklich darauf hin, daß ihm Teile der Geschichte aus sehr eingeengter Perspektive, durch eine „Plankenritze“ bzw. durch den „Grundnachbarn“ des Etatsrats, einen „alten schnurrenliebenden Rotgießermeister“ mitgeteilt worden seien (III, 12). Das Lebensende des Zuchthäuslers in „Ein Doppelgänger“ hat der Erzähler nur „in halbvisionärem Zustande“ an sich „vorübergehen sehen“ (III, 574/7). Und die Geschichte vom Deichgrafen Hauke Haien im „Schimmelreiter“, die der Schulmeister erzählt, hätte – das ist die Meinung des amtierenden Deichgrafen – die „alte Wirtschafterin Antje Vollmers“ ganz anders erzählen können (III, 638). Diese für Storm charakteristische Erzählweise hebt seine Novellen auf eine besondere Stufe. Man hat sie „gedichtete Perspektiven“ genannt[26], und als solche sind sie einzigartig, man könnte sagen „klassisch“. So ist denn auch die Stormsche „Verfallsstimmung“ für Thomas Manns Frühwerk, insbesondere für „Tonio Kröger“ und die „Buddenbrooks“ bedeutsam geworden[27]. Storm selbst hat seiner Dichtung keine „Klassizität“ zugesprochen. Er meinte, sich „mit einer Seitenloge begnügen zu müssen“ (an E. Kuh, 1. 9. 72). Inzwischen jedoch ist Stormforschern und -lesern deutlich geworden, daß einer ganzen Reihe von Storms Werken – Gedichten wie Novellen – ein Platz unter den Klassikern der Weltliteratur gebührt.

IV

„Weshalb sollte der innere Drang zum Schriftstellertum keinen Beruf abgeben, da er mächtiger fast als irgend ein andrer, und da er die Verkündigung der Schönheit und der Pflicht zum Zweck hat?“

Theodor Storm im „Braunen Taschenbuch“ (1887)

Storm und die Juristerei

Storm hat versichert, daß sein „richterlicher und poetischer Beruf meistens in gutem Einvernehmen gewesen“ seien (an E. Kuh, 21. 8. 1873). Doch was heißt hier „meistens“? Das Studium der Jurisprudenz jedenfalls hat Storm – nach eigenem Bekunden – nicht aus Interesse an der Sache aufgenommen, sondern weil man dieses Fach „ohne besondere Neigung studieren kann“, (an E. Kuh, s. o.). Es gibt sogar Hinweise, daß Storm ursprünglich Medizin studieren wollte[1], vom Vater aber, der selbst Jurist war und vielleicht an einen Nachfolger für seine gutgehende Rechtsanwaltspraxis dachte, zum Studium der Jurisprudenz bestimmt worden ist. Daß Storm Jura mit Begeisterung studiert hat, kann man nicht sagen. Überblicken wir alle Äußerungen der Studienjahre (1837/38 und 1839/42 in Kiel, 1838/39 in Berlin), so ist viel von Theaterabenden und Literatur, auch eigenen poetischen Versuchen die Rede, aber kaum von Problemen der Jurisprudenz. Es dauerte deshalb auch – für damalige Verhältnisse – überdurchschnittlich lange (11 Semester), bis Storm sein juristisches Abschlußexamen ablegte (Oktober 1842). Das Ergebnis der Prüfung war nicht berauschend, mit den Noten „gut“ und „größtenteils gut“ aber doch so, daß ihm der „zweite Charakter“ (d. h. die zweite Rang- und Eignungsklasse) zuerkannt werden konnte. Schon gleich am 2. Dezember 1842 bewarb sich Storm beim Dänischen König um die Zulassung als Rechtsanwalt, und zwar – im Stil der Zeit – mit folgenden Worten (Auszug[2]):

> An
> S⟨eine⟩ Majestät den König!
> Der Candidat der Rechte Theodor Storm aus Husum bittet Ew. Königl. Majestät allerunterthänigst, Allerhöchst dieselben wollen allergnädigst geruhen, ihm eine Bestallung als Untergerichtsadvocat der Herzogthümer Schleswig und Holstein zu ertheilen (...).

Nachdem Storm kurze Zeit in der Praxis seines Vaters gearbeitet, erste Erfahrungen gesammelt und Anfang 1843 seine Zulassung

bekommen hatte, eröffnete er bereits im März 1843 unter dem Namen „Woldsen Storm“[3] eine eigene Rechtsanwaltspraxis. Vielleicht hat sein Vater ihn dazu ermuntert, sich selbständig zu machen; denn sie waren beide „leicht reizbare Naturen“[4], die auf die Dauer wohl nicht in einer Praxis zusammenarbeiten konnten. Übrigens war der Vater von dem Können seines Sohns überzeugt. Seinem Schwager, Ernst Esmarch, dem Bürgermeister von Segeberg, jedenfalls schrieb er (nach Gertrud St., I, S. 173): „Er (Theodor) ist sehr gescheit und arbeitstüchtig, und wenn er mit Anstrengung darangeht, kann ihm, wenn ich noch einige Jahre lebe, die gesicherte Existenz nicht fehlen.“
Storms erste Praxis lag im hinteren Teil des alten Danckwerth'schen Hauses in der Husumer Großstraße Nr. 11; sie war gleichzeitig die Wohnung des jungen Rechtsanwalts.[5] Von Anfang an gab es genug zu tun. Seine Stube war manchmal schon morgens, wenn er aufstand, „voller Leute“. Es kam auch vor, daß er seinem Schreiber Peter Söt bis abends nach 10 Uhr zu diktieren hatte oder sogar „den ganzen Morgen aus einer Gerichtsverhandlung in die andere getrieben“ wurde (an die Braut, S. 2 u. 18, im April 1844). Auch auswärtige Termine, z. B. in Simonsberg oder in Bredstedt, waren wahrzunehmen (S. 63 f. und 287). Trotzdem blieb Zeit genug zum Teetrinken im Elternhaus in der „Hohlen Gasse“, zum Üben mit dem „Singverein“, zum L'hombre-und Whist-Spielen, zum Sagensammeln und zum Versemachen.
Allerdings galt es, „einen festen Geschäftskreis“ zu bilden und die Schulden (die noch aus der Studentenzeit herrührten) abzutragen; das war die Voraussetzung für eine baldige Heirat (an die Braut, S. 33, Juni 1844). So war Storm bei manchen Gerichtsverhandlungen schon „Wochen vorher“ in „beständiger Aufregung“, weil dann „die Augen aller Husumer Bürger“ auf ihn gerichtet waren. „Ich muß mich also notwendig gut machen“, schrieb er seiner Braut anläßlich einer bevorstehenden Verhandlung vor dem Rödemisser Landgericht; das wird „nicht ohne Folgen für meinen Ruf“ sein (21. 7. 1846). Im Laufe der Jahre ist es Storm gelungen, seinen Ruf als Rechtsanwalt und seinen „Geschäftskreis“ so zu festigen, daß er mit seiner Praxis und Wohnung in das Haus Neu-

Abb. 36: Storms Rechtsanwaltspraxis und Wohnhaus in den Jahren 1845 bis 1853, Husum, Neustadt 56 (StA Husum).

stadt 56 umsiedeln (Nov. 1845) und Constanze Esmarch heiraten konnte (Sept. 1846). Die Tatsache, daß dort in der „Neustadt" neben der arbeitsreichen Tätigkeit als selbständiger Rechtsanwalt noch Werke wie z. B. „Marthe und ihre Uhr", „Im Saal", „Immensee" und viele seiner schönsten Gedichte (u. a. „Oktoberlied", „Ostern", „Die Stadt") entstanden sind, deutet darauf hin, daß sein „richterlicher und poetischer Beruf" damals weitgehend „in gutem Einvernehmen" gewesen sind.
Das änderte sich grundlegend, als Storms Bestallung als Rechtsanwalt im November 1852 vom Dänischen König kassiert, d. h. aufgehoben wurde und als er im preußischen Justizdienst am Kreisgericht in Potsdam als Volontär, später als Assessor arbeitete. Jetzt mußte er, der fast zehn Jahre lang eine eigene Rechtsanwaltskanzlei geführt hatte, „in einem wildfremden Lande", wo ihm „doch der Boden unter den Füßen" fehlte, in ein „Verhältnis der Unterordnung" treten, „dienen", was er „nie gekonnt" hatte (an seine Frau am 24. 1. 1853, anläßlich seiner Vereidigung auf die preußische Verfassung).
Erschwerend kam hinzu, daß der Jurist Storm, der sich inzwischen im schleswig-holsteinischen und dänischen Justizwesen auskannte, wieder von vorn anfangen und sich in das ihm unbekannte preußische Justizwesen einarbeiten mußte. Er meinte selbst: „Es ist ein abscheuliches Gefühl, wenn man eben anfängt, in einer Branche etwas bewanderter zu werden, sie verlassen zu müssen und in etwas Neues hineinzuplumpsen" (an die Eltern, 17. 12. 54).
Einem sehr anschaulichen, bisher unbekannten Bericht, wie es ihm am Potsdamer Kreisgericht ergangen ist, enthält ein Brief Storms an seinen Vater vom 21. April 1851 (dieser Teil des Briefes blieb bisher ungedruckt[6]):

„Um dir nur einen Tag beispielsweise vor Augen zu führen: Gestern stand ich halb 7 U⟨hr⟩ auf, präparirte mich zu 5 Verhandlungsterminen (Zeugenvernehmungen u. Beeidig⟨un⟩g etc. etc.), setzte ein motivirtes Urth⟨ei⟩l ab, und ging dann ins Gericht, von wo ich um 1 U⟨hr⟩ (nach dem ich also 6 Stunden unausgesetzt gearbeitet) recht erschöpft nach Haus kam; dort traf ich Acten von 63 Processen (worunter etwa gegen 20 z. Th⟨ei⟩l ziemlich konfuse Klagen), die bis auf den andern Tag geprüft und decretirt werden mußten (was ich seit einigen Tagen unter eigner Firma thue). Ich schlang also mein Essen herunter und setzte mich 2 1/2 U⟨hr⟩ an die Arbeit, lief um 5 U⟨hr⟩ einmal zu Knauff, um mir Raths zu erholen, und arbeitete dann bis 9 U⟨hr⟩. Da flogen und zuckten mir die Nerven so, daß ich noch eine halbe Stunde im Regen herumlief, um mein Blut wenigstens soweit zu beruhigen, daß ich einschlafen konnte, was denn trotz dessen immer nicht recht gehen will. Das ist ein Tag: Mit kleinem Unterschied geht es täglich so. Das Schlimmste ist, daß ich bei dieser Jagd nicht Ruhe finde, mich gründlich zu instruiren."

Obwohl ihm das „millionenfach detaillirte" gerichtliche Verfahren (an Brinkmann 13. 2. 54), die „Arbeitslast" und die „Hetzpeitsche", unter der er leben mußte (an die Eltern, 21. 4. 54), seelisch und körperlich viel abverlangten, hat Storm sich doch tapfer durchgebissen und bald selbständige Aufgaben übernehmen können. Im Dezember 1854 wurde er zum Untersuchungsrichter in Kriminalsachen ernannt, später hat er vertretungsweise den Vorsitz ganzer Abteilungen übernommen.
Die Zwischenbeurteilung seines Vorgesetzten, des Kreisgerichtsdirektors von Goßler, vom 28. August 1854 enthält dann auch – neben der Bemerkung, daß dem „Advocat Gerichts Assessor" Storm die „Benutzung des Geschäftsmechanismus" entschieden schwerfalle – die folgenden anerkennenden Worte[7]: „Er besitzt nicht nur eine gründliche allgemeine Bildung, sondern auch tüchtige Kenntnisse des gemeinen Rechts, eine leichte Auffassungsgabe, juristischen Takt und Scharfsinn und ist in der schriftlichen Darstellung wie im mündlichen Vortrage wohlgeübt. Er weiß mit dem gemeinen Mann sich gut zu verständigen und bemächtigt sich jeder einzelnen ihm gestellten Aufgabe mit Besonnenheit und Umsicht. Mit Interesse, zugleich aber mit großer Bescheidenheit nimmt er an der Debatte in den Sitzungen Theil und sucht mit Anstrengung und Fleiß in unsrer formellen und materiellen Gesetzgebung festen Fuß zu fassen."
In dem Maße, wie die innere Anspannung nachließ, war auch wieder Zeit zum Plaudern. Ein Brief an Schwiegervater Esmarch vom

22. Dezember 1854 ist sogar während der „Sitzung des Königl. Kreisgerichts zu Potsdam v⟨om⟩ 22. Dezember" geschrieben, in der Storm als Beisitzer tätig war. Neben Mitteilungen über das bevorstehende Weihnachtsfest enthält der Brief geradezu ein Protokoll dieser Sitzung. Da heißt es u. a: „ich bin indessen schon über das Nichtschuldig mit mir einig, kann also schreiben (...)." Dann: „Es werden jetzt Landstreicher abgehandelt (...)." Zuletzt:

„– Ein wunderbarer Fall kommt eben vor. Eine junge Dame hat in der Küche aus Terpentin etc. irgendein Mittel bereiten wollen. Die Sachen sind in Brand gekommen, dadurch auch die Küchentische; und sie selbst hat sich stark beschädigt. Sie steht jetzt wegen fahrlässiger Brandstiftung vor uns. Der Polizeicommissar thut eben seine Aussage.

- -

Der Staatsanwalt plaidirt. Ich werde für Nichtschuldig stimmen. Die Fahrlässigkeit scheint mir nicht festgestellt. Das Strafgesetzbuch bestimmt eine Strafe von 1 Tag bis 6 Monaten. Das Strafgesb. ist klar und kurz aber außerordentlich hart.

- -

Die Dame versucht eine schüchterne Vertheidigung.

- -

Der Gerichtshof (Kreisgerichtsrath Meyel, Präsident, die Beisitzer Graf Bredow und ich) nimmt einstimmig das Nichtschuldig an und spricht es aus. ‚Das hat unser Herz dictirt!' sagt der alte Blutrichter Meyel. Jetzt kommen drei Diebe. – Die Uhr ist schon $1^1/_4$.– – –"

Als Briefpapier benutzte Storm hier übrigens das amtliche Papier des „Königlich Preußischen Kreisgerichts in Potsdam" (mit eingedrucktem Siegel und preußischem Adler).
Viel Zeit für die Dichtung aber blieb in Potsdam nicht. Die kleine Novelle „Im Sonnenschein" allerdings hat Storm – wie er den Eltern berichtet (17. 12. 54), – auf „Mittagsspaziergängen" „namentlich in Sanssouci bienenartig zusammengelesen"; aber sie war doch auch ein Zeichen, wohin er mit seinen Gedanken „aus dieser peinlichen Wirklichkeit zu flüchten liebte". Insgesamt beherrschte den Husumer Dichter in Potsdam das Gefühl, ein „bloßes Rad in

der Staatsmaschine" zu sein; wenn er „10–12 Stunden terminirt, decretirt, berichtet, referirt etc." hatte, blieb in den paar „abfallenden Stunden" kaum Zeit, sich mit seinen Kindern zu unterhalten, geschweige denn seine poetischen Tätigkeiten zu „verwerthen" (an Esmarch, 22. 12. 54.).
Erst für den Kreisrichter in Heiligenstadt (Dienstantritt: 1. September 1856) war der Justizalltag weniger aufreibend. Ein anschauliches Bild seiner damaligen Tätigkeit zeichnet Storm seinem Freund Brinkmann (24. 3. 57):

> „Meine amtliche Thätigkeit anlangend, so genirt mich dieselbe augenblicklich keineswegs. Ich bin Bagatellrichter und außerdem Mitglied der Criminaldeputation und des Schwurgerichtshofs. So habe ich denn für gewöhnlich 2 mal in der Woche Bagatelltag (mit je 20–24 Terminen) und einmal Criminalsitzung. Augenblicklich wird überdieß mein Decernat von einem recht tüchtigen jungen Referendar bearbeitet, so daß ich Decrete und Erkenntnisse, wenn ich mir solche nicht speciell vorbehalte, nur gegenzuzeichnen habe. Plenarsitzungen werden hier vernünftiger Weise nur alle Monat einmal gehalten."

Im Gegensatz zu seiner Arbeit am Potsdamer Kreisgericht erschien ihm der Justizalltag in Heiligenstadt zeitweise sogar in paradiesischem Licht. Seinem Potsdamer Kollegen Schnee gegenüber kam Storm geradezu ins Schwärmen (8. 10. 56)[8]: „4 Localtermine habe ich im Wald und Feld abgehalten; diese Gerichtspflege ist nun das Uebermaß von Gemüthlichkeit; einmal wurde im Tannenwald protokollirt, angesichts des schönsten Thales, ein andermal in einem großen Bauerngut, wo Zeugenvernehmung und Feldkieker ⟨Mettwurst⟩ schmausen auf das Angenehmste verbunden wurde (...)."
So konnten in den acht Heiligenstädter Jahren acht Novellen (darunter so bedeutende wie „Auf dem Staatshof", „Im Schloß" und „Auf der Universität"), eine Spukgeschichtensammlung und zwei Märchen entstehen.
Trotzdem – ja, man kann sagen, weil Storms poetische Kraft zunahm, – empfand er auch in Heiligenstadt die juristische Tätigkeit

mehr und mehr als Belastung und als Hemmschuh. Schon Anfang 1858 bezeichnete er seinen Eltern gegenüber die „täglich ins Haus fallende Acten" als „Tortur", die ihm „Kräfte und Besinnung" raube. Wie stark der Kreisrichter dem Dichter zeitweise im Wege gestanden hat, verrät auch eine andere Briefstelle (an die Eltern, 4. 5. 59):

> „(...) wie abnutzend diese Tätigkeit ⟨als Kreisrichter⟩ ist, (...) sehe ich jetzt recht, wo ich einmal eine kleine poetische Arbeit niederschreiben will. Ich habe wochenlang nicht dazu kommen können und mir zuletzt, als mir das Messer an der Kehle saß, die Zeit im eigentlichen Sinne dazu stehlen müssen".

Gerade wenn Storm mit dem Dichten nicht so recht vorankam, empfand er die Juristerei als eine ihm „fremdartige Beschäftigung" (an seine Frau, 12. 9. 60, S. 98). Ihn bedrückte, daß er seine „besten Kräfte an etwas hingeben" mußte, „was tausend Andere" statt seiner tun könnten und daß für seine „individuelle Lebensaufgabe" keine Zeit übrigblieb (an die Eltern, 6. 4. 61). Manchmal (z. B. auf Urlaub in Segeberg: an seine Frau 28. 7. 59) erschien ihm die „im Rücken gelassene Kreisrichterei" sogar als „Gespenst", das ihm ein „förmliches körperliches Grauen" erzeugte. Wahrscheinlich sind die häufigen Magenbeschwerden, über die der Dichter damals – aber auch später – geklagt hat, hauptsächlich auf den seelischen Druck zurückzuführen, der entstand, weil Storm den Anforderungen des juristischen und des poetischen Berufs in gleicher Weise nachkommen wollte, aber nicht konnte.

Die Rückkehr nach Husum und die Übernahme der Husumer Landvogtei Mitte März 1864 haben dem Juristen neuen Auftrieb gegeben. Neben der Freude, zu Hause zu sein, war es offenbar die neuartige juristische Tätigkeit, die ihm gefiel. Die Aufgaben des Landvogts waren erheblich vielfältiger als die eines Kreisrichters: Es war „Obervormund, Polizeimeister, Kriminal- und Zivilrichter" in einer Person und kam so – wie er selbst betonte (an Pietsch, 30. 4. 64) – „viel mehr in rein menschliche Berührung", als in seiner früheren Stellung. Er habe – schrieb er seiner Frau, die noch in Heiligenstadt war, am 17. März 1864 – „den ganzen Tag geamtet,

Abb. 37: Die „Landvogtei" im Husumer Storm-Haus, Wasserreihe 31 (StA Husum).

allen möglichen Leuten (...) gründlichen Bescheid erteilt, Verbrecher verfolgt usw.". Und er „finde die Sache höchst amüsant". Wie vielfältige Tatbestände der Landvogt Storm zu bearbeiten, zu verhandeln und zu entscheiden hatte, veranschaulicht eine Auswahl der Eintragungen in den Gerichts- und Polizeiprotokollen (Landesarchiv Schleswig) aus dieser Zeit:
26. 3. 1864 (erste Storm-Eintragung): „Marx Andresen (Lund) wider Witwe Maria Thomsen wegen Räumung der Wohnung",
22. 3. 1865: „wegen ungebührlichen Holzschlagens",
3. 4. 1866: „wegen außerehelicher Schwängerung, daher Alimentation des Kindes und Erstattung der Wochenbettkosten",
4. 5. 1866: „wegen widerrechtlicher Beseitigung eines Zaunes",
4. 6. 1866: „Während des Gottesdienstes gepflügt",
21. 3. 1867: „wegen Fortjagens aus dem Dienste",
9. 5. 1867: „betr. schuldige Vergütung für ärztliche Bemühung."

Allerdings nahmen ihn die Kriminaluntersuchungen – zeitlich, aber auch menschlich – besonders in Anspruch. So machte ihm die erste Leichenschau, an der er teilnehmen mußte, sehr zu schaffen: „Das Bild des toten, nackten, rothaarigen Mannes“ auf dem Tische „legte sich wie ein schmutziges Blei“ auf alle seine Gedanken. Einmal hatte er „eine Brandstiftung“ zu untersuchen, ein andermal wurde er zusammen mit seinem Bruder, dem Arzt, mitten aus der Gesangsvereinsprobe zur Untersuchung „eines versuchten Selbstmordes nach Winnert“ (Dorf in der Nähe Husums) „in die stockfinstere Nacht hinausgetrieben“: Storm mußte bis Mitternacht „inquirieren“; sein Bruder „nähte und verband“ (an seine Frau 30. 3. u. 2. 12. 64). Und als er die Meldung erhielt, daß man dem Hardesvogt v. Bertuch auf Nordstrand „das Haus spoliiert ⟨geplündert⟩“ habe, mußte er „gleich zu Schiff hinüber“ (an Pietsch, 19. 7. 64).

Aber auch die Untersuchung, Publizierung und Unterzeichnung eines solchen, im Husumer Wochenblatt vom 22. Juni 1864 veröffentlichten Vorfalls gehörte zu seinen Obliegenheiten:

> *Bekanntmachung*
>
> Am 29. April d. J. ist in dem Abtritt für Frauen auf dem Osterohrstedter Bahnhof die nackte Leiche eines neugeborenen männlichen Kindes gefunden, welches nach der angestellten Untersuchung muthmaßlich vor 2 bis 3 Tagen von einer Durchreisenden heimlich dort geboren ist. Es werden demnach sämmtliche Behörden, sowie alle Diejenigen, welche über die Thäterschaft irgend eine Kunde zu geben vermögen, ersucht, solche der unterzeichneten Behörde mitzutheilen.
>
> Husumer Landvogtei, den 30. April 1864
>
> Storm.

Daß der Jurist Storm immer ein mitfühlender Mensch geblieben ist, dafür gibt es eine ganze Reihe von Beispielen. Schon in seinem vom Kreisgerichtsdirektor Goßler ausgestellten Zeugnis (s. o., 28. 8. 54) stand: „Er ⟨Storm⟩ weiß mit dem gemeinen Mann sich gut zu verständigen.“ Dafür spricht auch folgende Anekdote:

„Also", fragte Theodor Storm, „Herr Zeuge, Sie halten Ihre Aussage aufrecht, daß Sie der Angeklagte mehrmals mit einer Latte geschlagen hat"? – „Jawohl, Herr Richter", antwortete dieser, „er schlug mich mehrmals auf den ... den ...!" „Das genügt", schmunzelte Storm, „und setzen Sie sich ruhig auf Ihr fehlendes Wort!"

Selbst wenn es sich um einen „gefürchteten und viel bestraften Dieb" handelte, bemerkte Storm den „Menschen" in dem Angeklagten: „den", so meinte er seiner Frau gegenüber (10./11. 10. 63) – „haben die Verhältnisse auf diesen Platz gebracht. Etwas Sonnenschein zur rechten Zeit hätte vielleicht die sehr edle Menschenpflanze zur Erscheinung gebracht".
Aus diesem Grundverständnis appellierte er gern an die Einsicht der streitenden, vor Gericht erschienenen Parteien, um so zu einem Vergleich zu kommen. Eine Untersuchung der sechszehn Prozesse z.B., die Storm im Monat Januar des Jahres 1865 verhandelte, hat ergeben, daß es ihm gelungen ist, zehn davon zum Vergleich zu führen[9]. „Wi hebt ja nu so'n gode Landvogt", meinten Betroffene (an seine Frau, 3. 4. 64). Unter den Protokollen der Husumer Landvogtei, die im Schleswig-Holsteinischen Landesarchiv in Schleswig aufbewahrt werden, ist eine Eintragung erhalten, durch die ein solcher „Vergleich", wie ihn Storm zustande gebracht hat, veranschaulicht werden kann (Abb. 38):

Actum
Königl. Landvogtei zu Husum, 3. Aug. 1867.

In Sachen der Ehefrau des Peter Feddersen in Rantrum, Citantin c. cur. mar.⟨,⟩ wider H⟨an⟩s Feddersen allda, Citaten, wegen Beleidigung s. w. d. a. waren Parteien erschienen, und verglichen sich dahin:
Parteien erklären, daß sie alle gegen einander gebrauchten beleidigenden Aeußerungen hiermit zurücknehmen, namentlich erklärt Citat, daß er die von der Citantin in Uebereilung gebrauchte Aeußerung „Schleswigholsteinische Hure" zurücknehme, und daß er zu derselben keinen Grund gehabt; Parteien versprechen sich gegenseitig, sich für die Zukunft jeder Kränkung

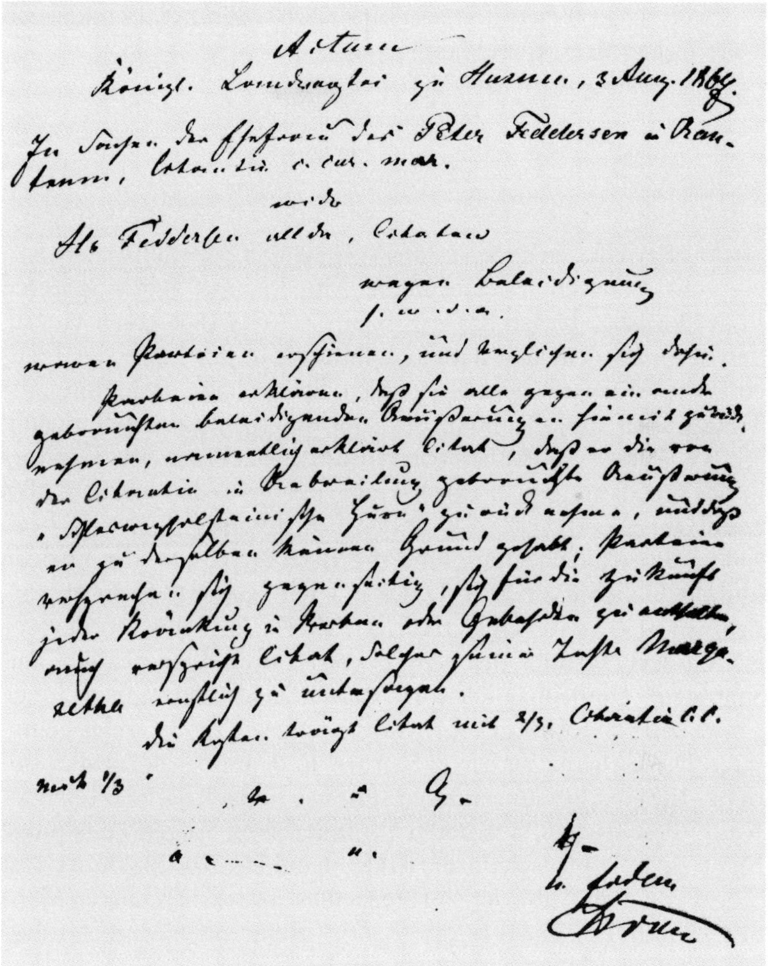
Actum
Königl. Landvogtei zu Husum, 3 Aug. 1867.

Abb. 38: „Actum. Königl. Landvogtei zu Husum, 3. Aug. 1867". Faksimile der handschriftlichen Eintragung Storms in das „Gerichts-Protokoll der Husumer Landvogtei" (SHLA-Schleswig).

Die beiden Abkürzungen sind möglicherweise so aufzulösen: „c. cur. mar." (lat.: cum curatore mariti) = in Vertretung des Ehegatten; „s. w. d. a." = so wie diese angegeben. – „Citat": der Zitierte, Vorgeladene; „Citantin": die Zitierte.

in Worten oder Gebehrden zu enthalten, auch verspricht Citat solches seiner Tochter Margaretha ernstlich zu untersagen.
Die Kosten trägt Citat mit $^2/_3$, Citantin mit $^1/_3$.

vor⟨gelesen⟩ u. g⟨enehmigt⟩
in fidem
Storm

Storms Berichte, in denen es um Vorgänge in seinem Juristen-Alltag geht, bestätigten seine innere Anteilnahme. Seiner späteren Frau Dorothea Jensen hat er z. B. am 2. April 1866 einen Vorfall, den er zu untersuchen hatte, geschildert. In der Landvogtei war eine Vermißtenanzeige eingegangen. Storm hatte daraufhin „alle Trinkgruben und Brunnen des Dorfes" (gemeint ist Rantrum, sechs Kilometer südöstlich von Husum) absuchen lassen. Der Vermißte war dann „tot in einer Trinkgrube gefunden worden". Bis neun Uhr abends hatte Storm den Fall untersucht, eine Ortsbesichtigung vorgenommen, und die Beteiligten, u. a. die Ehefrau und die Geliebte, verhört. Das war – wie seinem Bericht zu entnehmen ist – für ihn eine „traurige Fahrt": Der Selbstmörder war ein „junger Mann", der sein Leben „durch Liebschaften und Schulden" „unheilbar zerstört" hatte. Seine „schwangere junge Frau" hatte er „nicht geliebt", sondern wegen ihres Geldes geheiratet. Die Geliebte wird von Storm – in dem obengenannten Bericht – als ein „bezauberndes in süßester Jugendfrische blühendes Kind" beschrieben, aus deren „wunderbaren Augen" der junge Mann sich „Leidenschaft und Tod getrunken" hat. Erschüttert ist Storm von dem Anblick des Toten, eines „stattlichen jungen Mannes", dessen Leichnam er „am Rande" einer „öden Mergelgrube" liegend vorgefunden hat. Erschüttert ist er aber auch von der Reaktion des jungen Mädchens: „(...) von Schmerz um den Toten gewahrte ich nichts – obgleich sein nackter Leichnam eben ins Dorf gefahren wurde."
Für Storm ist dies – wie man sieht – kein einfacher juristischer Fall, den man untersucht und dann ‚abhakt', sondern eine menschliche Tragödie bzw. – wie es im Bericht heißt – „das Drama einer Leidenschaft". Der geschilderte Fall hat Storm innerlich so bewegt,

daß dieser ihn noch fast sechs (!) Jahre später zu einer Novelle anregen konnte, zur Novelle „Draußen im Heidedorf".
Am 1. Januar 1868 ist Schleswig-Holstein offiziell als Provinz in den preußischen Staat eingegliedert worden. Das hatte zur Folge, daß das alte schleswig-holsteinische Landvogt-Amt aufgehoben und Storm als Amtsrichter in den preußischen Justizdienst übernommen wurde (faktisch schon ab 1. 9. 67).
Storm hat auf diese Veränderung ungewöhnlich scharf und empört reagiert. Er empfand die äußeren Verhältnisse als „widerwärtig", registrierte mit „großer Verbitterung", wie Schleswig-Holstein von Preußen „behandelt" wurde (an Hans, 20. 12. 67 u. 2. 2. 68): Ihm kam es vor, als ob die preußischen Beamten „mit der Miene eines kleinen persönlichen Erobers" ins Land kämen (an Eggers, 10. 8. 67).
Es gab mehrere Gründe für seine Empörung. Als Amtsrichter war er zu einem reinen Justizbeamten degradiert, zu einem Bürokraten, der nicht – wie früher als Landvogt – in vielfältige menschliche Beziehungen zu seinem „Fall" treten konnte, auf die es ihm ankam (s. o.). Er fühlte sich als bloßes Rad in der Justizmaschine, als eine „Figur" mit „hölzernen Armen", die in „Drähten" hängt und „Schläge" austeilt (Zitate aus „Eine Halligfahrt": II, 50). Schließlich sah er mit der Einführung der preußischen Ordnung (an Pietsch, 12. 3. 67: „Junkerregiment") seinen Traum von einer demokratischen Neuorientierung in Schleswig-Holstein zerstört: Er fühlte sich „von oben regiert" (I, 85), die „wichtigsten" schleswig-holsteinischen Einrichtungen wurden jetzt „über den Haufen geworfen" und andere „nach Gutdünken" aufgezwungen: „obenan ihr schlechtes Strafgesetzbuch", in dem – seiner Meinung nach – „eine Reihe von Paragraphen ehrlichen Leuten gefährlicher sind als den Spitzbuben" (an Eggers, 16. 8. 67).
Trotzdem hat Storm als preußischer Justizbeamter seine Pflicht getan, selbst „geistlose subalterne Arbeit", wie das „Protokollieren im Schuld- und Pfandprotokoll" ausgeführt[10]. Er galt allgemein als „zuverlässiger Beamter"[11] und wurde dann auch zum Oberamtsrichter (1874) und zum Amtsgerichtsrat (1879) befördert.

Die Spannung zwischen dem Dichter- und dem Richterberuf blieb gleichwohl bestehen. Als das Amtsgericht ins Husumer Schloß verlegt wurde, freute sich Storm über das „liebliche“ Zimmer, in dem er dort zu arbeiten hatte („vor dem Fenster Rasen, Tannengrün und Vogelgesang“); gleichzeitig aber klagte er: „Wenn ich nur andere Sachen darin treiben könnte“ (an Ernst, 5. 5. 72). Hinzu kam die „abscheuliche Geschichte“ (sein Gerichtssekretär hatte Mündelgelder veruntreut und war nach Amerika geflohen), die „nicht spurlos“ an ihm vorübergegangen war (an Esmarch, 16. 4. 73). Dennoch hat Storm während seiner Zeit als preußischer Richter in Husum (1867 bis 1879) über 20 Erzählungen geschrieben. Das zeugt von seinem Fleiß, aber auch davon, daß es ihm in diesen Jahren gelungen ist, den Richterberuf mit dem Dichterberuf in Einklang zu bringen.

Wenn er trotzdem 1880 vorzeitig in den Ruhestand gegangen ist, so hatte das verschiedene Gründe: „(ich) denke fortwährend daran“, schrieb er seinem Freund Gottfried Keller am 18. 2. 1879, „noch etwas von meiner armen Seele zu retten; denn die jetzt begonnene Umwälzung des Grundbuchwesens – lauter neue detaillirt andre Gesetze – drohen auch die ewige Jugend, auf die wir Poeten sollen Anspruch machen können, zu vernichten“. Er wollte – dies treffende Bild gebrauchte er seinem Freund Heyse gegenüber – seinen „Kopf“ noch „rechtzeitig aus der Justizschlinge herausziehen“ (15. 10. 78).

Zusammenfassend kann man sagen, daß die Richtertätigkeit Storm zwar zeitlich oft vom Dichten abgehalten und seine Gedanken in Anspruch genommen hat, daß die juristische Tätigkeit seine Poesie aber auch befruchtet hat. Einmal durch stoffliche und gedankliche Anregungen; besonders die Novellen „Draußen im Heidedorf“ und „Ein Doppelgänger“ zeugen davon. Aber auch andere Novellen und Szenen verraten den juristischen Sachverstand oder amtsrichterliche Erfahrungen, z. B. der Erbschaftsstreit in „Die Söhne des Senators“, das Verhör in der Eingangsszene von „Waldwinkel“, die Verhandlungen mit Madame Sievert Jansen in „Im Nachbarhause links“, die Gestalt der Kätti mit den „Vagabundenaugen“ in „Zur Wald’ und Wasserfreude“ oder die Rechtsstreitigkeiten zwischen den Brüdern in „Zur Chronik von Grieshuus“. Außerdem war Storm als Richter – wie er der österreichischen Dichterin Ada Christen gesteht (23. 12. 69) – „nicht unbekannt mit dem Schmutz des Lebens“. Diese Kenntnis von der Welt, da, wo sie dem gewöhnlichen Bürger verschlossen ist, gab Storm als Dichter die Möglichkeit, in sonst unbekannte Regionen hinabzuleuchten. Noch in einem anderen Sinn hatte die Richtertätigkeit ihre positiven Seiten. Heyse hat Storm gegenüber bekannt (15. 1. 80): „Was gäb' ich drum, liebster Storm, wenn ich Oberamtsrichter in Husum wäre! Wie oft habe ich meinen in der Freiheit verwilderten Nerven ein solches gelindes Gängelband gewünscht (...).“. Ja, Storm wußte (so an H. Seidel, 22. 8. 83) „aus eigener Erfahrung, wie sehr poetische Production durch ganz davon ge- u⟨nd⟩ verschiedene Arbeit getragen u⟨nd⟩ gefördert wird“.

Der Bildernarr

Storm bezeichnet sich selbst als einen „Bildernarren“, der sich „wie ein Kind“ für „Bilderkram“ interessiert[1]. Schon in der Studentenzeit ist dieses Interesse nachweisbar. Nach Abschluß des Sommersemesters an der Berliner Universität war der 20jährige – um seinen geistigen Horizont zu erweitern – für vier Wochen in Dresden. Wie Gertrud Storm berichtet (I, 138), wohnte er mit vier Kommilitonen im „italienischen Dörfchen“, einem „floßartig über die Elbe gebauten Gasthause“ (in der Nähe des heutigen Theaterplatzes), und jeden Morgen – so heißt es – „galt ihr erster Besuch der Sixtinischen Madonna und der Gemäldegalerie“. Offenbar haben die Gemälde der alten Meister, die damals dort zu sehen waren, auf den jungen Storm großen Eindruck gemacht. Denn Werken von Nicolaes Berghem (1620–1683), von Giovanni Guercino (1591–1666), van Dyck (1599–1641), van der Helst (1613–1670), Claude Lorrain (1600–1682), von dem älteren und dem jüngeren Ruysdael (1600–1670/1628–1682) begegnen wir später in Storms Novellen[2].

Ein Zeichen, daß das Dresdener Erlebnis nachgewirkt hat, ist die Anschaffung des Bandes „Bilderbrevier der Dresdener Galerie“ von Julius Hübner mit Original-Radierungen von H. Bürkner (Dresden 1857). Dieser Band enthält – außer der Radierung der „Sixtinischen Madonna“ – u. a. zwei Radierungen von Bildern Jacob van Ruysdaels (vgl. Abb. 39) und Radierungen mehrerer Gemälde Anton van Dycks.

Auch für die Potsdamer Zeit ist Storms Interesse an Gemäldeausstellungen belegt. Ludwig Pietsch hat seine erste Begegnung mit dem ihm damals noch unbekannten Storm in der Berliner Kunstakademie anschaulich geschildert[3]. Im Frühjahr 1855 wurde dort eine „Sonderausstellung“ von wenig bekannten Kunstwerken „hervorragender lebender und verstorbener deutscher Meister zum Besten der Überschwemmten in den Weichsel- und Nogat-Niederungen“ veranstaltet. Vor einem Gemälde des Malers Karl Blechen (1798–1840) bemerkte Pietsch einen „sich etwas gebückt haltenden Herrn von etwa 38–40 Jahren“ (S. 166):

Abb 39: Jacob van Ruysdael 1628–1682: „Der Judenfriedhof von Oudenkerk". Radierung nach dem Originalgemälde in der Dresdener Gemäldegalerie aus dem Band von J. Hübner: „Bilder-Brevier", Dresden 1857 (aus Storms Bibliothek: StA Husum).

„Dieser war ganz Feuer und Flamme von dem Bilde. Das Romantisch-Dämonische, Grauenvoll-Spukhafte darin hatte eine sympathische Seite seiner eigenen Seele berührt und in starke Schwingungen versetzt. Ich gab meiner Ansicht von der ergreifenden Auffassung der Gebirgsnatur darauf Ausdruck in einigen Worten, die jenen lebhaft zu frappieren schienen. Er wiederholte sie mehrere Male und dankte mir, als wir uns trennten, noch besonders dafür: ich hätte genau das rechte Wort für das Unsagbare in dieser Landschaft getroffen."

Das Gemälde von Blechen, von Pietsch „Wahnsinnsbild“ genannt (S. 167), wird in diesem Zusammenhang genau beschrieben (S. 164 f.). Das Gemälde zeigt – nach Pietsch – einen „einsamen dunklen Waldsee“, der von „ungeheuren, kahlen Gebirgshöhen“ umgeben ist. Im Vordergrund, am Seeufer sieht man ein „seltsames Monstrum“ und einen „Schützen“, der sein Gewehr auf ein „weibliches Wesen“ im Wald anlegt, das „angstvoll flehend die Arme gegen den Zielenden“ erhebt. Diese Beschreibung hat es möglich gemacht, das Gemälde, welches lange verschollen war[4], zu identifizieren. Es handelt sich um das Bild „Dämonische Landschaft“, das Carl Blechen 1826 unter dem Eindruck der ersten Aufführung der Oper „Der Freischütz“ von Carl Maria von Weber geschaffen hat. Es war wahrlich ein Bild, das – so Pietsch – die „sympathische Seite“ der Stormschen Seele „in starke Schwingungen“ versetzen konnte (S. 166).
Ludwig Pietsch, selbst Maler und Zeichner (1824–1911), erhielt wenig später von Storms Verleger Alexander Duncker den Auftrag, „Immensee“ zu illustrieren. Anfang Mai 1856 hat er Storm in Potsdam persönlich aufgesucht, um diesem einige erste Bleistiftentwurfszeichnungen vorzulegen (vgl. Abb. 40). Etwas besorgt, welchen Eindruck sie auf den Dichter machen würden, reichte er ihm die Blätter. Doch Storms Augen „leuchteten“ gleich beim Betrachten der ersten Zeichnung. Pietsch erinnert sich (S. 247 f.):

> „Es war die Szene der Vorlesung des Liedes: ‚Meine Mutter hat's gewollt‘ durch Reinhardt, wobei sich Elisabeth vom Sessel erhebt und still das Zimmer verläßt. ‚Sieh das doch mal an, Konstanze!‘ sprach Storm zu seiner Frau gewendet, drückte mir die Hand und sagte mir so viele schöne Dinge über dieses Blatt und besonders über die Verkörperung seiner geistigen Lieblingstochter Elisabeth, daß ich mich hüten werde, sie hier zu wiederholen. Die Zeichnung müsse ich ihm überlassen. Bis an sein Lebensende solle sie eingerahmt an der Wand über seinem Bett hängen.“

Im persönlichen und brieflichen Gespräch mit Storm sind dann auch die anderen Illustrationen entstanden. Anfang 1857 ist diese von Pietsch illustrierte „Immensee“-Ausabe erschienen. Sie hat

Abb. 40: Ludwig Pietsch: „Meine Mutter hat's gewollt", Holzstich nach der Bleistiftzeichnung für die illustrierte „Immensee"-Ausgabe, Berlin: Duncker 1857 (aus Storms „Album für Constanze": StA Husum).

die Freundschaft zwischen Storm und Pietsch begründet. Ihr Briefwechsel ist heute eine unerschöpfliche Quelle für alle, die Storms Verhältnis zur bildenden Kunst interessiert. Für Pietsch war Storm „ein rückhaltloser Kritiker", wenn es etwas zu tadeln gab, andrerseits aber „des wärmsten Enthusiasmus fähig", wenn er etwas „im rechten Sinn" herausgestaltet fand[5].

Ein aufschlußreiches Dokument für Storms Interesse an der bildenden Kunst ist auch das „Album", das Storm seiner Frau Constanze 1854 zum Geburtstag schenkte. Neben handschriftlichen Gedichten, die Storms Dichterfreunde zu diesem Anlaß Constanze gewidmet haben und die in das Album eingeklebt wurden, diente das Album in den folgenden Jahrzehnten zur Aufbewahrung und Präsentation von „Bilderkram“ (so Storm: s. o.), von Zeichnungen, Aquarellen, Lithographien, Drucken und anderen Abbildungen, an denen Storm besonderes Interesse hatte oder die ihm von den Künstlern selbst geschenkt worden waren. Dieser außerordentlich wertvolle und interessante Band, der heute im Husumer Storm-Archiv aufbewahrt wird, enthält – neben den schon angesprochenen Bleistiftentwürfen von Pietsch für „Immensee“ – u. a. Werke von Paul Konewka (vgl. S. 199 f.), Werke des jungen Hermann Schnee (des späteren Landschaftsmalers), des Berliner Malers Theodor Wagner, der schleswig-holsteinischen Maler Georg Bleibtreu und Ernst Wolperding und alte, aus dem Jahr 1797 stammende Tierbilder von Nikolaes Peters (aus dem Nachlaß von Storms Großmutter, heute im Storm-Haus aufgehängt); sogar ein sehr seltener früher Druck von Adolph Menzel (vgl. S. 197 f.) ist dabei.

Als den volkstümlichsten Illustrator des 19. Jahrhunderts hat man den Dresdner Maler Ludwig Richter bezeichnet. Kein Wunder, daß Storm versucht hat, ihn als Illustrator für eines seiner Werke zu gewinnen. So war mit dem Verleger Duncker schon ausgemacht, daß Ostern 1856 das Märchen „Hinzelmeier“ mit „Zeichnungen von Meister Ludwig Richter“ erscheinen sollte (an die Eltern, 24. 1. 56). Zum großen Bedauern des Dichters zerschlug sich das Projekt jedoch. Umso größer war die Freude, als er nach Hause melden konnte (21. 12. 59), daß „Ludwig Richter, der unvergleichliche Zeichner“ unter dem Titel „Fürs Haus, Frühling“ zwei Blätter mit Versen aus Storms Gedichten „Die Kinder schreien Vivat hoch“ (I, 50) und „Im Walde“ (I, 15) habe erscheinen lassen.

Aber Storm war gerade auch Illustratoren gegenüber äußerst kritisch. Er verlangte (wie er Otto Speckter nach der Betrachtung seiner „Quickborn“-Illustrationen schrieb: 20. 11. 59), daß „Maler und Dichter“ sich gegenseitig „ergänzen“ müßten, daß der Maler gegebenenfalls sogar die „vollendete Darstellung des Stoffes“ da geben sollte, „wo die Worte des Dichters nicht ausreichten“. Beide müßten „an Tiefe und Innigkeit“ miteinander „wetteifern“. So war Storm z. B. mit Ludwig Richters Illustrationen keineswegs

Abb. 41: Otto Speckter: Illustration zur Novelle „Abseits“ (1863): „Meta und ‚der alte Herr‘ Ehrenfried“ (StA Husum).

immer einverstanden (vgl. Storms Brief an Pietsch vom 21. 5. 60: „[...] über den Richterschen Bildern ⟨liegt⟩ doch eine gewisse Gleichmäßigkeit der Manier"). Auch die Umschlagzeichnungen zu seinen „Gedichten" (Kiel, 1852) von den Leipzigern H. Bürkner und E. Hasse hat Storm kritisiert; sie waren ihm offenbar zu weichlich, zu sentimental; er hoffte, „zum zweiten Mal in etwas männlicherer Tracht zu erscheinen" (an Mörike, 12. 7. 53).
Wie groß Storms Interesse an den einzelnen Abbildungen war und wie intensiv er mit den Illustratoren zusammengearbeitet hat, zeigt am deutlichsten der Briefwechsel mit den Malern Otto und Hans Speckter. Alle acht Entwurfszeichnungen, die Otto Speckter für die Illustrierung der Novelle „Abseits" (1863) angefertigt hat, hat Storm vor dem Druck begutachtet (an O. Speckter, 28. 11. 63). Die Zeichnung zu der Szene, in der Ehrenfried um Metas Hand anhält (I, 627 ff.), kommentierte Storm folgendermaßen (vgl. dazu hier Abb. 41):

> „N⟨ummer⟩ 3 gefällt mir wohl, ob gleich ich mir den Blick über die Gartenlandschaft noch etwas weiter und übersichtlicher gedacht, so daß man sich so recht in der hellen großen Frühlingswelt athmen fühlte. Den alten Herrn bitten wir alle ein bischen weniger grotesk zu machen – wenn möglich. Und könnte ihre ⟨Metas⟩ *Stirn* nicht etwas *schmäler* erscheinen?"

Man erkennt deutlich das Bemühen Storms, den Leser durch die Illustration nicht vom Text der Dichtung abzulenken, sondern im Gegenteil, tiefer in den Gehalt und in die Stimmung der Szene hineinzuführen.
Eine ähnliche Zusammenarbeit ergab sich später zwischen Storm und dem Sohn Hans Speckter anläßlich der Illustrierung des „Hausbuchs aus deutschen Dichtern seit Claudius" (1875). Diese lyrische Anthologie enthielt – wie Storm es einmal formuliert hat – sein „poetisches Glaubensbekenntnis"[6]. Von daher wird es verständlich, daß er hier mit dem Illustrator so besonders hartnäckig um die adäquateste bildnerische und graphische Gestaltung gerungen hat. Die Diskussion etwa, wie das Wesen der Eichendorffschen Lyrik in einem Bild zusammengefaßt werden könnte, zog

Abb. 42: Holzstich nach Hans Speckters Zeichnung: Romantische Landschaft zu Eichendorffs Gedichten in Storms „Hausbuch aus deutschen Dichtern" (StA Husum).

sich über ein ganzes Jahr und über fast 20 Briefe hin (vom 26. 2. 74 bis zum 18. 3. 75). Ganz entschieden z. B. lehnte Storm Speckters Vorschlag ab, Eichendorff durch ein Bild zu ehren, in dem „ein Elfenreigen" abgebildet ist, der durch einen „verfallenen Park" tanzt. Storm: „In p⟨un⟩cto Eichendorff – so hat er mit Elfen und dergl⟨eichen⟩ allganz nichts zu thun. Das Romantische – das Wort sei gestattet – in ihm liegt in der Stimmung, in der Stimmung der Vergänglichkeit, der Einsamkeit, wo die Dinge eine stumme Sprache führen" (7. 3. 74). Besser gefiel ihm die Entwurfsskizze (abgebildet im Briefwechsel S. 78), wo „Frau Venus, auf den Trümmern ihres Tempels sinnend, trauernd, in eine italienische Landschaft" hinausblickt (25. 1. 75). Die endgültige Fassung im „Hausbuch" (S. 140) folgt diesem Entwurf, ist dann aber in den Details doch anders und im ganzen ruhiger gestaltet als dieser (vgl. Abb. 42).
Den später so berühmt gewordenen Maler Adolph Menzel hat

Storm schon 1853 kennengelernt. Auf dem Geburtstagstisch, den man ihm im Haus des Kunsthistorikers Franz Kugler aufgebaut hatte, fand sich – neben anderen Geschenken – „ein verrücktes radiertes Blatt von Menzel“ (an seine Frau, 15. 9. 53). Dieses Blatt war offenbar die Radierung „Gefangenen-Zug im Walde“, das in Constanzes Album erhalten ist. Es gehört zu Menzels frühen, heute selten gewordenen „Versuchen auf Stein mit Pinsel und Schabeisen“, die 1851 beim Verlag Carl Meder in Berlin gedruckt wurden. Allerdings fehlen auf dem Rand des Stormschen Exemplars die kleinen Randzeichnungen (zwei Hände, ein Porträtkopf), so daß es sich hier wohl um einen Probe- oder Nachdruck handelt.
Die Verbindung Storms mit Menzel intensivierte sich später (Menzel gehörte wie Storm zum Poetenclub „Tunnel über der Spree“ bzw. zu dem engeren Freundeskreis des „Rütli“). In einem Brief an Otto Speckter vom 20. November 1859 schildert Storm anschaulich eine Szene im Zimmer des Kunsthistorikers Friedrich Eggers:

> „Kugler und Eggers hielten auf dem Sopha Kunstgespräche; ich an einem andern Tische zeigte Menzel Ihren Quickborn, den er noch nicht kannte. Das erste Bild, das wir aufschlugen, waren die ‚Aanten int Water‘. Die im Hintergrunde waren ihm zu groß; er kritisirte. Bald aber, als wir weiter blätterten (‚Dat Moor‘ u. A.) wurde der kleine schwarze Mann ganz Feuer und Flamme. Mehrmals nahm er das Buch, und lief damit zu Kugler hin. ‚Sehn Sie mal! Tausend, ja! Wie das gemacht ist!‘ Dieß galt auch dem ersten Bild zu ‚Peter Kunrad‘, was Eggers damals nicht vorzugsweise gefiel. Menzels Freude an Ihren Bildern kam mir nicht unerwartet; denn Sie haben eine Verwandtschaft mit einander, – die große Energie der Anschauung.“

Allerdings gab es bei Storm auch Vorbehalte gegen Menzel. Aus seinem Antipreußentum und aus seinem Mißtrauen gegen jede Kriegs- und Militärbegeisterung heraus kritisierte er das „knitterige Altfritzentum“ und die Verherrlichung der preußischen Geschichte und preußischer Kriegshelden in den Bildern des Malers. „Das ist“, meinte er, „wahrhaft schade bei Menzel.“ Aber Storm war überzeugt: „trotz alledem steckt ein wunderbares Gefühl der Schönheit in ihm“ (an Pietsch, 13. 12. 61).

Noch 1884, während seines Berlin-Aufenthalts (vgl. S. 209 f.), gehörte A. Menzel zu den alten Freunden, die Storm aufsuchte. Menzel führte Storm in sein Atelier. Das war ein besonderer Freundschaftsbeweis. Denn der Meister pflegte Besucher sonst – selbst Minister und Prinzen, auch wenn sie sich angemeldet hatten, – zurückzuweisen mit den Worten: „Hier ist nichts zu sehen. Ich bin keine Menagerie.“[7] Storm aber berichtete seinem Freund Heyse nach München (8. 6. 84):

> „(…) er führte mich in sein Atelier und zeigte mir seinen ‚Markt von Verona‘ mit dem Volksgewühl, der dort in heiliger Stille geschaffen wird, jetzt schon ins dritte Jahr. Du wirst ihn ja auch gesehen haben. Er, M., stand mit seinem langen Malstock sinnend davor. ‚Man meint, ich male schnell‘; sagte er etwas melancholisch sinnend. ‚Ich thu es nicht!‘“

Anschließend besuchte Storm die Menzel-Ausstellung in der Berliner Nationalgalerie. Damals wurden dort zum erstenmal die 45 Blätter des „Kinderalbums“ ausgestellt, die in den Jahren 1861 bis 1881 für die Kinder seiner Schwester entstanden waren. Storm: „kleine entzückende Sachen“ (an Heyse s. o.).

Mit dem Silhouetteur Paul Konewka (1840–1871) ist Storm durch Ludwig Pietsch bekannt geworden.
Schon die erste Silhouette (eine Mädchenfigur), die er durch die Vermittlung von Pietsch erhielt, begeisterte den Husumer Dichter: „es ist ja fast unglaublich, wie bei dem Mädchen die zarteste Seelenregung durch die bloße Kontur zu Tage tritt“ (an Pietsch, 29. 8. 61). Ein Meisterwerk ist die Silhouette, die Konewka zu dem Gedicht „Die Nachtigall“, insbesondere zu der zweiten Strophe geschnitten hat (I, 16):

> Sie war doch sonst ein wildes Kind;
> Nun geht sie tief in Sinnen,
> Trägt in der Hand den Sommerhut
> Und duldet still der Sonne Glut,
> Und weiß nicht, was beginnen.

Die Original-Silhouette ist in Constanzes Album erhalten (vgl. Abb. 43). Sie hat auf Storm einen großen Eindruck gemacht. Er bewunderte die Kunst, mit der das „Wesentliche“ der poetischen Aussage in der Silhouette zum Ausdruck gebracht war (Nov. 61): „Das bißchen Nacken und das bißchen Hand!“

Storm ist Konewka dann später – 1864 – auch persönlich in Berlin begegnet. Er bekam damals die Silhouette „Marthe und Mephistopheles“ geschenkt. Der Vergleich der in Constanzes Album erhaltenen Silhouette mit der später 1865 in der Lithographie-Sammlung „Blätter zu Goethes Faust“ veröffentlichten, thematisch identischen Silhouette zeigt, daß Storm von dem Künstler eine besonders schöne, eigenwillige und von der späteren Veröffentlichung abweichende Fassung erhalten hat. Der frühe Tod Konewkas aber – er starb in seinem 31. Lebensjahr (1871) – hat dieser Künstlerfreundschaft ein vorzeitiges Ende gemacht.

Geradezu „fanatisch“ war Storm auf Kupferstiche des aus Danzig stammenden und in Berlin wirkenden Malers Daniel Chodowiecki (1726–1801)[8]. Der Germanist Prof. Erich Schmidt, der Storms „Chodowiecki-Liebhaberei“ kannte[9], konnte manches Mal nach Husum melden: „Ich bin reizenden Chodowiecki's auf der Spur“ (10. 5. 78). Er hat die Stormsche „Sammlung“ immer wieder um „Neues vermehrt“ (19. 9. 77). Im Nachlaß des Dichters fanden sich schließlich über 150 Einzelstücke, darunter äußerst seltene Exemplare[10]. Offenbar war es das Bild der untergegangenen „in sich befriedigten Gesellschaft“ des 18. Jahrhunderts, das Storm in diesen Kupferstichen wiederfand und von der „ein Hauch“ noch in seinen „Knabenjahren“ spürbar gewesen war (an E. Kuh, 13. 12. 73). Auch in seinem eigenen Elternhaus in der Hohlen Gasse hatten – wahrscheinlich noch aus Großvaters Zeiten – Kupferstiche von Chodowiecki gehangen (an E. Schmidt, 9. 10. 79).

Entsprechend charakterisiert Storm in seiner Novelle „Ein stiller Musikant“ den alten Musikmeister, der gar nicht in die moderne Welt des 19. Jahrhunderts hineinzupassen scheint, durch den Besitz von Chodowiecki-Ausgaben (II, 290). Ebenso bezeichnet er in „Von heut' und ehedem“ den Urgroßvater als einen „kunstliebenden Hauswirt“, der stolz ist auf seinen „neu erworbenen Cho-

Abb. 43: Paul Konewka (1840–1871). „Das macht, es hat die Nachtigall (...)". Illustration zum Gedicht „Die Nachtigall". Geschenk für Storm 1861 (im „Album für Constanze": StA Husum).

dowiecki ‚Ziethen sitzend vor seinem Könige'" (IV, 199). Storm selbst hatte in seinem Arbeitszimmer einen seltenen, großformatigen Kupferstich von Chodowiecki hängen, der aus dem Jahre 1778 stammt, mit dem Titel „Der Abschied des Jean Calas von seiner Familie".[11]

Daß Storm sich auch für Bildhauer und ihre Werke interessiert hat, geht aus seinen Briefen deutlich hervor. So rühmt er Pietsch gegenüber die Schillerstatue von Julius Lippelt, die 1866 vor der Hamburger Kunsthalle errichtet wurde (heute: Nähe Dammtor), als die „schönste Portraitstatue", die er „je gesehen" habe (10. 12. 66), vergleicht sie mit den Werken des Berliner Bildhauers Reinhold Begas und stellt sie in die Nähe der Reiterstatue des „Großen Kurfürsten" von Andreas Schlüter, die er aus seiner Berliner und Potsdamer Zeit kannte.

Das Interesse an Werken der Bildhauerkunst dokumentiert sich auch darin, daß Storm auf der Reise zu Turgenjew einen Kurzaufenthalt in Frankfurt am Main im September 1865 dazu benutzte, um im Städelschen Kunstinstitut die Skulptur „Ariadne auf dem Panther" (Abb. 44) von Heinrich Dannecker (1758–1841) zu besichtigen. Sie gehört zu den bekanntesten Skulpturen des 19. Jahrhunderts. Für sie wurde ein eigenes Museum, das „Ariadneum", geschaffen, und man war der Meinung, daß diese Skulptur sogar „die Konkurenz mit den berühmtesten Statuen der Antike aushalten konnte".[12] Storms Eindrücke sind leider nicht überliefert. Es sieht aber so aus, als ob die später – 1875 – entstandene Novelle „Psyche" von diesen Eindrücken mitbeeinflußt worden ist. Dafür spricht nicht so sehr die Tatsache, daß Dannecker kurz nach der Vollendung der „Ariadne auf dem Panther" (1814) eine Skulptur „Psyche" geschaffen hat, sondern vor allem Stil und geistiger Gehalt der beiden Kunstwerke: Beide Künstler sind Nachahmer der Antike, benutzen antike Stoffe und antike Formen; beide suchen den Konflikt zwischen Sinnlichkeit und Sittlichkeit zu lösen und legen über ihr Werk einen „Hauch hellenistischer Sinnenfreudigkeit"[13].

Allerdings brauchte der Dichter der Novelle „Psyche", um „seine" Plastik herzustellen, konkrete Informationen, z. B. wie man mit

Abb. 44: Johann Heinrich Dannecker: „Ariadne auf dem Panther“ 1814 (Liebieghaus, Frankfurt a. M.).

Gips und Ton arbeitet, welche Geräte beim Modellieren benutzt werden usw. Entsprechende Fragen stellte er seinem Malerfreund Hans Speckter in Hamburg, der ausführlich antwortete und vier Blätter mit detaillierten Angaben, auch Zeichnungen seines Freundes, des norwegischen Bildhauers Ross, beilegte[14]. Diese Informationen der Fachleute (eines Malers und eines Bildhauers) hat Storm dann tatsächlich benutzt, um in der Novelle ein möglichst realistisches Bild vom Bildhauer bei der Arbeit an seiner Skulptur „Die Rettung der Psyche" zu zeichnen.

Eine besonders anschauliche Vorstellung, welch ein „Bildernarr" Theodor Storm war, vermittelt das Husumer Storm-Haus dem Besucher. Am ursprünglichen Ort hat man dort die Gemälde und die zeitgenössischen Nachstiche von bekannten Gemälden, die nachweisbar in seiner Wohnung hingen, wieder aufgehängt. Auch Gemälde, die Storm ausführlich in seiner Dichtung beschrieben hat, sind dort zu sehen. Das sind entweder die Originale, die aus dem Storm-Nachlaß dorthin gekommen sind, oder solche, die seine Eltern und Vorfahren besaßen.

Da finden wir die kolorierten Kupferstiche des bekannten französischen Hafenmalers Claude Joseph Vernet (1714–1789), die aus dem Stormschen Elternhaus stammen; die „Lessingschen Waldlandschaften", die in Storms Wohnzimmer hingen (und heute hängen) und die wir aus der Novelle „Ein stiller Musikant" kennen; und die kolorierten Schabkunstblätter des Kupferstechers Charles Melchior Decourtis zu dem Roman „Paul et Virginie" (1788), die in der Novelle „Drüben am Markt" eine Rolle spielen. Hier sind auch die Nachstiche bekannter Gemälde z. B. von Claude Lorrain, Johann Heinrich Füßli, Louis Gallait und Michael von Munkácsy zu sehen. Eine Rarität sind die drei großformatigen englischen Stiche von W. Sharp (1793) zu Szenen aus Shakespeares Dramen (vgl. Abb. 45). Aber auch zeitgenössische Künstler sind durch Originale, meist Geschenke an den Dichter, vertreten: Von Julius Preller, Wilhelm von Kaulbach, Hans Peter Feddersen und natürlich von dem malenden Freund Wilhelm Petersen.

Wahrlich, eine Sammlung, die anschaulich und eindrucksvoll Storms Interesse an der bildenden Kunst dokumentiert!

Abb. 45: Englischer Kupferstich von W. Sharp zu Shakespeare „King Lear“ III, 4 („Heide/Ungewitter“), London 1793, aus dem Nachlaß des Dichters (im Storm-Haus in Husum).

Aber auch das Interesse der bildenden Künstler, besonders der Illustratoren, an Storm und Storms Werk war groß und ist bis heute groß geblieben. Von den frühen Illustratoren seien nur Ludwig Pietsch, Ludwig Richter und Otto und Hans Speckter (s. o.), von den neueren Max Kahlke (1919/20), Alex Eckener (1939) und Otto Beckmann (1997) genannt[15]. Der frühere Direktor des Schleswig-Holsteinischen Landesmuseums Schloß Gottorp, der Storm-Illustrationen gesammelt hat (jetzt im Bild-Archiv des Storm-Hauses), spricht von mehr als 300 Künstlern, die sich mit Storm befaßt haben[16].
Man fragt sich: Was reizt Künstler, besonders Maler und Illustratoren, sich immer wieder mit Storm und seinem Werk zu beschäftigen?

Wir haben schon darauf hingewiesen, daß Storm ein Szenen-Seher war (vgl. S. 74 f.). An zwei Szenen soll das noch einmal deutlich werden. Zuerst an der Eingangsszene zur Novelle „Draußen im Heidedorf“ (II, 69 ff.): Ein „Amtsvogt“ wird an einem „Herbstabend“, auf dem Nachhauseweg von seiner „Amtsvogtei“, wo er gearbeitet hat, Zeuge einer Szene, die sich in einer „dunklen Gasse“, vor einem „Wirtshaus“ auf einem „angeschirrten Bauernwagen“ zwischen den beiden – wie sich später herausstellt – Hauptpersonen der Novelle abspielt, und zwar in der Beleuchtung durch eine „Stallaterne“, die der „alte Hausknecht“ so hoch hält, daß man alles „bequem betrachten“ kann. Die handelnden Personen, die Lokalität, die Perspektiven und die Lichtverhältnisse sind so plastisch geschildert, daß alle Voraussetzungen erfüllt sind für einen Maler, die Szene in ein Bild umzusetzen. Der Dichter spricht in der Novelle übrigens selbst von einer „Szene“, die sich vor dem Amtsvogt abspielt und von einem „Schattenspiel“, dem er zugesehen hat (II, 69 u. 71).
Ähnlich ist es mit der Eingangsszene im Rahmen der Novelle „Immensee“ (I, 295 f.): Reinhardt tritt in ein „mäßig großes Zimmer“, dessen eine Wand „mit Repositorien und Bücherschränken bedeckt“ ist, an dessen anderer Wand „Bilder von Menschen und Gegenden“ hängen; „vor einem Tische mit grüner Decke“, auf dem „einzelne aufgeschlagene Bücher“ liegen, steht ein „schwerfälliger Lehnstuhl mit rotem Sammetkissen“; der „Alte“ setzt sich in diesen Lehnstuhl und als „ein Mondstrahl durch die Fensterscheiben auf die Gemälde an der Wand“ fällt und dann über „ein kleines Bild in schlichtem schwarzen Rahmen“ tritt, wird der Alte an „Elisabeth“ erinnert, und damit ist der Anstoß zur Novelle gegeben: „er war in seiner Jugend“.
Die Beschreibung des Zimmers und der Situation (aus der heraus in Reinhardt die Erinnerungsbilder aufsteigen), enthalten alle Informationen, die ein Maler braucht, um ein „Bild“ zu malen. Kein Wunder, daß diese Szene Illustratoren immer wieder zu Illustrationen angeregt hat (vgl. Abb. 46).
Damit haben wir eine Antwort auf die Frage, weshalb Maler und Illustratoren sich so gern von Storms Dichtung anregen lassen:

Abb. 46: W. Hasemann zum Eingangskapitel „Der Alte" von Storms „Immensee" (Heliogravüre aus der Ausgabe im Amelang-Verlag, Leipzig 1887).

Die Bildhaftigkeit der Stormschen Dichtung ist es, die mit Maleraugen gesehene poetische Welt Storms, die dazu anregt, Storms Dichtung in Bildern wiederzugeben. Das ist gleichzeitig aber wohl auch ein Charakteristikum der Stormschen Dichtung, die ihr immer wieder neue Leser zuführt: Der Leser „sieht" beim Lesen vor seinem inneren Auge diese „Bilder".

Nach Berlin und Weimar

Ziele der letzten beiden großen Reisen in den Jahren 1884 und 1886 waren Berlin und Weimar. Sechs Wochen dauerte die Berlin-Reise, und zwar vom 12. April bis zum 25. Mai. Als Hauptreisestationen bezeichnete Storm stichwortartig Gottfried Keller gegenüber die Städte: „Hamburg, Berlin allein; zurück mit Frau: Berlin, Schwerin, Hamburg, Husum" (8. 6. 84). Er wollte in Berlin vor allem alte Freunde wiedersehen. Allerdings war das – wie Storm melancholisch resümierte (an Heyse, 6. 6. 84) – teilweise „so etwas wie Erinnern auf Ruinen"; denn einige lebten nicht mehr, andere waren sichtlich älter geworden. Fontane fand er „sehr nett", „aber sich etwas vereinsamend, wie ins Altenteil sich zurückziehend".[1] Friedrich Eggers, der Kunsthistoriker, einer seiner engsten Freunde in der Emigrantenzeit, war 1872 verstorben. Franz Kugler, der Gründer und die Seele des „Rütli", lebte schon lange nicht mehr († 1858). „Am heitersten und glücklichsten" von der „alten Garde" erschien dem Husumer der „Chevalier" (Pseudonym für Karl Zöllner im Poetenklub „Tunnel über der Spree"). Zweimal nahm Storm an der Sitzung des „Rütli" teil, der immer noch „aufrecht erhalten" wurde, traf dort auch Moritz Lazarus, den Völkerpsychologen, der als „Leibniz" dem „Tunnel" angehört hatte. Besonders erfreute ihn das Wiedersehen mit dem ehemaligen Heiligenstädter Landrat Alexander von Wussow, der inzwischen in Berlin zum „Geheimen Oberregierungsrat im Kultusministerium" aufgestiegen war. Sonst aber „wälzte" Storm sich, wie er seinem Freunde Heinrich Schleiden nach Hamburg schrieb (28. 4. 84), „nur so in Exzellenzen". In der ersten Woche sah sein Berlin-Programm folgendermaßen aus (vornehmlich nach Angaben im Brief an Schleiden vom 28. 4. 84):

Dienstag (22.): Ankunft. Abends Besuch der Oper, wo die „Walküre" von Richard Wagner gegeben wurde, mit dem damals berühmten Tenor Albert Niemann (Storm: „in Excellenz Hülsens Loge als Gast" ⟨Botho von Hülsen, Generalintendant der Königlichen Schauspiele in Berlin⟩).

Mittwoch (23.): Vormittags Besuch des Botanischen Gartens, Visite bei Frau von Hülsen (Storm: „die, leider, der Teufel zum Schriftstellern veranlaßt hat"). Abends „mit 2 weiteren Exzellenzen" bei dem alten Heiligenstädter Freund von Wussow.
Donnerstag (24.): Vormittags Visiten bei Freunden, u.a. bei den Verlegern Elwin & Hermann Paetel. Abends im Berliner Schauspielhaus Besuch des Lustspiels „Roderich Heller" von Franz v. Schöntan.
Freitag (25.): Vormittags bei Ludwig Pietsch, dem langjährigen Freund (seit der Illustrierung von „Immensee" 1857), Spaziergang durch die Stadt. Abends Besuch der Aufführung des Schauspiels „Die Geier-Wally" von Wilhelmine von Hillern (Storm: „Freibillette I. Rang von Excellenz Hülsen").
Sonnabend (26.): Vormittags – (Storm: „weiß nicht mehr"). Abends im „Rytli", dem Ableger des Literaturklubs „Tunnel über der Spree" (Storm: „Rytli, den ich mitgestiftet").
Sonntag (27.): Vormittags mit Geheimrat Zöllner im Gewerbemuseum, dann „bei dem noch sehr frischen Ad. Menzel" im Atelier. Abends Souper bei dem preußischen Staatsminister Karl Heinrich von Bötticher.
Montag (28.): Storm beschäftigt mit der „Bearbeitung" des zweiten Teils der Novelle „Zur Chronik von Grieshuus", „wovon ich das Manuskript mir hatte von Westermann kommen lassen". Abends: Souper bei dem Generalintendanten Botho von Hülsen und seiner Frau.
Dienstag (29.): Diner bei den Gebrüdern Paetel, seinen Verlegern. –

Die Mär, daß Storm wenig belastbar, verhältnismäßig unbeweglich und an Neuem uninteressiert gewesen sei, wird durch dies hier exakt rekonstruierte Besuchsprogramm der ersten Besuchstage in Berlin ad absurdum geführt.
Neben dem offiziellen Programm ist Storm in den nächsten Wochen – mit seiner Frau, die nachgekommen war – vermehrt eigene Wege gegangen.
So hat er z.B. seinen alten Kollegen aus Heiligenstadt, den ehemaligen Staatsanwalt Wilhelm Delius (1815–1900) aufgesucht, der

inzwischen zum Justizrat und Senatspräsidenten am Berliner Kammergericht avanciert war. Bei Wilhelm Hertz, Heyses und später auch Fontanes Verleger, war er mit seiner Frau zum Mittagessen eingeladen, „ganz allein u. sehr nett"; anschließend ging man ins „Deutsche Theater", um sich Shakespeares „Romeo u. Julia" anzusehen (an Heyse, 6. 6. 84). Und natürlich wurde die gerade neu eröffnete Menzel-Ausstellung in der Nationalgalerie besichtigt (an Heyse, s. o.). Auch eine Begegnung mit Ludwig Löwe (1837–1886) stand auf dem Besuchsprogramm. Ihn hatte der Dichter als 25jährigen in Heiligenstadt kennengelernt und ihn seinen Eltern vorgestellt als „Sohn des hiesigen jüdischen Lehrers, eines armen, kinderreichen, aber sehr braven Mannes" und als einen jungen Mann „von einer Noblesse und Feinheit des Wesens und der Erscheinung, daß selbst die mit einer großen Judenantipathie ausgestattete Frau von Wussow sich gänzlich überwunden erklärte" (20. 9. 63). Löwe war inzwischen in Berlin ein angesehener Besitzer einer großen, nach amerikanischem Muster aufgebauten Maschinenfabrik, Anhänger der Fortschrittspartei und Mitglied des Deutschen Reichstages[2].

Mehrfach ist Storm in Berlin im Theater gewesen (s. o.); er hat u. a. auch eine Aufführung des neuen Dramas „Die Karolinger" von Ernst von Wildenbruch im „Königlichen Schauspielhaus" besucht, nicht zum bloßen Vergnügen oder weil er dazu eingeladen war: Ihn interessierten die neuen Entwicklungen auf dem literarischen Gebiet, er wollte mitreden können, wenn von dem „neuen Stern" am Berliner Theaterhimmel die Rede war (so Keller an Storm, 21. 9. 83). Davon zeugt Storms fachmännisches Urteil, das er Keller gegenüber folgendermaßen zusammenfaßte (8. 6. 84): Die „Charakteristik der Wildenbruchschen Figuren" ist „nicht eben scharf", die „Wahrscheinlichkeit im Motiviren" nicht genau und „die Krone der Steigerung am Ende" nicht der eigentliche „Schwerpunkt" des Stücks; nur „mitunter", im II. Akt, sei es ihm gewesen, als höre er „den Schritt der großen Tragödie"; denn Wildenbruch wisse „mit Massen zu operiren" und so „eine große dramatische Wirkung herbeizuführen".

Abb. 47: Berlin: Königliches Schauspielhaus, zeitgenössischer Stahlstich von A. H. Payne. Hier besuchte Storm im April 1884 mehrere Aufführungen, u. a. das Trauerspiel E. v. Wildenbruchs „Die Karolinger“ (StA Husum).

Im allgemeinen stand Storm den „Berliner Literaten“ und der Berliner „Presse“ mißtrauisch gegenüber. Sie waren ihm „nicht eben sympathisch“; man dürfe nicht alles glauben, „was die ⟨Berliner⟩ Zeitungen referirt“ hätten, meinte er (an Keller, 8. 6. 84). Trotzdem hat er sich von der Presse „etwas anfeiern“ lassen und den „Festabend“, den man für ihn organisiert hatte, als „ganz angenehm“ empfunden (an Keller, s. o.). Mit Hilfe des ausführlichen Berichts, den Ludwig Pietsch in der „Vossischen Zeitung“ vom 14. Mai 1884 veröffentlichte, können wir uns eine Vorstellung machen von dieser Veranstaltung[3]:
Ein Komitee, dem u. a. die Schriftsteller Hermann Heiberg (ein alter Freund des Dichters), Julius Rodenberg (Herausgeber der „Deutschen Rundschau“) und Paul Lindau (Herausgeber der Monatszeitschrift „Nord und Süd“) angehörten, hatte das literarische

Berlin zu einem „Festmahl“ zu Ehren Theodor Storms in das „Englische Haus“ eingeladen. Der Feuilletonredakteur der Berliner „Nationalzeitung“ Karl Frenzen, ebenfalls Mitglied des Festkomitees, begrüßte den Husumer Dichter als „unseren Storm“ und ließ ihn hochleben. Storm selbst antwortete zunächst mit einem vorsichtigen Zweifel, ob seine Werke denn „auch wirklich gelesen wären“, was einen „allgemeinen Protest“ hervorrief. Mit Nachdruck aber verteidigte er dann seine „Lieblingsgattung“, die Novelle, gegen die anderen Dichtungsarten, vor allem gegen einen von ihm namentlich nicht genannten Schriftsteller, der „meist dreibändige Romane“ geschrieben habe[4], und beteuerte, daß er (Storm) „jederzeit mit vollem künstlerischen Ernst an seinen kleinen Dichtungen gearbeitet“ habe. Dann ergriff der berühmte Althistoriker Professor Theodor Mommsen das Wort. Er bezeichnete sich selbst als „ältesten Freund“ des Dichters und brachte in einer „zierlichen Rede“ den Toast auf Storms Frau Dorothea aus. Anschließend begab man sich zum Kaffee und zu Gesprächen in die „Nebensäle“. Nach Pietsch war Storm dabei „beständig von einer Corona umgeben“, in der „die schönen und empfindungsvollen Frauen“ viel zahlreicher waren, als die, die sich „auf den Parlamentarischen Soiréen im Reichskanzlerpalais“ um den „Generalgewaltigen“ (Bismarck) zu versammeln pflegten. Am 26. Mai ist Storm – nachdem er Freunde in Schwerin und Hamburg besucht und in Husum die Silberne Hochzeit seines Bruders Aemil mit gefeiert hatte nach Hademarschen in seinen „blühenden Garten“ zurückgekehrt. Das „Ungeheuer Berlin“ liege nun hinter ihm, meinte er; die zurückliegenden sechs Wochen seien doch eigentlich „eine wahre Hetzjagd“ gewesen (an Schleiden 18. 5. 84, an Heyse 6. 6. 84). Rückblickend zog er folgendes Resümee (an Keller 8. 6. 84):

> „Ich war in 18 Jahren nicht in Berlin gewesen, wo ich einst studirt, und in dessen Nähe ich ja von 1852 an, in Potsdam, 3 Jahre lang gelebt habe. Ich habe dort fast zu viel Bekannte; Gelehrte, Künstler, Poeten, hohe Beamte, Industrielle, und habe noch mehr dießmal gemacht, bin aber gleichwohl doch mit leidlich heiler Haut nach Haus gekommen, (...).“

Dennoch: Das „Bewußtsein von der sichtbaren Freude", mit der er und seine Frau in Berlin von den „vielen und vortrefflichen Freunden" aufgenommen worden waren, hatte er „wie einen Schatz" mit nach Hause gebracht (an Tochter Lisbeth, 7. 6. 84).

Mit der Reise nach Weimar im Jahre 1886 verband Storm mehrere persönliche Anliegen. Es galt zunächst, Tochter Elsabe, die auf der dortigen Musikschule ihr Klavierspiel verbessern sollte, „in viele gute Häuser" einzuführen. Vor allem wollte er Erich Schmidt, den alten Freund, derzeit Direktor des Goethe-Archivs, wiedersehen. Gleichzeitig ergab sich die Möglichkeit, an der ersten Generalversammlung der neugegründeten Goethe-Gesellschaft teilzunehmen, deren Mitglied Storm war. Über vier Wochen war er unterwegs, vom 29. April bis zum 30. Mai 1886. Die Reise war sorgfältig geplant (an Heyse 4. 6. 86): „In Weimar war ich 16 Tage, in Jena 1, Erfurt 3, Gotha 3, Kassel 2, Heiligenstadt 4, eine Hotelnacht in Hamburg."

In Weimar wohnte Storm zunächst mit Ferdinand Tönnies im „Russischen Hof" (Abb. 48)[5], später privat bei der Wirtin seiner Tochter, Frau Ruppe, und dann bei dem jungen Maler, dem Professor an der Weimarer Kunstschule, Leopold Graf von Kalckreuth. Trotz seines Unwohlseins (Vorboten der tödlichen Krankheit?) und obwohl er mehrmals das Bett hüten und den Arzt rufen mußte, hat Storm in Weimar ein umfangreiches Programm absolviert. Mit einer Vielzahl von Weimarer Persönlichkeiten ist er zusammengekommen, u. a. mit dem Generalintendanten des Hoftheaters Freiherr von Loën, dem Verlagsbuchhändler Hermann Böhlau, dessen Schwiegersohn, dem Staatsanwalt Max Vollert, und Erich von Westernhagen, „dessen Onkel in Heiligenstadt mein Kollege beim Kreisgericht war"[6].

Auf Storms Wunsch – und das beweist wiederum sein weitgefächertes Interesse – ermöglichte ihm Erich Schmidt den Besuch des Goethe-Archivs (damals im Schloß), wo er sich die Briefe Goethes an seine Frau Christiane zeigen ließ. Auch zu dem offiziell noch gar nicht eröffneten Museum, dem Goethe-Haus am Frauenplan, erhielt er mit Hilfe Erich Schmidts Zutritt. Hier beeindruckte ihn besonders das Bild von Christiane Vulpius, die

Abb. 48: Der „Russische Hof“ in Weimar, in dem Storm im Mai 1886 – zusammen mit Ferdinand Tönnies – wohnte. Altes Foto um 1890 (StA Husum).

Kreidezeichnung von Bury („von allergrößtem Zauber“). Dreimal war er zu „Diner u. Souper bei Hofe“, einmal hat er dort aus eigenen Werken gelesen. Auch der Erbgroßherzogin von Sachsen-Weimar konnte er seine Aufwartung machen. Rückblickend meinte der Husumer Dichter, daß er „von Fürsten und Volk soviel (...) Liebe und Verehrung empfangen“ habe, daß man „mit der Aufnahme des schleswig-holsteinischen Poeten zufrieden sein“ könne.[7]

Das Programm der Rückreise hat Storm erstaunlich abwechselungsreich und umfangreich gestaltet. Zweimal hat er sich zu Lesungen überreden lassen: In Gotha las er „jungen begeisterten Mädchen“ seine Novelle „Späte Rosen“ und in Erfurt einer größeren Gesellschaft eine Auswahl seiner Gedichte vor. Er besuchte

Sehenswürdigkeiten, die am Wege lagen, z. B. das Schloß des Grafen Gotter in Molsdorf (bei Erfurt)[8]. In Jena, wo er den Kurator der Universität Heinrich Eggeling, den Schwiegersohn seines Verlegers Westermann, aufsuchte, besichtigte er die Stadt, den „Fuchsturm" und das „Forsthaus"; er wohnte in der Gastwirtschaft „Zum Bären", in der Martin Luther 1522 nach dem Verlassen der Wartburg auf dem Wege nach Wittenberg Station gemacht hatte. Seine Jena-Eindrücke hat Storm dann in den ersten Szenen der Novelle „Ein Doppelgänger" verarbeitet (1886/1887), – ein Zeichen dafür, daß er immer mit offenen Augen und immer auch als „Dichter" auf Reisen war.

Auf der Heimreise hat Storm noch in Kassel und in Heiligenstadt, wo er von 1856 bis 1864 als Kreisrichter gewirkt hatte, Station gemacht.

Am Sonntag, dem 30. Mai, ist er nach Hause zurückgekehrt und saß dann wieder „heimathfroh", wie er Heyse schrieb (4. 6. 86), an seinem „schmalen Nordost-Fenster" mit Blick in seinen „tannengrünen blühenden Garten".

„Wenn ich doch glauben könnte“

In einem Brief an den österreichischen Literaturkritiker Emil Kuh hat Storm sein Verhältnis zum christlichen Glauben so umrissen: „(...) von Religion oder Christentum habe ich ⟨in meinem Elternhaus⟩ nicht reden hören (...), ich habe durchaus keinen Glauben aus der Kindheit her“ (13. 8. 73)[1]. Das heißt allerdings nicht, daß seine Familie den üblichen religiösen kirchlichen Gebräuchen ablehnend gegenübergestanden hat. Theodor Storm ist – wie sich aus den Kirchenbüchern der Husumer Marienkirche ergibt – am 5. November 1817 getauft und am 31. März 1833 konfirmiert worden; auch daß er zum Abendmahl gegangen ist, läßt sich nachweisen. Aber daß Storm mit seinen Eltern religiöse Gespräche geführt hat oder daß er von der Konfirmation innerlich bewegt worden ist, dafür gibt es nicht die geringsten Anhaltspunkte. Für ihn war (so an E. Kuh) „die Luft des Hauses gesund“. In seinem Elternhaus gab es – das wollte er damit ausdrücken – keine religiösen Denkzwänge, und auch für religiöse Schwärmerei war da kein Platz. Storm konnte nur darüber „staunen“, wenn Wert darauf gelegt wurde, „ob jemand über Urgrund oder Endzweck der Dinge dies oder jenes glaubt oder nicht glaubt“ (an E. Kuh).

Auch über den Religionsunterricht in der Schule hören wir von Storm nichts. Dabei wurden zu seiner Zeit – laut Stundentafel – an der Husumer Gelehrtenschule je nach Klassenstufe zwei oder drei Wochenstunden Religion unterrichtet.

Von daher aber erklären sich die guten Bibelkenntnisse Storms. So verweist z. B. der Pastor in der Novelle „Hans und Heinz Kirch“ den egoistischen Vater, der sich seinem Sohn gegenüber auf das vierte Gebot („Du sollst Vater und Mutter ehren“) versteift, auf das Gebot „in welchem nach des Herrn Wort die andern all' enthalten sind“ (III, 78). Damit bezieht sich der Dichter auf 3. Mose (19, 18), Matthäus 22 (35–40) und Markus 12 (28–34), wo Christus auf die Frage, welches das größte Gebot sei, u. a. antwortete: „Du sollst deinen Nächsten lieben als dich selbst. Es ist kein anderes Gebot größer (...)“. Ähnlich ist es im Schlußteil der Novelle „Pole Poppenspäler“: Nachdem einer von den Schmidt-Jungen die Figur des Kasperle dem alten Puppenspieler Tendler ins Grab nachgeworfen hat und das „Vater unser" gesprochen worden ist, tröstet der Propst die Hinterbliebenen mit den Worten: „Laßt nun das kleine Werk ⟨Kasperle⟩ seinem Meister folgen; das stimmt gar wohl zu den Worten unserer heiligen Schrift! Und seid getrost; denn die Guten werden ruhen von ihrer Arbeit." Deutlich spielt Storm auf die Offenbarung des Johannes 14, 13 an („Selig sind die Toten, die in dem Herrn sterben, von nun an. Ja, der Geist spricht, daß sie ruhen von ihrer Arbeit; denn ihre Werke folgen ihnen nach").

Ebenso zeigen Predigttexte (z. B. in „Renate"), Teile der Liturgie (z. B. in „Zur Chronik von Grieshuus" und „In St. Jürgen") sowie die Verwendung von Eva- und Marienbildern[2] und Kirchenliedern in den Stormschen Novellen, wie gut ihr Verfasser mit den kirchlichen Riten und Symbolen vertraut war.

Dieses Vertrautsein mit der Bibel und mit den Gebräuchen der Kirche schloß allerdings eine Kritik an der Kirche und an bestimmten christlichen Glaubenslehren nicht aus.

Erste Zweifel sind in den Briefen an seine Braut Constanze überliefert; am deutlichsten im Zusammenhang mit der Ablehnung der kirchlichen Trauung. Storm nannte sie eine „Förmlichkeit", ein „Opfer dem Staate" gegenüber und einen „letzten Barbarismus der modernen Zeit". Der „Segen", meinte er, sei die „Liebe", die Gott ihnen, den Verlobten, „schon lang gegeben" habe. Der Segen bzw. der „Ausspruch eines Priesters" sei daher „ohne Wirklichkeit, ohne Bedeutung, ohne Folgen, eine nebelnde Lüge"[3]. Einer „Hauskopulation" aber hat er dann auf Drängen der Familie doch zugestimmt (wie auch später, als er Dorothea Jensen heiratete).

Die Entwicklung Storms zum kritischen Christen ist stark beeinflußt von den Gedanken Ludwig Feuerbachs[4]. Die Lektüre der Schriften dieses Philosophen durch Storm ist zwar nicht exakt nachzuweisen, aber Feuerbachs Lehren waren damals in Zeitschriften und Zeitungen weit verbreitet. Feuerbach sah im Ich-Du-Verhältnis Religiöses aufsteigen; die „Liebe", die „Geschlechterliebe" (in der „Mann und Weib" sich „gegenseitig ergänzen") war für ihn der Weg zum „vollkommenen Menschen".[5]

Ganz in diesem Sinne ist für Storm die Liebe der „Segen Gottes"; ja, „für den sterblichen Menschen ist die Liebe das Höchste"; sie kann „auf Erden Ewigkeit begründen" (an die Braut 19. 3., 12. 5. und 30. 7. 46).
In dem 1846 entstandenen und „Gasel" überschriebenen Gedicht kommen ähnliche Gedanken zum Ausdruck (I, 249): Die Liebe wird hier heilig gesprochen und als das „Sakrament" des „belebten" Lebens bezeichnet.
Unter dem Eindruck der Ideen der französischen Revolution und der Ereignisse von 1848 ist Storm mit seiner Kritik an der „Kirche" auch an die Öffentlichkeit getreten. So forderte er in der „Schleswig-Holsteinischen Zeitung" vom 30. August 1848 die „Trennung der Kirche vom Staat", die „Emanzipation der Schule" und eine „bessere Einrichtung der Kirchenvisitationen" (vgl. S. 104 f.); und in einem Gedicht wie „Gesegnete Mahlzeit" (I, 41) geißelte er das Zusammengehen von „Weltlichkeit" und „Geistlichkeit", von Thron und Altar.
Eine Verschärfung der weltanschaulichen Position Storms brachte die Emigrantenzeit mit sich. Jedenfalls waren 1858 Bekannte des Dichters der Meinung, daß er „kein guter Christ" sei, und er selbst bezeichnete sich und seine Frau in demselben Jahr als „Andersdenkende", gemessen an den Ansichten eines „vom christlichen Standpunkt aus" geschriebenen Buches (an s. Frau, 21. 7. u. 6. 8. 58).
Diese Entwicklung Storms war mitbestimmt von der (damaligen) modernen Philosophie und Naturwissenschaft. Neben Ludwig Feuerbach (s. o.) waren Gedankengänge von David Friedrich Strauß, Ludwig Büchner, Jacob Moleschott und Charles Darwin von Einfluß.[6]
Die Novelle „Im Schloß", die Storm schon seit 1853 im Kopf hatte und in den Jahren 1861/62 niedergeschrieben hat, fußt auf solchen Gedanken. Gott – so belehren hier Arnold und der Oheim Anna, die Tochter des Schloßherrn – ist nicht der „liebe Gott", wie er in den Kirchenliedern besungen wird, und in der Welt geht es nicht zu, wie es „im Katechismus steht" (I, 508–512). Das Leben ist ein Kampf ums Dasein, wie es die Natur lehrt (I, 508 f.: der „carabus" frißt den Maikäfer, die Katze die Maus!). So werden die „Trümmer

des Kinderwunders" weggeräumt; gleichzeitig aber werden die Augen für „andere Wunder" geöffnet, für das „höchste Sittengesetz", das mit der „ungeheuern Weltschöpfung" und mit dem „Baum des Menschengeschlechts" aus der Tiefe heraufsteigt. Anna wird zu einer „bescheideneren Gottesverehrung" geführt und auf die „Werke der neueren Naturforscher" verwiesen, die – das betonen ihre Lehrer ausdrücklich – Werke von Männern sind, die Gott suchen.

Deutlich wird Storms Abkehr von konventionellen christlichen Glaubensvorstellungen auch in der Novelle „Veronica". Hier wendet Storm sich zunächst gegen bestimmte Zwänge der katholischen Kirche, wie er sie in Heiligenstadt kennengelernt hatte. So verzichtet Veronica bewußt auf die vorgeschriebene Beichte im Beichtstuhl. Sie beichtet, das heißt: sie „vertraut" ihrem Mann an, was sie zu beichten hat.

Darüber hinaus läßt Storm den Justizrat dieser Novelle Überzeugungen aussprechen, die offenbar seine eigenen religiösen Grundüberzeugungen widerspiegeln. Von diesem Justizrat heißt es (I, 474), daß er „zu der immer größer werdenden Gemeinde" gehöre, die „in dem Auftreten des Christentums" nicht ein Wunder, sondern „ein natürliches Ergebnis aus der geistigen Entwicklung der Menschheit" erblickt und der vom einzelnen Christen (z. B. von seiner Frau) eine „allmähliche selbständige Befreiung" von herkömmlichen Glaubensvorstellungen erwartet.

Storm wendet sich damit vom zeitgenössischen orthodoxen und konservativen Christentum ab. Er erwartet – ganz im Sinne der Aufklärung – von einem selbständigen und selbstverantwortlichen Denken eine weitere Entwicklung des Christentums. Das ist eine Vision, wie wir sie z. B. aus Lessings „Erziehung des Menschengeschlechts" kennen, die in ihren Schlußparagraphen (§ 80–85) vorausdeutet auf eine Zeit, in der der Mensch „zu seiner völligen Aufklärung" gelangt und „das Gute tun wird, weil es das Gute ist".

Aus derselben Zeit (1863) stammt das Gedicht „Ein Sterbender". Es macht deutlich, wie eng Storms „Un-Christlichkeit", mit seinem Verhältnis zu Tod und Vergänglichkeit zusammenhängt.

Abb. 49: Die Storm-Woldsensche-Familiengruft auf dem St.-Jürgen-Friedhof in Husum, in der am 24. Mai 1865 Constanze und am 7. Juli 1888 Theodor Storm beigesetzt wurden. Altes Foto von H. Breuer, Hamburg, um 1900 (StA Husum).

Vergänglichkeitsgedanken haben Storm zeitlebens gequält. So wurde er z. B. von der Vorstellung geängstigt, daß er „erstickt unter seinem ⟨eigenen⟩ Grabstein“ oder seine Frau tot in der „schwarzen Kiste“ liege. Dann fragte er sich: „Wo ist Trost dagegen?“, und er antwortete: „Wenn ich ganz ehrlich sein will – nirgend“ (an s. Frau 31. 5. 56 und 18. 7. 62). Schon in seiner Brautzeit hat er sich und Constanze zweifelnd gefragt, ob es nach dem Tod ein „Jemals-wiedersehen“ geben werde (14. 3. 46).
In dem Gedicht „Ein Sterbender“ hat Storm 1863 versucht, auf

diese Frage eine Antwort zu finden (I, 79f.): Vor dem inneren Auge eines alten Mannes, der das Ende seines Lebens vor sich sieht, taucht das Bild seiner verstorbenen Frau im Mädchenalter auf, „voller Erdenseligkeit", an einem „Sommertag" und in einem „von Rosen überschütteten Garten". Er fragt sich (I, 80):

„Du starbst. – Wo bist du? – Gibt es eine Stelle
Noch irgendwo im Weltraum, wo du bist? –"

Aber er zweifelt an der Unsterblichkeit. Da ertönt Gesang aus einer nahen Kirche, und in Gedanken sieht er jetzt Mann und Weib „am Stamm des Kreuzes" liegen, mit verklärten Augen, als ob sie „das Leben jung und rosig auferstehen" sehen. Aber auch dieses Bild kann den sterbenden alten Mann nicht trösten, im Gegenteil: Er analysiert das Bild als Traum, als „lockende Verheißung", als „buntes" Bild, das „die Todesangst ausgebrütet" hat. So zwingt er sich am Schluß des Gedichtes zu der Niederschrift des folgenden Vermächtnisses (I, 82):

„Auch bleib der Priester meinem Grabe fern;
Zwar sind es Worte, die der Wind verweht;
Doch will es sich nicht schicken, daß Protest
Gepredigt werde dem, was ich gewesen,
Indes ich ruh' im Bann des ew'gen Schweigens."

Storm hat an diesem Vermächtnis bis an sein Lebensende festgehalten, ja, seinen Sohn Ernst ausdrücklich damit beauftragt, für die Erfüllung dieses seines Wunsches Sorge zu tragen[7], so daß wir sagen dürfen: In diesem Gedicht bricht der Sterbende und bricht Storm selbst endgültig mit den überkommenen christlichen Unsterblichkeits- und Erlösungsvorstellungen[8].
Noch deutlicher wird Storm in einem Gedichtentwurf (I, 263) aus dieser Zeit. Der Entwurf beginnt – offenbar in Anlehnung an entsprechende Verse des Gedichts „Ein Sterbender" (I, 81, Z. 62f.) – mit dem Bild von „Mann und Weib", die am „Stamm des Kreuzes" liegen und zum Gekreuzigten emporschauen:

An deines Kreuzes Stamm o Jesu Christ
Hab ich mein sorgenschweres Haupt gelehnt;
Doch Trost und Kraft kam nicht von dir herab;
(…)

Als der Mann erkennt, daß Christus ihn nicht erlösen kann (Vers 13/4), wendet er sich an seine Frau mit den Worten (Vers 20/1):

(…) – Komm geliebtes Weib
Wir müssen ⟨unser⟩ eigner Heiland sein.

Storm hat dieses Gedicht nicht vollendet und nicht veröffentlicht. Es spiegelt aber dennoch seine ureigensten Überzeugungen wider. Denn die Ablehnung der christlichen Vorstellung vom „Heiland" verbindet sich hier mit der Überzeugung, die Storm schon in den Brautbriefen ausgesprochen hat: Daß sich im Ich-Du-Verhältnis Religiöses manifestiert und daß auf der Liebe zwischen Mann und Weib der Segen Gottes ruht (vgl. S. 218). Das wenig später entstandene Gedicht „Crucifixus" bestätigt von einer anderen Seite die Aussage des Gedichtentwurfs: Das Kruzifix erscheint dem Dichter bzw. dem fiktiven Betrachter nicht als Bild des „Heilands", nicht als Symbol der Erlösung, sondern als „Schreckensbild", das den „alten Frevel", der dem Menschen Jesus von Nazareth angetan wurde, „verewigt" (I, 67).
Als dann dem Dichter das eigene Weib, das eigene „Du", seine Frau Constanze, durch den Tod hinweggerafft wurde, stand er zunächst völlig ohne Trost da. Er fühlte sich wie ein „Verdammter" (an Pastor Esmarch, 25. 5. 65), dessen „Leben eigentlich zu Ende ist" (an Schwiegervater Esmarch, 18. 6. 65). Seinen Freunden, u. a. Eduard Mörike und Otto Speckter, hat Storm Einblick gegeben in seine damalige verzweifelte Situation (3. bzw. 21. 6. 65): „Einsamkeit und die quälenden Räthsel des Todes sind die beiden furchtbaren Dinge, mit denen ich jetzt den stillen und unablässigen Kampf aufgenommen habe." Dieser Kampf war für Storm besonders schwer, weil er sich vom christlichen Unsterblichkeitsglauben losgesagt hatte und also ohne die Tröstun-

gen des – wie er selbst formulierte – „glücklichen Glaubens“ leben mußte. Wie stark er darunter einerseits gelitten und andererseits doch an seinen Überzeugungen festgehalten hat, bezeugt der Bericht des jungen Mädchens, das damals seinen Haushalt führte[9]:

> „In dieser Zeit (…) beschäftigte ihn viel der Gedanke der Unsterblichkeit. ‚Wenn ich doch glauben könnte‘, die Worte habe ich oft von ihm gehört. Ich weiß es und sah es, wie er unter seiner Überzeugung litt. Als aber der erste Geistliche Husums zu ihm kam, Trost zu spenden (…), stand Theodor Storm ihm kühl gegenüber, so verstandesüberlegen – der Priester würde es gewiß nicht geglaubt haben, daß der Mann da vor ihm eben noch innerlich so gekämpft.“

Storm hat dann – wie er es in dem Gedicht „Ein Sterbender“ für sich selbst bestimmt hatte (s. o.) – seine Frau ohne Priester, „ohne Sang und Klang“ und „ohne Geistlichkeit“ in der Familiengruft auf dem St.-Jürgen-Friedhof begraben.[10]

Von dem Zwiespalt zwischen dem Wunsch „wenn ich doch glauben könnte“ (s. o.) und dem Wissen um das „Nichts“, in das man nach dem Tode hineinstürzt (I, 88), zeugt der Gedichtzyklus „Tiefe Schatten“ (I, 86 ff.), der kurz nach Constanzes Tod entstanden ist. Voller Sehnsucht besingt der Dichter die „geliebte Tote“, wirbt um ihre „holde Nähe“, malt sich das „Glück“ aus, wie es wäre, wenn sie zurückkäme. Für einen Augenblick befällt ihn eine „betäubende Hoffnung“. Aber dann erkennt er, daß der „Unsterblichkeitsgedanke“ nur ein „Luftgespenst der Wüste“ ist, eine Fata Morgana, die ihm ein „täuschendes Bild“ vorgaukelt (I, 87/88).

Nach dem Tod seiner Frau Constanze fühlte sich Storm wie in einem „zertrümmerten Leben“ (an Brinkmann, 8. 6. 65). Aber er gehörte nicht zu den Menschen, „die sich selber hülflos zu Grunde gehen lassen“ (an Esmarch, 18. 6. 65). Von der Einsicht her, daß es kein „Wiedersehen“, kein Weiterleben nach dem Tode gibt, hat er sich – so gut es ging – verstärkt dem Leben zugewandt. In dem Gedicht „Größer werden die Menschen nicht“, in einem der letzten

Stücke des „Tiefe Schatten“-Zyklus, hat Storm solche Gedanken zum Ausdruck gebracht (I, 265, Vers 7–16):

Und so sehen es Alle,
Welche zu sehen verstehn,
Aus dem seligen Glauben des Kreuzes
Bricht ein andrer hervor,
Selbstloser und größer.
Dessen Gebot wird sein:
Edel lebe und schön,
Ohne Hoffnung künftigen Seins
Und ohne Vergeltung,
Nur um der Schönheit des Lebens willen.

Ganz im Sinne Ludwig Feuerbachs hat Storm den „seligen Glauben des Kreuzes“ aufgegeben und von daher einen neuen Zugang zum Leben gefunden. Wie Gottfried Keller (beeindruckt von Feuerbachs Vorträgen[11]) erschien Storm die Welt „schöner“, das Leben „intensiver“, sah er sich aufgefordert, seine „Aufgabe zu erfüllen“: Er wollte als Dichter – wie er Brinkmann versicherte (8. 6. 65) – seiner verstorbenen Frau „volle würdige Kränze“ auf den Sarg legen. „Vor mir liegt Arbeit, Arbeit, Arbeit!“ hatte er Mörike geschrieben, „und sie soll“, meinte er, „soweit meine Kraft reicht, gethan werden“ (3. 6. 65). Storm hat dann wirklich sein Leben „intensiviert“, hat wieder geheiratet (Juni 1866) und als Dichter die fruchtbarste Epoche seines Lebens begonnen (nach 1866 sind noch 32 Novellen entstanden).

Mit Dorothea Jensen, seiner zweiten Frau, hatte Storm eine Frau geheiratet, die ihn am liebsten zu ihrem „kindlichen Glauben“ zurückgeführt hätte (Brief an Do, 25. 3. 66). Es spricht für die große Toleranz des Dichters, daß er sie in ihrem Glauben gewähren ließ. Ja, er meinte sogar, sie möge ihm nur „vom lieben Gott erzählen, wie er alle seine Menschen liebt, und wie keiner verloren ist, wie ein Engel die Seele zu ihm trägt und wie zu seinen Füßen sich alle selig wiederfinden, die sich auf Erden liebten und verloren“. Er wollte sie nicht zwingen, von diesen Vorstellungen (die er selbst längst aufgegeben hatte) Abstand zu nehmen, aus ihrem „harmlosen Zustand des Kindes“ herauszutreten; aber er war doch davon überzeugt, daß sie neben ihm „wachsen“ und ein ihm „ebenbürtiges Weib“ werden würde und daß sie also eines Tages seine Weltsicht, wie er sie z. B. im Zyklus „Tiefe Schatten“ niedergelegt hatte, annehmen werde. Frau Do aber ist – soweit wir wissen – bei ihrem „kindlichen Glauben“ geblieben[12]. Und es gibt keine Hinweise, daß Storm ihr deswegen das Leben schwer gemacht hat.

Äußerst tolerant ist Storm auch dem Katholiken Hermann Kirchner gegenübergetreten, mit dem sich seine Tochter Lucie 1879 verlobt hatte[13]. Als Lucie ihre Verlobung im Jahre 1881 wieder gelöst und ihrem Vater dies mitgeteilt hatte, hat dieser in einem mit „Dein alter betrübter Papa Th. Storm“ unterschriebenen Brief an Hermann Kirchner vom 6. März 1881 verständnisvolle, aber auch klare und aufklärende Worte gefunden (Auszug[14]):

> „Du und Lucie sind beide in der christlichen Religion aufgewachsen; aber diese Religion hat leider, einen äußeren von Menschen gezimmerten Apparat um sich, der auf katholischer Seite weit mächtiger ist, als die Religion selbst; das ist ‚*die Kirche*‘; und dieser Apparat trennt die Christen von den Christen, die Menschen von den Menschen. Nur wer mit freiem Geiste *über* der Kirche steht, in der er aufgewachsen ist, kann in Verbindung mit einem Gatten, der einer andern Kirche angehört, glücklich sein und glücklich machen. Du, mein lieber Hermann, wie ich überzeugt bin, kannst den innern und äußeren Zusammenhang mit der römisch katholischen Kirche nicht entbehren. Deine Kirche, wie Deine Verwandtschaft, (...) würde in der Ehe mit Dir meine nicht allein im Protestantismus geborne, sondern in meinem Hause, wo freies selbstverantwortliches Denken als erste selbstverständliche Lebensbedingung gilt, aufgewachsene Tochter still oder offen zum Katholicismus drängen, (...).“

Dieser Brief dokumentiert nicht nur Storms Verständnis für Andersdenkende, er eröffnet auch einen Blick auf seine Grundhaltung, die auf selbstverantwortlichem Denken beruht, die dieses Denken aber auch anderen zugesteht.

Die Grundhaltung, die bei allem Festhalten am eigenen Standpunkt auch den Standpunkt anderer toleriert, ermöglichte Storm freundschaftliche Verbindungen mit dem evangelischen Pfarrhaus[15].
Zu Storms schönsten Jugenderinnerungen gehörten die Ferien- und Wochenendaufenthalte bei der Familie des Pastors Matthias Ohlhues im Hattstedter Kompastorat, die sich später in der Einleitung der Novelle „Aquis submersus" niedergeschlagen haben (II, 378–384). Auch von dem Pastorat des Pastors Truelsen in Schwabstedt schwärmte er (seiner Frau gegenüber: 10. 9. 60): „Das ist noch ein richtiger Pfarrhof, wie aus Voßens ‚Luise'." Und im Pfarrhaus seines Freundes Pastor Herr ließ Storm sich am 13. Juni mit Frau Do trauen.
In der engeren und weiteren Verwandtschaft gab es ebenfalls eine Reihe von Pastoren, mit denen Storm freundschaftlich verkehrte. Dazu gehörten u. a. der Propst Friedrich Feddersen, dessen „Beschreibung der Landschaft Eiderstedt" (Altona 1853) Storm bei der Niederschrift der Novelle „Auf dem Staatshof" zu Rate gezogen hat, oder sein Schwiegersohn, der Pastor Haase, den er für einen „prächtigen Menschen", vor allem für einen „menschlichen Pastor" hielt (an Heyse, 17. 6. 79); und sein Schwager, der Pastor Harro Feddersen in Drelsdorf, in dessen Kirche er die Anregung zur Novelle „Aquis submersus" empfing.
Bezeichnend ist es, wie Storm sich verhielt, wenn er in ein orthodoxes Pfarrhaus trat, so z. B. als er 1865 in Duisburg seinen Jugendfreund Pastor Johann Peter Ohlhues besuchte. Dieser stand hier an der Spitze einer kleinen evangelischen Gemeinde, die sich gegen ihre katholische Umgebung nur schwer behaupten konnte und deshalb streng auf die Einhaltung der religiösen Riten achtete. Storm hat die strenggläubige Atmosphäre in diesem Hause in seinem Reisebericht mit wenigen Worten skizziert (Gertrud St. II, 124): „Da war ich nun in einem ganz orthodoxen Pfarrhaus. Abend- und Morgenandachten, wozu das Dienstmädchen hereingerufen wurde, habe ich mit durchgemacht (...)." Beim Zubettgehen fand er auf dem Nachtschrank des Gästezimmers ein „Pilgerbuch", in dem die Besucher des Duisburger Pfarrhauses sich einzutragen hatten[16]. Storm in seinem Reisebericht (s. o.): „In dieses

Buch unter die frommen Phrasen sollte nun auch der Theodor Storm sich einschreiben." Angesichts von Eintragungen, in denen z. B. von der „lebendigen Hoffnung" zu einem „unvergänglichen und unbefleckten und unverwelklichen" Weiterleben nach dem Tode die Rede ist (S. 13), ging Storm – bei aller Toleranz, die er in solchen Fällen aufbrachte – auf Distanz und schrieb folgende Verse in das „Pilgerbuch" (vgl. I, 266):

Ein gut Stück gingen wir zusammen,
Dann trennten unsre Wege sich;
Und wie ich dieses Buch durchblättre,
Unheimlich dünket die Gesellschaft mich.

Auf negative (orthodoxe) und positive Pastoren stoßen wir auch in der Stormschen Dichtung. In der Gestalt des Pastors Josias, z. B. wie er uns in der Novelle „Renate" vorgeführt wird, verurteilt Storm in scharfer Form das ganze orthodoxe Christentum. Zahlreich sind die positiven Gestalten: Die Pfarrersleute in „Schweigen", die den schwermütigen Rudolf gastfreundlich aufnehmen, das Pfarrersehepaar in „Ein Doppelgänger", das die elternlose Tochter des Zuchthäuslers John Hansen adoptiert, der Propst in „Pole Poppenspäler", der am Grab des Puppenspielers Tendler die Lisei und Paul Paulsen tröstet, und der Pastor in „Hans und Heinz Kirch", der Vater und Sohn zurechtweist.

Die Sympathie des Dichters für das evangelische Pfarrhaus war so groß, daß er nicht nur selbst gern mit Pastorsleuten verkehrt, sondern auch seine studierenden Kinder wenn möglich in Pastorenfamilien untergebracht[17] bzw. ihnen „ein protestantisches Pfarrhaus mit netten Pfarrersleuten" als Umgang gewünscht hat (an Lucie, 13. 6. 83).

Angesichts der kritischen Einstellung des Dichters gegenüber der Kirche und gegenüber den christlichen Glaubensgrundsätzen fragt man sich, weshalb Storm das evangelische Pfarrhaus so positiv bewertete. Sicherlich waren es der gehobene Bildungsstand, das Interesse für Musik und Literatur und die sittlichen Grundanschauungen, die dem Dichter das evangelische Pfarrhaus so sym-

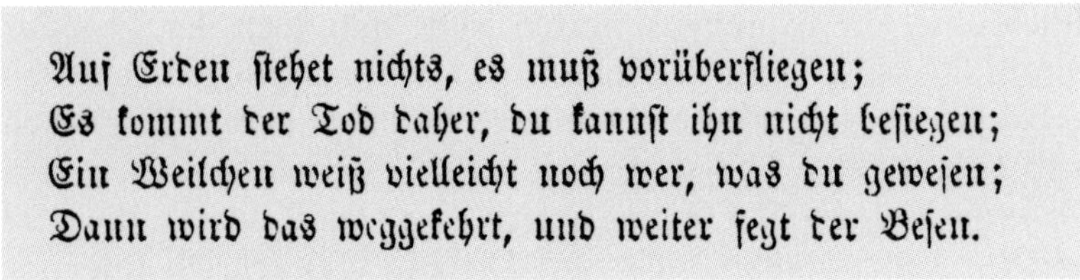
Auf Erden stehet nichts, es muß vorüberfliegen;
Es kommt der Tod daher, du kannst ihn nicht besiegen;
Ein Weilchen weiß vielleicht noch wer, was du gewesen;
Dann wird das weggekehrt, und weiter fegt der Besen.

Abb. 50: Schluß der Novelle „Zur Chronik von Grieshuus". Aus dem Erstdruck der Novelle: 1884 (StA Husum):

Auf Erden stehet nichts, es muß vorüberfliegen;
Es kommt der Tod daher, du kannst ihn nicht besiegen;
Ein Weilchen weiß vielleicht noch wer, was du gewesen;
Dann wird das weggekehrt, und weiter fegt der Besen.

pathisch machten. Vor allem aber fand er dort die Partner, mit denen er die ihn bewegenden Glaubensfragen diskutieren konnte. Entsprechende Fragen hat er z. B. mit seinem Neffen, dem Pastor Ernst Esmarch, und mit seinem Hamburger Freund, dem Theologen Heinrich Schleiden, erörtert (vgl. ihre Briefwechsel).

Aber gerade auch in seiner Dichtung hat Storm die religiösen Probleme, die ihn bewegten, diskutiert. Am verwundbarsten war und blieb er da, wo ihm die Vergänglichkeit des menschlichen Lebens bewußt wurde. Das wird deutlich z. B. am Schluß der Novelle „Zur Chronik von Grieshuus" (vgl. Abb. 50) sowie in „Der Amtschirurgus-Heimkehr", wo er das Leben der Menschen mit dem Kehricht gleichsetzt und den Tod mit einem Besen vergleicht, der uns hinwegfegt (IV, 170f.): „Hu! Wie kommen und gehen die Menschen! Immer wieder ein neuer Schub, und wieder: Fertig! – Rastlos kehrt und kehrt der unsichtbare Besen und kann kein Ende finden. Woher kommt all' das immer wieder, und wohin geht der grause Kehricht?" In derselben Geschichte zitiert Storm die niederländische Inschrift auf einem Grabstein (IV, 171), der von den Leiden der Verstorbenen spricht („Hed Liden hier geleden ..."). Bezeichnenderweise aber unterschlägt der Dichter dabei die tröstende letzte Zeile der Inschrift: „Ik hoop na Jesus toe" (Ich hoffe auf Jesus), wie wir sie heute auf dem erhaltenen Grabstein

nachlesen können[18]: Storm hatte – das wird dadurch deutlich – diese Hoffnung nicht und wollte sie nicht gelten lassen.
Elegischer kommt Storms Vergänglichkeitsgefühl in dem Gedicht „Über die Heide“ zum Ausdruck (I, 93), das Anfang 1875 auf dem Wege nach Segeberg entstanden ist. Gedanken über den Tod des Schwiegervaters Ernst Esmarch verbinden sich hier mit der Erinnerung an Constanze (gestorben am 20. Mai 1865): „Wär ich hier nur nicht gegangen im Mai! Leben und Liebe – wie flog es vorbei!“
Tief getroffen hat den Dichter der Tod des jungen, kaum 16jährigen Theodor Graf Reventlow (gest. am 21. Mai 1878), eines Sohnes des mit Storm befreundeten Landrats. Der Anblick des Toten hat Storm den Anstoß zu dem Gedicht „Geh nicht hinein“ gegeben (I, 93 f.). In den Versen

> – Und ein Entsetzen schrie aus seiner Brust,
> Daß ratlos Mitleid, die am Lager saßen,
> In Stein verwandelte – er lag am Abgrund;
> Bodenlos, ganz ohne Boden. – „Hilf!
> Ach, Vater, lieber Vater!“ (...)

verweist der Dichter – so meine ich – auch auf seine eigene innere Situation: Er, der glauben möchte, aber nicht glauben kann, sieht den sterbenden Menschen an einem „bodenlosen“ Abgrund liegen, und in dem Ruf des Sterbenden nach dem „lieben Vater“, ihm zu helfen, hört er den Hilferuf der Menschen, die sich an Gott-Vater wenden, ihnen in ihrer schwersten Stunde beizustehen. Aber Storm gibt seiner Sehnsucht nach Trost durch einen „Vater“ nicht nach: Dem „Schrei“ nach Hilfe folgt im Gedicht nur ein kühles: „und dann verschwand er.“ Das Gedicht endet zunächst mit der fassungslosen Frage:

> „Und weiter – du, der du ihn liebtest – hast
> Nichts weiter du zu sagen?“

und dann mit der trostlosen Antwort:

> „Weiter nichts.“

Wie sehr die Aussagen dieses Gedichts Storms eigenen Überzeugungen entsprechen, geht aus seinem Brief an Gottfried Keller vom 27./30. Dezember 1879 hervor, in dem er das Gedicht „Geh nicht hinein" erläutert: „Es gilt keinem bestimmten Falle, wenn es auch durch solchen hervorgerufen ist; ich habe darin nur den Eindruck niederlegen wollen, den der Anblick eines Gestorbenen, ich glaube, im Wesentlichen auf Jeden macht, und wogegen es keine Rettung, als den des Glaubens an ein Wiederaufleben in einem andern Zustande giebt, die aber für mich nicht vorhanden ist."

Man hat Storm – angesichts seiner radikalen Abwendung von christlichen Glaubensvorstellungen und seiner persönlichen Zurückweisung des priesterlichen Segens (vgl. „Ein Sterbender") – einen „dezidierten Nichtchristen" genannt[19]. Aber wird man damit seiner religiösen Grundhaltung gerecht?

Storm war sicherlich kein Christ im üblichen Sinne. Mit der christlichen Amtskirche wollte er nichts zu tun haben; vom orthodoxen Christentum hat er sich distanziert; zentrale überkommene christliche Glaubenssätze hat er abgelehnt. Das Christentum als solches war für ihn – wie für den Justizrat in seiner Novelle „Veronica" – eine historische Erscheinung (I, 474: das „Auftreten des Christentums" ist „nur ein natürliches Ergebnis aus der geistigen Entwicklung der Menschheit"). Storm hat sich – wie sein theologischer Freund Heinrich Schleiden[20] – „gegen alle theokratische Anmaßung" gewandt und gegen alle „todten Formeln"; aber er glaubte mit Schleiden an „das Reich der seligmachenden Liebe, in welchem der Mensch allein zum Göttlichen emporranken, mit dem Vater eins werden" und ein „inwendiges Gottesreich", d.h. ein sittliches Leben aufbauen kann.

Daß Storm in diesem Sinne ein „Christ" genannt werden kann, bestätigt die Anerkennung der sittlichen Grundwerte des Christentums in seinem Werk, z.B. die Tatsache, daß er dem Gebot der Nächstenliebe, in dem „nach des Herrn Wort die anderen (Gebote) all' enthalten sind" („Hans und Heinz Kirch": III, 78), in seinen Novellen so große Bedeutung zuweist.

Immer wieder begegnen wir dort vorbildlichen Gestalten, die sich durch Taten der Nächstenliebe auszeichnen. Da ist z.B. der Herr

Gerhardus in der Novelle „Aquis submersus“, der sich des mittellosen Malers Johannes annimmt und ihn in Holland studieren läßt; da ist der Kaufmann Carsten Carstens in der Novelle „Carsten Curator“, der sich ehrenamtlich als „Vormund“ und als „Verwalter“ von „Konkurs- und Erbmassen“ um die „Angelegenheiten Anderer“ und nicht um den „eigenen Gewinn“ kümmert (II, 456); und in „Hans und Heinz Kirch“ ist es die kleine Wieb, die den – auch ihr gegenüber – schuldig gewordenen, alten, gebrechlichen Vater ihres verschollenen Freundes umsorgt. Von den Novellen „Bötjer Basch“ und „Ein Doppelgänger“ hat Storm selbst gesagt, daß in ihnen „das Evangelium der Liebe“ stecke, wenn sie vielleicht auch auf „Seelsorger“ nicht diese Wirkung hätten (an Pastor Esmarch, 30. 5. 87). In der Novelle „Ein Bekenntnis“ wird ein Arzt vorgeführt, der aus Nächstenliebe (um seine Frau vor unerträglichen Schmerzen zu schützen) schuldig wird und der nach Afrika geht, um dort als Arzt „dem Leben zu dienen“ und so seine Schuld abzubüßen; er stirbt „im Dienste der Menschenliebe“ (III, 631 f.). Im „Schimmelreiter“ ist der Deichgraf zunächst ein Gegenbild: Er denkt nur an sich (er tötet z. B. in seiner Ichbezogenheit den Lieblingskater der Trin Jans, er denkt an nichts anderes als an „sein“ Werk). Zuletzt aber wird an ihm eine Wandlung sichtbar: Er sieht nicht mehr nur sich selbst, sondern auch das Leid seiner Frau und seines schwachsinnigen Kindes, und als er sich in den Bruch stürzt, gilt sein letzter Gedanke seinen Mitmenschen (III, 753): „Herr Gott, nimm mich; verschon die Andern!“

Die Nächstenliebe ist wesentlich auch eine Sache des Herzens. So kann man abschließend dem Neffen des Dichters, dem Pastor Ernst Esmarch zustimmen[21], wenn er sagt, Storm sei „mit dem Kopf ein Heide, mit dem Herzen ein Christ“ gewesen.

Theodor Storms 70. Geburtstag (14. 9. 1887)

Über den Ablauf der Feiern zum 70. Geburtstag und über die Geschenke, die man dem Dichter überreichen wollte (Ehrenbürgerbrief, geschnitzter Schreibtisch, die erste Storm-Biographie) hatten sich die Storm-Freunde in Kiel, Husum, Berlin und Hademarschen rechtzeitig Gedanken gemacht. Auch der Dichter selbst hatte vorgesorgt. Seine in Haushaltsdingen sehr penible Frau beruhigte er von Husum und von Sylt aus, wo er zur Erholung weilte: Er habe bei „Topf" in Husum „zwei volle Dutzend" von den „feinen Weingläsern" und „von allen anderen je 1 Dutzend" ausgesucht und bezahlt. Zusätzlich habe er noch „12 Flaschen" von dem „schönen Moselwein" bestellt, so daß sie nun mit insgesamt „32 Flaschen" genug für die Bowle am Abend hätten, zumal, wenn auch noch „Pschorrbier" hinzukomme; es werde ja „keine Nacht-Kneiperei" werden (an Do, 6. und 17. 8. 87).
Die Feierlichkeiten zu Storms 70. Geburtstag begannen schon am Abend des 13. September in Kiel. Ein großer Verehrerkreis hatte sich dort versammelt, darunter die „Kieler Damen", an ihrer Spitze Frau Lehment, die schon vor Monaten „einen kunstreich in Eichenholz geschnitzten Schreibtisch (von Meister Sauermann in Flensburg) mit 22 verschließbaren Fächern" in Auftrag gegeben hatte (Abb. 51). Storm selbst hatte ursprünglich daran gedacht, an dieser Feier teilzunehmen, sich die beschwerliche Reise nach Kiel dann aber doch nicht zugetraut.
Die Kieler Feier wurde mit einem „Einleitungsgedicht" von Storms Dichterkollegen Wilhelm Jensen aus Freiburg eröffnet, der sein Gedicht selbst vortrug. Die Festrede, die der todkranke junge Kieler Germanist Dr. Paul Schütze verfaßte hatte, verlas Dr. Alfred Biese. Anschließend wurde ein Festspiel aufgeführt, das aus der Feder des Kieler Rechtsanwalts Heinrich Brandt stammte. Im Mittelpunkt des Spiels standen – ganz im Stil der Zeit – allegorische Figuren: „Die Heimat im luftigen, blumenbestreuten Gewande tritt auf und preist die Schönheit unseres Vaterlandes. Sie gedenkt des Mannes, der diese so begeistert geschildert hat, und feiert mit rührenden Worten seinen Ehrentag". Musikalisch um-

Abb. 51: Schreibtisch (mit 4 „tiefsinnigen Eulen“, geschnitzt von Emil Nolde). Geschenk zum 70. Geburtstag des Dichters von Kieler Verehrerinnen (heute im Husumer Storm-Haus).

rahmt wurde die Feier von Storm-Liedern in der Vertonung zeitgenössischer Komponisten, u. a. von Gustav Jenner. Zum Schluß sang der „Kieler Gesangverein" Storms „Oktoberlied"[1].
Eine besondere Würdigung des 70jährigen Jubilars hatten sich die Husumer ausgedacht. Sie legten den Grundstein zu einer „Storm-Stiftung zum Wohle der Arbeiter". Die Initiative war von Dr. K. H. Keck, dem Direktor des Husumer Königlichen Gymnasiums, ausgegangen. Auf seine Einladung versammelten sich die Husumer am Geburtstag des Dichters in der Aula dieser Schule zu einem Festvortrag mit Gesangsdarbietungen (fünf Lieder Storms wurden teils in Sologesängen, teils vom Chor vorgetragen). Anschließend fand eine „große Festversammlung" im Saal des Hotels „Stadt Hamburg" statt. Der Erlös dieser beiden Veranstaltungen bildete dann den Grundstock für eine „Storm-Stiftung zum Wohle der Arbeiter", deren Zinsen einmal im Jahr einem bedürftigen Arbeiter übergeben werden sollten. Wie Dr. Keck dem Dichter mitgeteilt hat, war die Novelle „Ein Doppelgänger", in der Storm das soziale Elend eines Arbeiters schildert, die Veranlassung gewesen, diese Stiftung ins Leben zu rufen. Storm hatte ausdrücklich zugestimmt; denn daß eine seiner Novellen den Anstoß zu einer sozialen Initiative geben konnte, das mußte ihn, den Dichter, mit dem Gefühl der Genugtuung erfüllen. Hatte doch auch Alfred Biese in den „Preußischen Jahrbüchern" (60/1887) die Stormsche Novelle mit Zola's „Germinal" verglichen. Die „Storm-Stiftung" hat bis zum Ersten Weltkrieg bestanden und – jeweils zu Storms Geburtstag – mit ihren Zinsen ein bedürftiges Arbeiterehepaar unterstützt[2].
In Hademarschen fand die eigentliche Geburtstagsfeier statt[3]. Sie begann um $6^1/_2$ Uhr morgens. Die Kapelle der Feuerwehr brachte dem Jubilar unter grauem Himmel und bei strömendem Regen ein Ständchen. Zur gleichen Zeit wurde vor dem Gartentor der Stormschen Villa eine bekränzte Ehrenpforte errichtet, an der mit großen Buchstaben geschrieben stand „Dem Guten".
Die ersten Gratulanten trafen bereits vor 10 Uhr in Storms Altersvilla ein. „In kurzer Frist", so berichtet seine Tochter Gertrud (II, S. 231), „war das Dichterhaus in einen Blumengarten verwan-

Wir Magistrat und Stadtverordnete
bekennen und beurkunden hiermit daß wir dem Amtsgerichtsrath a. D.
Herrn Hans Theodor Woldsen Storm
als bleibendes Zeichen unserer aufrichtigen Verehrung und in dankbarer Anerkennung seiner hohen Verdienste um die Deutsche Litteratur in Veranlassung seines 70sten Geburtstages
das Ehren-Bürger-Recht der Stadt Husum
verliehen haben.
Gott schütze und erhalte ihn noch viele Jahre in voller Schaffensfreude dem Deutschen Volke zum Segen seiner Vaterstadt Husum zur Ehre.
So geschehen Husum den 1sten September 1887.
Der Magistrat
Die Stadtverordneten

Abb. 52: Urkunde, mit der „Herr Hans Theodor Woldsen Storm“ anläßlich seines 70. Geburtstages vom Husumer Magistrat zum Ehrenbürger ernannt wurde (Nissenhaus/StA Husum).

delt.“ Wilhelm Jensen, der mit seiner sechszehnjährigen Tochter Maria, genannt Maina, etwas später – aus Kiel kommend – eingetroffen war, bemerkte sofort, daß die mehr als „tausend Tuberosenblüten“ ⟨Nachthyazinthen⟩, die die wohl „hundert“ Blumensträuße und Garnituren schmückten, einen „betäubend-widerwärtigen Leichengeruch ausströmten“ und dem Dichter zu schaffen machten. Jensen ging deshalb „baldmöglichst“ daran, „sie unvermerkt wegzuknipsen“. Auf Jensens Anraten hatte sich dessen Tochter Maina inzwischen „durch das Gedränge einen Weg“ zum Dichter gebahnt und überreichte ihm „mit einer auswendig gelernten kurzen Ansprache“ ihre Geburtstagsgabe. Der feierlichste Augenblick aber war (nach Gertrud Storm) der, als Wilhelm Jensen seine Hand auf das Haupt des Dichters legte und sein Geburstagsgedicht vortrug, das so begann:

Graugefärbt
Steht neben Deinem weißen Scheitel nun
Ein Mann, dem bald ein Menschenalter lang
Die Freundschaft Dir verband, (...).

Die aus vielen Orten Deutschlands, insbesondere aus Schleswig-Holstein angereisten Gäste füllten allmählich alle Räume des Hauses. Die eingelaufenen Geburtstagsbriefe und Telegramme lagen – wie Wilhelm Jensen berichtet – „ungelesen in Waschkörben aufgehäuft“.
Eine Delegation aus Husum überbrachte den von einem Berliner Hof-Kalligraphen hergestellten Ehrenbürgerbrief (Abb. 52), und Frau Lehment präsentierte im Auftrage der „Kieler Damen“ einen „wahrhaft fürstlichen Schreibtisch“ (so Storm an Keller, 9. 12. 87). Daß Emil Nolde die vier „tiefsinnigen“ Eulen geschnitzt hatte, die den Oberteil des Schreibtisches tragen, war damals noch keine Sensation; erst heute kann man sich im Storm-Museum in Husum damit brüsten, „vier Noldes“ zu besitzen[4]. Die Stadt Kiel selbst überreichte ein silbernes Tintenfaß (Abb. 53).
Aber auch die literarische Welt war für den Dichter tätig geworden. Der Berliner Verleger Elwin Paetel erschien persönlich in Ha-

Abb. 53: Silbernes Tintenfaß, Geschenk der Stadt Kiel zum 70. Geburtstag, das der Dichter dann auch bei der Niederschrift des „Schimmelreiter"-Manuskripts benutzte (StA Husum).

demarschen und überreichte dem Jubilar „auf einem großen Blumenkissen" die erste umfassende Storm-Biographie. Verfasser war der Kieler Literarhistoriker Paul Schütze, der den Dichter seit 1884 oft persönlich aufgesucht und von diesem wichtige Informationen für sein Buch erhalten hatte. Dabei hatte sich ein freundschaftliches Verhältnis zwischen dem jungen Wissenschaftler und dem alternden Dichter herausgebildet. So war der Augenblick, als der Verleger den Band überreichte und da Paul Schütze selbst nicht anwesend sein konnte (ein Blutsturz hatte ihn plötzlich niedergeworfen, zwei Tage später ist er gestorben), für Storm gleichzeitig erhebend und traurig. Davon zeugen auch die Worte, die Storm in das überreichte Buch am 16. September eingetragen hat[5]: „Ich habe einen treuen, jungen Freund verloren! Requiescat!"

Ferdinand Tönnies konnte sein Werk „Gemeinschaft und Gesellschaft. Abhandlung des Communismus und Socialismus als empirischer Culturformen“ (Leipzig 1887) überreichen, ein Band, dessen Entstehung Storm in den letzten Jahren begleitet hatte und der später die Soziologie als Wissenschaft in Deutschland begründen sollte. Alfred Biese legte seine zweibändige literaturwissenschaftliche Untersuchung „Die Entwicklung des Naturgefühls im Mittelalter und in der Neuzeit“ (Leipzig 1887) auf den Geburtstagstisch.

Der Empfang im Dichterhause endete gegen 12 Uhr. Es gab zum Abschluß – wie wir aus dem Brief einer jungen Gratulantin wissen[6] – „sehr schönes belegtes Butterbrot und Heringssalat“, und „sehr viele Herren waren etwas betrunken.“ Erst nachdem Storm seinen Mittagsschlaf gehalten hatte (an Keller 2. 9. 87: „⟨den ließ ich mir⟩ an diesem Tag nicht nehmen“), begab man sich zu Fuß oder im Wagen – durch acht Ehrenpforten – zum „Festmahl“, zur eigentlichen Feier in „Thiessens Gasthof“. Etwa 68 Personen waren geladen. Das Mahl selbst war „vortrefflich“. Aber nachdem der obligate Toast auf „Seine Majestät den Kaiser“ verklungen war, trat lähmende Stille ein. Ursprünglich hatte wohl Paul Schütze, der inzwischen erkrankte Verfasser der neuen Storm-Biographie, sprechen sollen, und der in Hademarschen ansässige Reichstagsabgeordnete Dr. Wachs, dem es eigentlich zukam, die Festansprache zu halten, hatte aus unerfindlichen Gründen seine Zusage zurückgezogen. Darauf wurde Wilhelm Jensen von Storms Bruder gebeten, zu sprechen. Diesen jedoch „überkam's mit Schreck“; er sei „kein Redner“, meinte er, und hätte „mit keinem Gedanken daran gedacht“. Als die Stille immer peinlicher wurde, „stürzte“ er sich doch „in den stumm gähnenden Schlund“ und ins „eisige Wasser“, wie er es selbst formuliert hat. Aus dem Erlebnis eines Schwarzwaldspazierganges, bei dem er sich im Nebel verirrt hatte, improvisierte er eine kleine Rede, kam dabei allerdings selbst etwas vom „Wege“ ab, um schließlich mit einem „Hoch“ auf den Jubilar zu enden.

Danach erhob sich Storm. In seiner „Tischrede“ ging er zunächst auf seine Entwicklung als Dichter ein und bekannte sich offen zu den „Vier“, die „bestimmend“ auf seine Lyrik „eingewirkt“ hätten, zu Heine, Goethe, Eichendorff und Mörike. Heine nannte er dabei „das größte lyrische Talent des 19. Jahrhunderts“, und Eichendorffs Lyrik charakterisierte er dahingehend, daß sie „in die tiefsten Gründe“ führe. Daß Storm auch in den übrigen Teilen seiner Tischrede die Lyrik in den Mittelpunkt stellte, ist bezeichnend; hatte er doch zeitlebens seine Lyrik als seine eigentliche Leistung angesehen. So bekannte er seinem Verleger Westermann schon im Juli 1868: „Ich bin aber wesentlich Lyriker, und meine ganze dichterische u. menschliche Persönlichkeit, alles was von Charakter, Leidenschaft und Humor in mir ist, findet sich nur in den Gedichten, dort aber ganz u. voll.“

Von daher wird es verständlich, daß Storm an seinem 70. Geburtstag, gegen Ende seines Lebens, noch einmal darauf hinweisen wollte, daß er „zu den wenigen Lyrikern gehöre, die die neuere deutsche Literatur“ besitze.

Deutlicher als in den beiden erhaltenen Entwürfen der „Tischrede“ (IV, 487–491) hat Storm sich dann bitter darüber beklagt, daß seine Leistung als Lyriker von „Deutschland“ und von der „Welt“ nicht anerkannt werde, ja, daß man den – inzwischen verstorbenen – Emanuel Geibel (sein Name fiel nicht, aber alle wußten, daß er gemeint war) den „letzten Lyriker“ genannt habe, obwohl seine ⟨Storms⟩ Dichtung der Geibelschen „turmhoch“ überlegen sei.

Manchen Festteilnehmer mögen diese deutlichen Worte des alternden Dichters überrascht haben. Wilhelm Jensen vermißte die „bescheidene Zurückhaltung“, die er bei Storm sonst immer bewundert hatte, und spürte eine gewissen „Verbitterung“ und „Gereiztheit“. Ihm war dieser Teil der Tischrede „überaus peinlich“ (S. 511). Dennoch: Storm hatte recht. Seine Lyrik stand hoch über der Geibelschen; aber sie hatte immer hinter der Geibelschen zurückstehen müssen. Geibels Gedichtbände hatten bis zu 25 Auflagen erlebt, seine eigenen nur sieben! Da war es erlaubt, ja, notwendig, am Ende des Lebens die Maßstäbe einmal zurechtzurücken[7]. Bestätigt fühlte sich Storm durch den Aufsatz des jungen Literarhistorikers Alfred Biese, der kurz vorher in den

„Preußischen Jahrbüchern" (Nr. 60/1887, S. 220) erschienen war. Dort hatte Biese „die Tiefe der Unmittelbarkeit" der Stormschen Lyrik, die den meisten Lyrikern seit Goethe, selbst Geibel, fehle, hervorgehoben.

Das Festmahl, das noch mehrfach durch Trinksprüche und musikalische Darbietungen unterbrochen wurde, zog sich bis zum frühen Abend hin. Als die Festgesellschaft von „Thiessens Gasthof" ins Dichterhaus hinüberging, war es eine „mildschöne Spätsommernacht", und alle Fenster des Dorfes waren illuminiert. In Storms Villa saßen die Gäste mit dem Jubilar noch bis Mitternacht zusammen, bei Pschorr-Bier und Moselwein-Bowle. Die Kinder des Dorfes erschienen mit Stocklaternen und huldigten dem Dichter mit einem Ständchen. Storm „hielt sich tapfer" (so Jensen, S. 511). Zum Schluß sang die Hademarscher Liedertafel.

Noch bis in den November hinein hatte Storm damit zu tun, sich für die vielen Glückwünsche, Telegramme, Briefe und Geschenke, die man ihm von auswärts zugeschickt hatte, zu bedanken. Paul Heyse, sein Münchener Dichterkollege, hatte ihm – zusammen mit einem langen Gedicht[8] – sein Porträt überreichen lassen. Erich Schmidt, der gerade auf den nach Wilhelm Scherers Tode freigewordenen Lehrstuhl für Germanistik an der Berliner Universität berufen worden war, hatte seine neueste, wissenschaftliche Edition geschickt, einen „pompösen Faust", den 14. Band der „Weimarer Ausgabe". Von Ludwig Pietsch war aus Berlin eine „wunderschöne gr⟨oße⟩ Kupferätzung" des Landschaftsmalers Josef Wenglein angekommen, eine Moor- und Heidelandschaft mit dem Titel „Herbst"[9]. Gottfried Keller hatte am Geburtstag in Zürich um 4 Uhr 19 ein Telegramm aufgegeben, das bereits um 5 Uhr 15 in Hademarschen-Hanerau angenommen und dem Jubilar übergeben wurde. Es lautete[10]:

> „Herrn Amtsgerichtsrat Storm. Alle guten Wünsche zum siebzigsten Geburtstag, gethan in der frühen Nachmittagssonne. Gottfried Keller."

Beim Verlag Amelang in Leipzig war zum 70. Geburtstag des Dichters eine neue „Illustrierte Prachtausgabe" der Novelle „Immensee“ mit 23 Heliogravüren von W. Hasemann und E. Kanoldt erschienen. Hinzu kamen die vielen Gedenkartikel in den Zeitungen und Zeitschriften, z. B. in der „Deutschen Rundschau“ (Nr. 53, von Otto Pniower), in der „Leipziger Illustrierten Zeitung“ (Nr. 2307, von Ludwig Salomon), im „Literarischen Merkur“ (Nr. 8, von Heinrich Löbner), in „Über Land und Meer“ (Bd. 58, von Hermann Sudermann), in „Deutsches Literaturblatt“ (Nr. 10, von Heinrich Keck); selbst in der „Revue de belgique“ (Nr. 19) war ein Gedenkwort erschienen (von Charles Potvin).

Storm konnte also mit seinem Geburtstag zufrieden sein. Er war „nicht unempfindlich gegen so viel freundliche Anerkennung“ (an Keller, 9. 12. 87).

Dennoch fehlte dem Fest ein wenig der Glanz und – von seiten des Jubilars – die freudige Erregung. Er selbst allerdings hatte alles getan, um festlich zu erscheinen. „Er stand im Frack, mit Orden um den Hals und auf der Brust“ (Jensen, S. 511). Das war ganz gegen seine Gewohnheit, ja eigentlich widersprach er damit sich selbst, er, der die natürliche Einfachheit liebte und dem das Großartig-Feierliche nicht lag. Auch Wilhelm Jensen, dem alten Freund, kam Storm an diesem Tag und in diesem Aufzug „fremd“ vor. Hinzu kam das Bewußtsein, „dem Lebensende so nahe“ zu sein (IV, 491); auch saß ihm der Schock der Mitteilung, daß er an Magenkrebs erkrankt sei, noch in den Gliedern. Das beeinträchtigte die Stimmung des Dichters. Entsprechende Beobachtungen machte Wilhelm Jensen (S. 510): Er fand Storm „gealtert“, „die Farbe seiner mageren Hand war durchsichtig geworden“, ein „müder Ausdruck“ lag auf seinen Zügen.

Von daher wird die etwas gedrückte Stimmung an seinem 70. Geburtstag, die überliefert ist, zu erklären sein. Resignative Gedanken kommen auch in dem Resümee zum Ausdruck, in dem Storm seine Geburtstagseindrücke Gottfried Keller gegenüber zusammengefaßt hat: „Der Geburtstag war ganz schön, wäre es nur nicht der siebenzigste gewesen“ (9. 12. 87).

V

„Vom Unglück erst
Zieh ab die Schuld;
Was übrig ist,
Trag in Geduld!“

Theodor Storm: Sprüche (1858)

Ein Kampf auf Leben und Tod: „Der Schimmelreiter“

Man übertreibt nicht, wenn man sagt, daß Storm den Schimmelreiter-Stoff sein ganzes Leben hindurch nicht aus den Augen verloren hat, ja, ihm „Jahre hindurch nachgelaufen“ ist[1]. Seine erste Begegnung mit der Schimmelreiter-Sage fällt in die zweite Hälfte des Jahres 1838 oder in das Jahr 1839 (der Dichter war damals 21 Jahre alt, studierte Jura und kehrte im Herbst 1839 von Berlin an die Kieler Universität zurück). Er hat die Sage – das ist zu vermuten – im 2. Band der Hamburger „Lesefrüchte vom Felde der neuesten Literatur des In- und Auslandes“ gelesen, wo sie unter der Überschrift „Der gespenstige Reiter – Ein Reiseabenteuer“ abgedruckt war (1838: S. 125–128). Diese Sage war jedoch nicht – wie heute noch viele Stormleser annehmen – eine schleswig-holsteinische Sage, sondern eine Weichselsage. Die Hamburger Veröffentlichung ist nämlich ein Nachdruck aus dem „Danziger Dampfboot“, einer damals in Danzig und im Weichseldelta erscheinenden Zeitschrift. Nicht von Deichen an der schleswig-holsteinischen Westküste also, nicht von nordfriesischen Deichgrafen, von Kögen und Sturmfluten war da die Rede, sondern von „Weichseldämmen“, „Deichgeschworenen“, von „drohendem Eisgang“ und „Stopfung des Eises“[2].

Storm wußte später nicht mehr, wo er die Sage gelesen hatte, aber den Kern der Sage hat er fest im Gedächtnis behalten. Dieser Kern beruht auf folgenden Grundtatsachen:

Ein für die Deiche Verantwortlicher, der einen Schimmel reitet, schätzt die Gefahr eines Deichbruchs falsch ein, der Deich bricht, die Fluten überschwemmen das fruchtbare Land und der Reiter stürzt sich in den Bruch, um seine Schuld zu büßen. Der Schimmelreiter erscheint später immer dann, wenn dem Deich Gefahr droht.

Wenige Jahre nach der Lektüre, als Storm sich in Husum eine Rechtsanwaltspraxis aufbaute und mit Theodor Mommsen anfing, schleswig-holsteinische Sagen zu sammeln, hat er sich noch sehr genau daran erinnert, daß der „Schimmelreiter" „leider nicht unserm Vaterlande", also nicht nach Schleswig-Holstein gehört, „so sehr er auch als Deichsage seinem ganzen Charakter nach hierher paßt". Storm hat Nachforschungen angestellt, aber offenbar an falscher Stelle gesucht: „ich habe", schreibt er Mommsen, „das Wochenblatt, worin er abgedruckt war, noch nicht gefunden" (13. 2. 43).

Dreißig Jahre später, 1873 im „Gedenkblatt" für „Lena Wies", ist die Schimmelreiter-Sage immer noch in Storm lebendig. In Zusammenhang von Geschichten, die Lena Wies, die „Freundin seiner Jugend", ihm erzählt hat, erinnert er sich an die Geschichte vom „gespenstischen Schimmelreiter, der bei Sturmfluten nachts auf den Deichen gesehen wird und, wenn ein Unglück bevorsteht, mit seiner Mähre sich in den Bruch hinabstürzt" (IV, 179). In der Vorstellung des Dichters vermischen sich die Erinnerungen an die Weichselsage mit Erzählungen von Sturmfluten in Nordfriesland. Es zeigt sich dabei, daß Storm die Sage, wie er sie im „Danziger Dampfboot" bzw. in den „Hamburger Lesefrüchten" gelesen hat, in ihrem Kern „niemals aus dem Gedächtnis verloren hat" (so in der Novelle: III, 634).

Noch 1885 war Storm mit seinen Nachforschungen nicht weiter vorangekommen; im Gegenteil, er glaubte jetzt, daß es eine „ostfriesische Sage" (!) gewesen sei, die er in seinem „achten oder neunten Jahr, Gott weiß wo" gelesen habe und die er „nicht habe wiederfinden können" (an Eckermann, 10. 2. 85).

Seit seiner Jugend also kannte Storm die Schimmelreiter-Sage, 47 Jahre lang hat er sie nicht aus dem Gedächtnis verloren, aber erst Anfang 1885 hat er sich dazu entschlossen, diese Sage in einer Novelle zu verarbeiten.

Als ersten benachrichtigte Storm seinen Germanisten-Freund Professor Erich Schmidt (3. 2. 85) von dem Vorhaben:

> „Jetzt aber rührt sich ein alter mächtiger Deichsagenstoff in mir; und da werde ich die Augen offen halten; aber es gilt vorher noch viele Studien! Die Sache wird ein paar Jahrhunderte zurück liegen."

Abb. 54: Lundenberg (Hattstedter-Marsch bei Husum). Hof des mit Storm bekannten Deichgrafen Johann Iwersen-Schmidt (1837–1875). Vorbild für den Deichgrafenhof in der „Schimmelreiter"-Novelle. Zeichnung des Sohnes um 1858 (StA Husum).

Mit den „Studien" hat Storm sofort begonnen. Anfang Februar war er bereits bei seinem Bekannten, dem Deichbauinspektor Eckermann, in Heide zu Besuch. Von ihm, dem Fachmann, erhoffte er sich nähere Informationen über den Deichbau und die Deichbaumeister in Nordfriesland. Um sich eine Vorstellung von den möglichen künftigen Schauplätzen seines Novelle machen zu können, ließ er sich von Eckermanns Tochter eine Skizze nach der Landkarte des Husumer Kartographen J. Mejer von 1652 anfertigen, auf der die „Landtheile von Nordstrand, Husum, Simonsberg" verzeichnet sein sollten sowie – „möglichst deutlich" – die „Deiche, wenn solche angegeben sind", und „die Ortsnamen" (an Frau Eckermann, 10. 2. 85).

Die „Vorstudien" erwiesen sich als „sehr weitläufig" (an Lisbeth, 20. 2. 85). Es begann – so darf man sagen – ein langwieriger „Kampf" mit dem Stoff. Storm hatte sich bei Eckermann z. B. alte „Schriften" über nordfriesische Deichbaumeister und über Deichbautechniken ausgeliehen, diese ausgiebig studiert, dann aber doch festgestellt, daß mit Eckermann noch „allerlei durchzusprechen" sei und daß die Arbeit am „Schimmelreiter" wohl „bis zum Herbst aufgeschoben werden müsse" (an Gertrud Eckermann, 2. 4. 85). Aber auch im Oktober wußte Storm noch nicht, wie er das „Deichgespenst", also die Schimmelreiter-Novelle, „anfassen" sollte (an Schleiden, 7. 10. 85). Der Dichter hatte zwar „große Lust, eine Deichnovelle zu schreiben" (an Heyse, 4. 12. 85), aber die Vorarbeiten waren so schwierig und so vielfältig, daß er am Ende des Jahres zu zweifeln begann, ob er die Novelle überhaupt werde „bewältigen" können (an Verleger Paetel, 5. 12. 85), ja, Anfang 1886 gestand er seinem Münchener Dichterfreund Paul Heyse sogar, daß er „einige Furcht" habe „vor der Deichnovelle" (15. 1. 86).

Woran lag es, daß Storm nicht vorankam und „Furcht" vor der Novelle hatte? Dem Literaturfachmann Professor Erich Schmidt hat Storm in einem Brief vom 30. März 1886 einige Schwierigkeiten angedeutet:

> „Ich begänne so gern die beabsichtigte Deich- und Sturmnovelle; aber sie müßte gut werden, da sie so heimathlich ist; doch ich kann nicht; auch fehlt mir so viel im Material (...)".

Storm wollte die Schimmelreitergeschichte offenbar ganz realistisch in der nordfriesischen Deich- und Marschlandschaft und in der Geschichte seiner Heimat verankern. Dazu fehlte ihm das nötige „Material", d.h. fehlten ihm entsprechende Kenntnisse über die Geschichte Nordfrieslands, die Sturmfluten, die Bedeichungen und die Deichbaumeister, über historische Deichgrafen, ihre Schicksale, ihre Amtsvollmachten usw. Auch anderen Schimmelreiter-Sagen ist Storm offenbar nachgegangen: Wie eine Notiz in seinem Tagebuch bezeugt (IV, 552), hat er sich z. B. von der

Universitätsbibliothek am 2. Juli 1886 sechs Bände kommen lassen, darunter die „Niedersächsischen Sagen und Märchen“ von Georg Schambach und Wilhelm Müller (Göttingen 1855); dort aber fanden sich keine weiterführenden Angaben zur Schimmelreiter-Sage. Im Juli 1886 hat Storm dann aber doch soviel Material gesammelt und durchgearbeitet, daß er erste Skizzen zum „Schimmelreiter“ zu Papier bringen konnte. Seinem Freund Erich Schmidt berichtete er am 8. Juli 1886:

„Dennoch ist der ‚Schimmelreiter‘ begonnen, allerlei Studien sind dazu gemacht (...)“.

In den Monaten Juli und August ist Storm mit seiner Novelle offenbar ein gutes Stück vorangekommen; aber ihm wurde dabei auch bewußt, was für ein „heikel Stück“ Arbeit es war, „einen Deichspuk in eine würdige Novelle zu verwandeln“[3]. Ja, er bezeichnete die Aufgabe, die sich ihm stellte, sogar als „bösen Block“: Es gehe darum (so an Heyse, 29. 8. 86), „eine Deichgespenstsage auf die vier Beine einer Novelle zu stellen, ohne den Charakter des Unheimlichen zu verwischen“. Damit war die besondere Schwierigkeit bezeichnet, die sich aus der poetischen Verarbeitung des Schimmelreiter-Stoffs ergab. Es galt einerseits, die Balance zu halten zwischen Wirklichkeit und Unwirklichkeit, zwischen konkreter, realer Deichgrafengeschichte und undurchsichtiger Spukgeschichte, und andererseits eine kunstvolle Novelle zu gestalten, wie er sie verstand, als „strengster Form der Prosadichtung“ und „Schwester des Dramas“, mit einem „im Mittelpunkte stehenden Konflikt, von welchem aus das Ganze sich organisiert“[4].

Storm hat – vielleicht auch, um die konzeptionellen Schwierigkeiten besser durchdenken zu können – in den Monaten Juli bis September 1886 die Arbeit am „Schimmelreiter“ weitgehend eingestellt und sich einer ganz anderen Novelle, der Novelle „Ein Doppelgänger“ zugewandt. Als er dann aber Anfang Oktober die Arbeit am „Schimmelreiter“ wieder aufnehmen wollte, traf ihn ein unerwarteter Schicksalsschlag. Mehrere Krankheiten nacheinan-

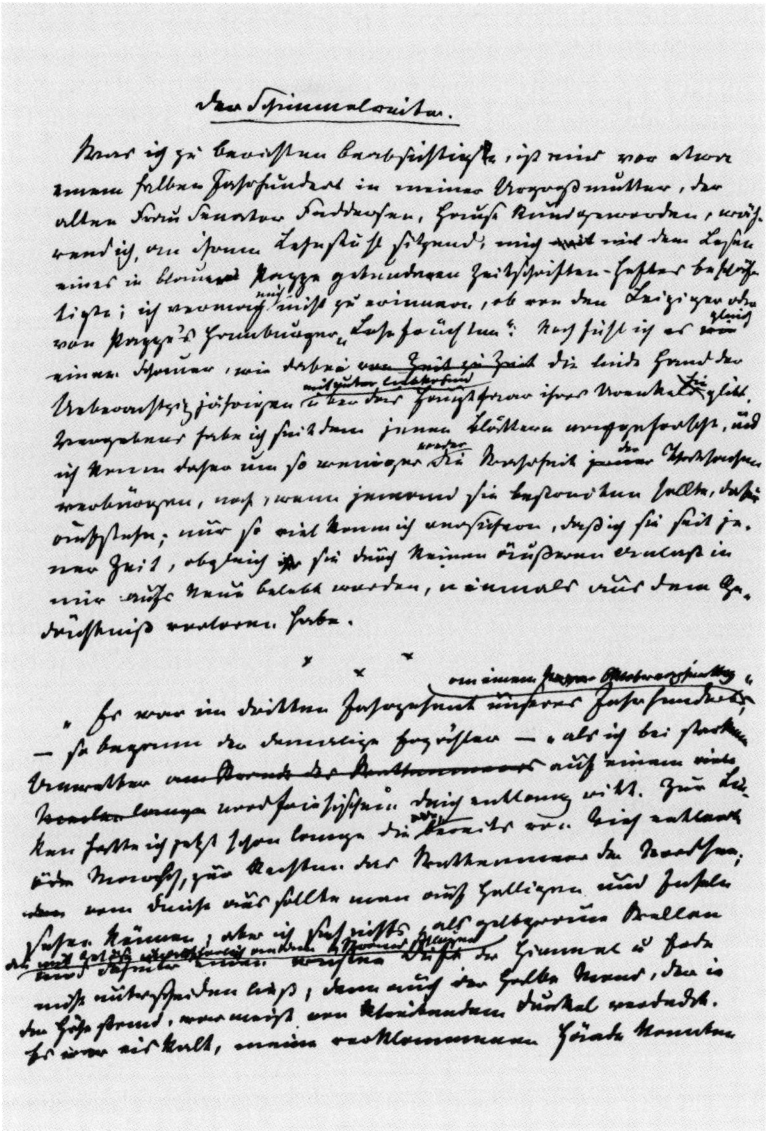

Abb. 55: Storms Entwurf zum Einleitungsteil der Novelle „Der Schimmelreiter“ (Privatbesitz).

der warfen ihn nieder und fesselten ihn fünf Monate ans Bett (2. 10. 86–20. 2. 87). Auf eine schwere Rippenfellentzündung folgten Nierensteinkoliken und ein chronischer Darmkatarrh, verbunden mit hohem Fieber und lang andauernden Schmerzen. Tagelang war er ohne Besinnung. Selbst sein Bruder Aemil, der Arzt, hatte zeitweise keine Hoffnung mehr „auf Erhaltung des Lebens“[5]. Storm selbst meinte rückblickend: „(...) es war ein Stück inferno!“ (an E. Schmidt, 16. 10. 86), „⟨Ich⟩ mußte oft hart an den schwarzen Wassern vorbei“ (an Hedwig von Byern, 23. 5. 87).
Als der Kranke seine „geistige Elasticität“ wiedergewonnen hatte (20. 2. 87 an E. Schmidt), wagte er sich nicht gleich an den „Schimmelreiter“. Noch im Bett begann er die Arbeit an einer anderen Novelle, der Novelle „Ein Bekenntnis“. Mit dieser ist er überraschend schnell vorangekommen. Dann aber erhielt er eine furchtbare Nachricht. Dr. von Brinken, der Hademarscher Arzt des Dichters, eröffnete ihm (auf Storms Drängen, ihm „seine wahre Meinung mitzutheilen“[6]), daß die nach der Genesung andauernden Beschwerden auf einen bösartigen Magenkrebs zurückzuführen seien. Storm hat diese Mitteilung in einem Brief an seinen Bruder, den Arzt, als „Verkündigung des Todesurtheils“ bezeichnet[7]. Zuerst ist es ihm gelungen, mit diesem Todesurteil zu leben. „Ich will suchen“, schrieb er in dem genannten Brief, „die mir noch vergönnte Zeit so gut und nützlich für die Meinen, als ich es vermag, hinzubringen.“ Ja, Storm hat verstärkt weitergearbeitet, sowohl an der Novelle „Ein Bekenntnis“ als auch am „Schimmelreiter“. Am 4. Mai 1887 konnte er seinem Verleger Paetel die folgende überraschende Mitteilung machen:

> „Der ‚Schimmelreiter‘ hat heut ein wunderlich, mir angenehmes Kapitel erhalten. Ich denke über Sommer mit dieser eigenthümlichen, nicht eben ausgedehnten Arbeit fertig zu werden.“

Soviel Optimismus in dieser Situation ist erstaunlich. Hatte Storm damals – also im Mai 1887 – eine Novellenkonzeption im Kopf, die einen kürzeren Handlungsablauf vorsah? Darauf scheint die Charakterisierung der Schimmelreiter-Novelle als „nicht eben ausgedehnte Arbeit“ hinzudeuten („Der Schimmelreiter“ ist dann aber Storms längste Novelle geworden, fast doppelt so lang wie z. B. „Renate“!). Oder waren die oben zitierten optimistischen Vorstellungen des Dichters Auswirkungen einer euphorischen Phase, wie sie auch sonst im Verlauf dieser Krankheit beobachtet wird? Wir wissen es nicht; entsprechende briefliche Hinweise von Storm oder anderen fehlen.

Jedenfalls hat Storm in den folgenden Monaten intensiv am „Schimmelreiter“-Manuskript weitergearbeitet und versucht, mit seiner schweren Krankheit fertigzuwerden. Zunächst hat er nur seine Frau ins Vertrauen gezogen. Später aber wurde der seelische Druck so groß, daß er auch seine Freunde und seine Kinder unterrichtete. Mitte und Ende Mai 1887 erläuterte er seine Situation folgendermaßen:

An Sohn Karl, 10. 5. 1887 (zitiert bei Gertrud Storm, II, S. 227 f.):

> „Laß Dich das häßliche Wort ⟨Krebs⟩ nicht erschrecken, viele Menschen haben es viele Jahre lang und sterben schließlich an einer anderen Krankheit. Das Beste ist, daß meine Muse mir treu geblieben ist und auch vormittags die Kräfte noch zur Arbeit reichen und hoffentlich noch lange reichen werden.“

An Erich Schmidt, 24. 5. 1887:

> „Das fünfmonatliche Krankenlager war zu viel für den alten Körper, und von der Krankheitsreihe, die sich nach der anfänglichen Rippenfell-Entzündung entwickelte u. wieder verschwand, selbst Nierenstein u. Nierensteinkolik, ist die letzte, die den häßlichen Namen ‚trockner Magenkrebs‘ hat, geblieben. Erschrecken Sie nicht zu sehr vor diesem Namen, das Uebel ist mit Condurango-Rinden-Decoct vielleicht zu curiren, (...).“

Wenn Storm es sich auch nicht anmerken ließ und nach außen Mut und Zuversicht demonstrierte, der Familie entging nicht, wie sehr ihm die Mitteilung, daß er an einer „tödlichen“ Krankheit leide[8], innerlich zu schaffen machte und ihn am wirklich produktiven Arbeiten hinderte. Sie beschloß deshalb, einen Besuch des Bruders, des Husumer Arztes, anläßlich des Pfingstfestes in Hademarschen (29. Mai 1887) zu benutzen, um eine zweite Untersuchung, eine „Scheinuntersuchung", vornehmen zu lassen[9]. An dieser Untersuchung nahmen der Hademarscher Arzt Dr. von Brinken, der Husumer Arzt Dr. Aemil Storm und dessen Schwiegersohn Dr. Ludwig Glaevecke von der Kieler Universitätsklinik teil. Sie kamen zu folgendem Ergebnis (so Storm an seinen Sohn Karl am 5. Juni 1887):

> „ich könne sicher sein (meinten die Ärzte), es sei kein Magenkrebs, habe mit dem Magen überhaupt nichts zu tun. Krebsartig sei die glatt anzufühlende Geschwulst überhaupt nicht. Sie halten es für die Ausdehnung der Aorta, die in den Unterleib hinabgeht (...)."

Storm hielt das für „eine recht glückliche Lösung"[10], gewann seinen Lebensmut wieder zurück, besiegte seine Schmerzen und arbeitete verstärkt weiter. Zunächst reiste er nach Grube, ins östliche Holstein, um dort die Familie seiner Tochter Lisbeth zu besuchen. Das „Schimmelreiter"-Manuskript hatte er mitgenommen. „Verdauungsschwäche und Magendruck" quälten ihn zwar auch dort, acht Tage war er sogar „ganz unfähig" zum Arbeiten, aber am „Schimmelreiter" wurde – wie er seinem Verleger Paetel versicherte – „alle Wochen 4 oder 5 mal ein Stückchen geschrieben". Die Arbeit rückte langsam, jedoch stetig voran, so daß der Dichter jetzt damit rechnete, „zum November etwa" fertig zu werden[11]. Nach längeren Unterbrechungen durch die Sylt-Reise (im August) und durch den 70. Geburtstag hat Storm Ende September wieder mit der Arbeit am „Schimmelreiter" angefangen. Jedes Teilstück der Novelle aber mußte den weiter andauernden Schmerzen abgerungen werden. Seinem Freund Schleiden in Hamburg z. B. gestand er (29. 9. 1887):

> „Ich bin recht bedrängt, bleichsüchtig, $^{2}/_{3}$ des Tages von vernichtendem Magendruck gedrängt; nur in 2–3 Stunden Vormittags kann ich ein wenig arbeiten."

Abb 56: Altersbild von Theodor Storm, Radierung von J. Lindner, erschienen im 47. Band der Zeitschrift „Nord und Süd", im Oktober 1888 (StA Husum).

Trotzdem konnte Storm Ende Oktober mit dem Hauptteil der Novelle beginnen: Hauke Haien war „zum Deichgrafen geworden“ (S. 92 der Reinschrift), und es galt nun, ihn gleichzeitig als „Nachtgespenst“ und als Deichbaumeister und Koogsgründer hinzustellen (III, 687 ff.)[12]. Zu diesem Zweck hat der Dichter mehrfach den „Deichsachverständigen“ Eckermann in Heide aufgesucht, um „Nöthiges weiter zu besprechen“ (an Heyse, 20. 10. 87) und um „über allerlei Technisches in Deichsachen zu konferieren“ (an Elsabe, 29. 10. 87). Nach einem weiteren Besuch in Heide war der Deichfachmann so zufrieden mit dem Dichter, daß Storm seinem Verleger gegenüber meinte, er „werde nächstens auch einen Koog eindeichen können“[13].

Die Kraft und die Zielstrebigkeit, mit der Storm in diesen Wochen – trotz „Magendruck“ und „Krampf in der Brust“[14] – die „Schimmelreiter“-Novelle vorangebracht hat, sind bewundernswert. Am 3. Dezember 1887 konnte der Dichter seinem Schleswiger Freund Wilhelm Petersen die Mitteilung machen, daß „der Schimmelreiter auf 127 S⟨eiten⟩ Reinschrift (Brief Oktavseiten a 21 Reihen) und ca 30 solche S⟨eiten⟩ in Concept gewachsen“ sei. Das bedeutete, daß der Hauptteil der Geschichte erzählt war: Hauke Haien hatte den Bau „seines“ Kooges vollendet (etwa: III, 725).

Aber gerade auch der Schluß der Novelle ist das Ergebnis eines dauernden Kampfes gegen die „tägliche und nächtliche Verkümmerung des Lebens“ und gegen die zunehmende Angst vor dem Greisenalter, „das die Schaffenskraft verzehrt“[15]. Dem jungen Germanisten Alfred Biese gegenüber beklagte sich der Dichter: „An manchem Morgen lege ich meine Arbeit auf und lege sie wieder fort, ohne einen Buchstaben vorwärts gekommen zu sein“[16]. Vom Ende des Jahres 1887 stammen auch die Verse (I, 278):

Der Pegasus, das stolze Pferd,
Ist wohl des besten Reiters wert;
Ich aber kann mit Flügelpferden
So recht nun nicht mehr fertig werden;
Ganz still nur geht's im Zuckeltrab
Den Berg hinab; wohin? – hinab.

In diesen Versen wird deutlich, daß Storm im Innersten beginnt, Abschied zu nehmen vom Dichten („Pegasus“) und vom Leben („hinab“).
In wie starkem Maße die letzten Abschnitte des „Schimmelreiters“ ihre Existenz einer fast übermenschlichen geistig-seelischen Kraftanstrengung verdanken, verrät auch ein intimer persönlicher Brief vom 13. Februar 1888 an seinen Bruder Aemil[17]. Ihm, dem Bruder, dem Arzt, gestand er:

> „(...) ich fühle oft meine Geschwulst, und mir kommt dann wohl der Gedanke, daß Ihr ⟨Ärzte⟩ mir den ganzen Sachverhalt nicht mitgetheilt habt.“

Zwar versicherte er wenig später dem Bruder: „Mit Krebs-Gedanken quäl‘ ich mich eben nicht.“ Aber er fürchtete doch, daß die „Geschwulst“, „nah am Herzen“, „wachsen“ und ihn „schließlich ersticken könne“[18]. So schwermütige Gedanken niederkämpfend und die Schmerzen der Krankheit ertragend, hat Storm den Schlußteil der „Schimmelreiter“-Novelle niedergeschrieben. Am 9. Februar 1888 konnte er das fertige Manuskript dem Verlag Paetel in Berlin zusenden. Dieses 232 Seiten umfassende, sauber geschriebene Manuskript ist ein Dokument, das veranschaulichen kann, mit welcher Disziplin Storm bis zuletzt am „Schimmelreiter“ gearbeitet hat, und ein Zeugnis dafür, daß hier ein Dichter im Kampf mit dem Stoff, mit dem eigenen Körper und den eigenen Ängsten siegreich geblieben ist.
Aber auch nach Abschluß des Manuskripts konnte der Dichter sich zum Weiterarbeiten zwingen. Bereits wenige Tage später, am 22. Februar, schickte er dem Verlag laut Tagebuch einen vierseitigen „Nachtrag zum ‚Schimmelreiter‘,“ mit dem die vom Deichgrafen eingeleiteten Maßnahmen zum Schutze der Deiche und die Sturmflut-Situation stärker herausgearbeitet wurden (= III, 744 f.). Als dann am 24. Februar die Korrekturbogen der Novelle vorlagen, hat Storm diese nicht nur sorgfältig auf Druckfehler durchgesehen, sondern auch den Schluß noch einmal umgestaltet[19]. Beim Korrekturlesen nämlich mußte er feststellen, daß einer der Schlußszenen – was er beim Niederschreiben nicht bemerkt hatte

Abb. 57: Theodor Storms Altersvilla in Hademarschen (Storms Arbeitszimmer hinter den geöffneten Fenstern oben links), wo der Dichter am 9. 2. 1888 „vormittags 11 Uhr“ das „Schimmelreiter“-Manuskript abschloß (StA Husum).

– „zu sehr aus der Stimmung fiel". In dieser Szene, die immerhin $1^1/_2$ Druckseiten umfaßte, hatte der Dichter den Dienstjungen Carsten von seinen Beobachtungen während des Deichbruchs erzählen lassen: Er habe – berichtet Carsten da – gesehen, wie ein „schwarzes Unding", der Teufel, den Deichgrafen Hauke Haien mit seinen „Krallen" erfaßt, vom Schimmel heruntergerissen und durch die Luft mit sich fortgeschleppt habe.
Im Nachhinein stellte Storm nun beim Wiederlesen fest, daß der Deichgraf mit dieser Szene zu einer Schreckgestalt erniedrigt und daß damit die Balance zwischen realistischer Novelle und gruseliger Gespenstergeschichte zugunsten der letzteren gestört wurde. Deshalb entschloß er sich, die ganze Szene zu streichen. So, um diese Stelle gekürzt, ist die „Schimmelreiter"-Novelle dann in den April- und Mai-Heften der „Deutschen Rundschau" gedruckt worden.
Kaum war die Novelle im Druck erschienen, stürzte Storm sich auf einen neuen Novellenstoff, die „Armesünder-Glocke". Mit großem Eifer suchte er nach Quellen, bestellte sich eine Glockenkunde und fing an, einige Szenen niederzuschreiben (IV, 297–307). Aber sein körperlicher Zustand verschlechterte sich zusehends. Wie schlecht es ihm ging, entnehmen wir einem Brief an Erich Schmidt vom 18. Mai 1888:

> „– – Mich haben jetzt Bleichsucht – da ich nicht die mildeste Form von Eisen vertragen kann, so soll nun endlich doch die Hexe dran – hoffentlich ein altes gutes Volksmittel (Rothwein mit einer auf der Apotheke vorhandenen Wurzel) – aus Verdauungsschwäche entstehende und mich Nachts u. Tags folternde Gase, Herzklopfen, Athemnoth, daß ich aus dem Garten kommend, erst 10 Min. keuchend im Lehnstuhl liegen muß, um nur den nöthigen Lebensathem wieder zu bekommen, etc etc so heruntergebracht, daß ich jeder Arbeit entsagend, ja fast jedem Schreiben, so hingelebt habe, mir Temmesche Geschichten aus alten Gartenlauben vorlesen lassend. Eine schauderhafte Existenz!"

Trotzdem hat Storm bis zum 28. Mai noch die Druckbogen der ersten „Schimmelreiter"-Buchausgabe, die im Herbst bei Paetel in

Berlin erscheinen sollte, sorgfältig korrigiert (62 handschriftliche Korrekturen weist das erhaltene Korrekturexemplar auf[20]). Außerdem hat er dem Text noch Worterklärungen „für binnenländische Leser“ hinzugefügt (III, 756).

Das Erscheinen der ersten Buchausgabe aber hat der Dichter nicht mehr erlebt. Er starb am 4. Juli 1888. Dennoch war ein großes Werk vollendet. Storm hatte alle Widerstände, die ihm der Stoff und die Krankheit entgegenstellten, niedergekämpft, hatte bis zuletzt Druckfehler ausgemerzt und die Komposition verbessert. So war es ihm gelungen, mit der Buchausgabe „Der Schimmelreiter“ (Berlin: Paetel ⟨Herbst⟩ 1888) ein Werk zu hinterlassen, das ein Stück Weltliteratur darstellt und als ein Meisterwerk gelten kann, das die Novelle als eine epische Schwester des Dramas – so urteilt jedenfalls Thomas Mann[21] – „auf einen seither nicht wieder erreichten Gipfel geführt“ hat.

Anmerkungen

Anmerkungen zum Kapitel „*Theodor Storm – ein langer Nordfriese?*“ (S. 8–S. 17)

1) Erich Schmidts „Aufzeichnungen“ (Februar–März 1877) sind gedruckt im Storm-E. Schmidt-Briefwechsel, Bd. I, S. 15 ff. Vgl. dort S. 15: „Mittelgroß, etwas gebeugt“. Vgl. auch Erich Schmidt, in: Charakteristiken Bd. I, Berlin 1886, S. 475: „von kleiner Mittelgröße“.
2) Franziska von Reventlow: Erinnerungen an Theodor Storm, in: Frankfurter Zeitung Nr. 71, vom 12. 3. 1897.
3) Wilhelm Jensen: „Heimat-Erinnerungen“, in: Velhagen und Klasings Monatshefte, Jg. 1899/1900, II. Bd., S. 500–510; Zitate: S. 504. Im folgenden zitiert als: Jensen, mit Seitenzahl.
4) Ludwig Pietsch: Wie ich Schriftsteller geworden bin, Berlin; 1893, S. 166.
5) Vgl. Erich Schmidt in seinen „Aufzeichnungen“ (Anm. 1), S. 15, Wilhelm Jensen (Anm. 3), S. 504, Franziska von Reventlow (Anm. 2).
6) Hermione von Preuschen in ihren Erinnerungen: Roman meines Lebens, ein Frauenleben um die Jahrhundertwende, Berlin/Leipzig, 1926. Auszüge abgedruckt von G. Ranft in seiner „Einführung“ zum Briefwechsel, in: STSG 22 (1973), S. 63.
7) Ludwig Pietsch (Anm. 4), S. 166.
8) Carl Hunnius: Bei Theodor Storm in Hademarschen, in: Der Wächter 10 (1928), S. 198.
9) Storm in seinen „Erinnerungen an Eduard Mörike“: LL IV, 486.
10) Vgl. z. B. Storm an Groth am 6. 4. 1853: zum Gedicht „Gode Nacht“ (S. 30 der Krit. Ausgabe): „Ich versuchte auch, einige Verse zu machen (...), lege Ihnen aus Scherz eine solche Bagatelle bei.“
11) Vgl. dazu Otto Mensing: Volkssprache und Volkskunde bei Theodor Storm, in: Nordelbingen 2 (1923), S. 234–276.
12) Thomas Mann: Theodor Storm, Essay (1930). In meiner kommentierten Ausgabe (Heide, 1996), S. 14.
13) Erich Schmidt in seinen „Aufzeichnungen“ (Anm. 1), S. 15; Ludwig Pietsch (Anm. 4), S. 247.
14) Hermann Heiberg: Wilhelm Jensen, Theodor Storm und Klaus Groth, Persönliche Erinnerungen, in: Der Lotse 1 (1900/01), S. 692.
15) Über die „Familie in der Zerstörung“ vgl. Storm an Schleiden am 9. 11. 1881.
16) Vgl. Storm an Pietsch am 10. 12. 1866 und an Brinkmann am 5. 12. 1874 (Zitate und Briefstellen).
17) Nicht haltbar ist m. E. die These von Paul Barz in seinem Buch: Der wahre Schimmelreiter, Hamburg, 1982, S. 194 ff. (im Kapitel: „Hauke Haien – das bin ich ⟨Storm⟩“).
18) Vgl. dazu z. B. Erich Schmidt in seinen „Aufzeichnungen“ (Anm. 1), S. 15, oder Carl Hunnius (Anm. 8), S. 201.
19) Hauke Haien im „Schimmelreiter“ z. B.: LL III, 643 („Ihr könnt nichts Rechtes“, schrie er), 645 („Hoiho!“ schrie er laut), 669 („Beiseit!“ schrie Hauke), 689 („Hunde!“ schrie er), 720 (die scharfen Befehlsworte), 721 („Aushalten!“ schrie er, „Haltet ein!“ schrie er), 722 („Schweig ...,“ schrie ihn Hauke an), 723 („Stroh an die Kante!“ rief er herrisch). 749 („Halt!“ schrie er) usw.
20) Theodor Fontane: Von Zwanzig bis Dreißig, in: Sämtliche Werke, Nymphenburger Verlagshandlung 1959 ff., Bd. XV (1967), S. 192–215; Zitate: S. 205 f.

21) Hermione von Preuschen in ihren Erinnerungen (Anm. 6), S. 64.
22) Carl Hunnius (Anm. 8), S. 205 f.
23) Theodor Fontane (Anm. 20), S. 211 ff.
24) Hermione von Preuschen in ihren Erinnerungen (Anm. 6), S. 63.
25) Erich Schmidt, in: „Charakteristiken" Bd. I, Berlin, 1886, S. 475.
26) Detlev von Liliencron an Theobald Nöthig am 3. 3. 1887 (in der Ausgabe von Jean Royer, Herzberg 1986, Bd. I, S. 201). Liliencron spricht selbst von einer „Anekdote".
27) Fritz Rust in den „Husumer Nachrichten" vom 13. 9. 1958.
28) Alfred Biese: Erinnerungen an Theodor Storm, in: STSG 30 (1981), S. 78.
29) Franziska von Reventlow in ihren „Erinnerungen" (Anm. 2).

Anmerkungen zum Kapitel *„Die Frauen im Leben Storms" (S. 20–S. 36)*

1) Guido Noodt an Theodor Mommsen am 21. 1. 1843 (zitiert im Storm-Mommsen-Briefwechsel S. 45).
2) Zitate aus Storms Briefen an seine Braut vom 25. 12. 1845 und vom 18. 8. 1846.
3) Storm hat in diesem Sinne dann auch dafür gesorgt, daß seine Töchter – was damals nicht üblich war – eine gute Ausbildung erhielten und etwas „lernten".
4) Zitate aus den Briefen Storms an Tycho Mommsen (28. 8. 1865), an Eduard Mörike (6. 7. 1865) und an Brinkmann (21. 4. 1866).
5) Vgl. dazu die Briefe Storms an Fontane vom 24. 7. und vom 5. 8. 1854 und die Briefe Fontanes an Storm vom 25. 7. und 5. 8. 1854, vom 16. 6. 1855 und 4. 2. 1857.
6) Vgl. Storm an seine Frau am 14. 6. 1862, an Emil Kuh am 21. 8. 1873.
7) Vgl. Storm an Ludwig Pietsch zwischen 31. Okt. und 10. Dez. 1863 („in Summa 12").
8) Zitate aus Briefen an Mörike (3. 6. 1865) und an Esmarch (18. 6. 1865).
9) Storm an Pietsch am 27. 8. 1865.
10) Darstellung und Zitate nach den Briefen aus dem Storm-Polko-Briefwechsel vom Mai 1864 bis zum August 1865.
11) Storm an Ada Christen am 21. 2. 1873.
12) Storm am 11. 9. 1865 an seine Familie („Rundschreiben") in: STSG 16 (1967) S. 128 f.
13) Darstellung und Zitate aus den Briefen Storms an Brinkmann (21. 4. und 24. 4. 1866), an Pietsch (12. 5. 1866) und an Do (Brief Nr. 4: Frühjahr 1866 und Nr. 5: 21. 3. 1866). Zur „schönen Hand" vgl. Storms Gedicht „Frauenhand" (LL I, 24) und die betreffende Szene in „Immensee" (I, 325).
14) Darstellung und Zitate nach den Briefen Storms an Do (Frühjahr 1866), an Brinkmann (21. 6. 1866), an Pietsch (10. 12. 1866), an Esmarch (30. 8. 1866).
15) Lucie Storm an Paul Heyse am 9. 5. 1884 (STSG 43/1994, S. 118 f.).
16) Vgl. Storm an Pietsch am 10. 12. 1866 sowie an Brinkmann am 21. 3. 1868.
17) Vgl. dazu D. Jackson: The Sound of Silence, Th. Storm's Son Karl and the Novelle „Schweigen", in: German Life und Letters 45 (1992), S. 33–49, und (veraltet) E. Erichsen: Th. Storm und sein ältester Sohn Hans, Hamburg 1955. Vgl. auch Do an Storm am 21. 6. 1883: „ach große Kinder geben doch gräßlich viele Sorgen".
18) Vgl. dazu die Briefe aus dem Briefwechsel Storms an Frau Do von Ende Sept. bis Okt. 1880 (Nr. 16–20).

19) E. Schmidt in „Charakteristiken" I, S. 476.
20) Nach „Aufzeichnungen" Erich Schmidts im Storm-E. Schmidt-Briefwechsel, Bd. I, S. 16.
21) Heyse an E. Schmidt am 27. 11. 1883 (zitiert in den Anm. des Storm-E. Schmidt-Briefwechsels, Bd. II, S. 207).

Anmerkungen zum Kapitel *„Storm und die Musik" (S. 37–S. 47)*

1) Die folgende Darstellung beruht insgesamt auf der Chronik des Husumer Storm-Chores „Theodor Storm und sein Chor", Husum 1993, die anläßlich des 150jährigen Bestehens dieses Chores herausgegeben wurde.
2) Vgl. zu dem im folgenden geschilderten Vorfall die „Lebenserinnerungen" von Rudolf Eucken, Leipzig 1921, S. 42f. (wieder abgedruckt in der „Chronik" des Storm-Chores, Seite 49).
3) Vgl. Anm. 2.
4) Nach Robert Wendt: Die Musik in Theodor Storms Leben, Diss., Greifswald 1914, Anhang S. 88 und S. 89f.
5) Emilie Eberhard: Theodor Storm als Gesangsvereinsleiter, in: Westermanns Monatshefte 123 (1917/18), S. 80–82.
6) Vgl. Anm. 5, S. 81.
7) Fritz Martini: Deutsche Literatur im bürgerlichen Realismus, Stuttgart 1962 (Epochen der deutschen Literatur), S. 286.
8) Albert Köster: Prolegomena zu einer Ausgabe der Werke Theodor Storms, Leipzig 1918, S. 27f.
9) Hermann Meyer: Der Sonderling in der deutschen Dichtung, München 1963, S. 219f.; J. De Cort: Zwei arme Spielleute, in: Revue des langues vivantes 30 (Brüssel 1964), S. 326–341.
10) Storm an Pietsch am 31. 10. 1865: „(...) die Musik ist in Wahrheit meine treueste Begleiterin im Leben gewesen".
11) Nach Aufzeichnungen der Haushälterin, veröffentlicht von A. Köster in seiner Storm-Keller-Briefausgabe, in: Deutsche Rundschau 117/118 (1903/04) S. 58. Vgl. auch Gertrud Storm II, S. 112.

Anmerkungen zum Kapitel *„Der Bücherliebhaber" (S. 48–S. 64)*

1) Carl Hunnius: Bei Theodor Storm in Hademarschen (Aus dem Juni-Reisetagebuch 1886), in: Der Wächter 10 (1928) S. 195–209. Zitat von S. 199.
2) An Friedrich Eggers am 4. 6. 1869. Vgl. auch Erich Schmidt in: „Charakteristiken" I, S. 478.

3) Die folgende Darstellung beruht auf den Büchern aus Storms Bibliothek, die im Storm-Archiv in Husum erhalten sind und aufbewahrt werden, sowie auf Büchernachlaßlisten, die die Nachfahren des Dichters aufgestellt haben, und auf einer Kartei im Storm-Archiv, die Storms Bibliothek (auch nach Angaben in seinen Briefen) rekonstruiert.
4) Zitat aus einem Brief an E. Schmidt vom 17. 12. 84. John Pizer (in: STSG 46/1992, S. 77–84) stellt den Rückgriff Storms auf Lessings „Laokoon" in „Auf der Universität" in Frage, was allerdings nicht ausschließt, daß Storm Lessings „Laokoon" damals schon gekannt hat.
5) Vgl. E. Schmidts „Aufzeichnungen" im Briefwechsel, Bd. I, S. 17.
6) E. Schmidt in: „Charakteristiken" I, S. 478.
7) Vgl. dazu meinen Aufsatz im Kleist-Jahrbuch 1990, S. 158–164 (mit Abbildungen).
8) Zitat aus dem Brief Storms an Brinkmann vom 13. 2. 1854.
9) Erich Schmidt in seinen „Aufzeichnungen": im Briefwechsel I, S. 17.
10) Vgl. Ingrid Schuster: Theodor Storm und E. T. A. Hoffmann, in: Literaturwissenschaftliches Jahrbuch N. F. 11/1970, S. 209–223.
11) „Exeunt omnes" zitiert Storm z. B. in den Briefen an Brinkmann (5. 12. 74), an Heyse (1. 3. 81 und 15. 4. 84) oder an Tochter Elsabe (25. 12. 82).
12) Zu Storms Chodowiecki-Liebhaberei vgl. hier das Kapitel „Der Bildernarr" S. 200.
13) Vgl. dazu G. Eversberg: Theodor Storm. Anekdoten, Sagen, Sprichwörter und Reime aus Schleswig-Holstein, Heide 1994 (Editionen aus dem Storm-Haus 6).
Die frühe, um 1842/43 entstandene Gespenstergeschichten-Sammlung Storms „Neues Gespensterbuch" wurde 1991 von mir zum erstenmal veröffentlicht: Insel Taschenbuch 1346.
14) Vgl. K. Fr. Boll: Spuk, Ahnungen und Gesichte bei Theodor Storm, in: STSG 9 (1960), S. 1–23. – Zitat aus dem Brief an G. Keller vom 4. 8. 1882.
15) Vgl. jetzt G. Eversberg: Der Briefwechsel zwischen Theodor Storm und Heinrich Seidel, in: STSG 45 (1996, S. 47–96).
16) Nach: K. E. Laage in den „Studien": Storm und der junge Avenarius, S. 102–112.

Anmerkungen zum Kapitel *„In der Werkstatt des Dichters" (S. 65–S. 81)*

1) Storm an Hermione von Preuschen am 21. 9. 1881.
2) So Storm an Friedrich Eggers am 4. 6. 1869.
3) Auch das Arbeitszimmer des Dichters in Hademarschen ist nur 30 m^2 groß.
4) Vgl. das Faksimile des Briefes vom 26. 9. 1887 in: STSG 8 (1959), S. 57 f.
5) Vgl. Storms Briefe an die Eltern (29. 12. 1863) und an Brinkmann (18. 1. 1864).
6) Franz Stuckert, in seiner Storm-Biographie (Bremen 1955), S. 143, und in STSG 1 (1952), S. 43.
7) Die vollständige Handschrift der Novelle „Ein Doppelgänger" (Vorarbeiten, Kladde, Reinschrift) wird im Husumer Storm-Archiv aufbewahrt. Aus dieser wird hier zitiert.
8) Vgl. dazu Cl. A. Bernd: Theodor Storms Craft of Fiction, Chapel Hill, 1. Aufl. 1963, 2. Aufl. 1966 S. 107–114.
9) Karl Emil Franzos: Zur Erinnerung an Theodor Storm, in: Deutsche Dichtung, Bd. 5, vom 1. 10. 1888, S. 30 (die Handschrift dieser Stelle selbst ist verschollen).

Anmerkungen zum Kapitel *„Storm – ein engagierter Briefschreiber“ (S. 82–S. 100)*

1) Diese und die folgenden Angaben ergeben sich aufgrund von Recherchen des Storm-Archivs in Husum (1998).
2) Zitate aus dem Brief an seine Frau von August 1865 (S. 162) und aus der Gespenstergeschichtensammlung „Am Kamin“ (IV, 77).
3) Nach neuesten Angaben des Husumer Storm-Archivs.
4) Ungedruckter Brief Storms an Karl vom 20. 10. 1874 (Original: SHLB-Kiel)
5) Vgl. etwa die Briefe an W. Petersen (10. 9. und 14. 10. 1880) und an Erich Schmidt (November 1880). Das Zitat „Trinker“ stammt aus dem Brief Storms an Hans vom 10. 3. 1878 (ungedruckt, Original: SHLB-Kiel).
6) Vgl. den Briefwechsel Storms mit Georg Scherer vom 12. 2. bis zum 27. 4. 1873 (STSG 3/1954) S. 26–32.
7) Vgl. K. E. Laage: Theodor Storms letzte Reise und seine „Sylter Novelle“, Heide 1998, bes. S. 24 ff.
8) Verlagskontrakt zwischen dem Amtsrichter Theodor Storm und den Gebrüdern Paetel, unterschrieben am 17. 5. und 26. 5. 1872 (ungedruckt, Original: StA-Husum).
9) Nach ungedruckten Briefen Storms an Westermann und Paetel (Original in SHLB-Kiel und Westermann-Archiv Braunschweig).
10) Vgl. Storms Brief an W. Petersen vom 12. 12. und 14. 12. 1885.
11) Vgl. den Brief Storms an Keller vom 15. 7. 1878 und Kellers an Storm vom 13. 8. 1878 sowie ebendort die Anmerkung 7, 16 (S. 150).

Anmerkungen zum Kapitel *„Storm – ein ‚unpolitisches Tier‘?“ (S. 102–S. 122)*

1) Vgl. den Text bzw. die Abb. des Zeugnisses über die dänischen Sprachkenntnisse Storms, das Prof. Falck am 29. 11. 1842 ausstellte, in: Theodor Storms Welt in Bildern, Heide 1988, S. 62 (Abb. 50).
2) Der Anfang des Gesuchs ist hier abgedruckt auf S. 174. Vgl. O. Fisenne: Theodor Storm als Jurist, in: STSG 8 (1959) S. 13.
3) Die Petition vom 14. 5. 1849 ist nur in einer beglaubigten Abschrift erhalten im SHLA-Schleswig.
4) Die Protestadresse vom 5. 10. 1849 ist abgedruckt bei F. Schmeißer: Eine westschleswigsche Stadt in den Jahren 1848–51, Husum 1914, S. 48–50.
5) Nach den Berichten der dänischen Behörden, wie sie heute im Reichsarchiv in Kopenhagen aufbewahrt werden. Abgedruckt von D. Lohmeier in: STSG 34 (1985) S. 42–44.
6) Zitat aus dem Brief Storms an Fontane vom 27. 3. 1853.
7) Vgl. dazu G. Eversberg in: STSG 39 (1990), S. 69–74.
8) Vgl. dazu LL II, S. 10 f. und die Entwurfspassage, abgedruckt in meinen „Studien“, S. 21 f.
9) So im Brief Storms an Pietsch vom Sommer 1873 (S. 225).
10) Johannes Wedde: Theodor Storm. Einige Züge zu seinem Bilde, Hamburg 1888, S. 26 f.

Anmerkungen zum Kapitel
„Vom Essen, Trinken und Rauchen" (S. 123–S. 129)

1) Wilhelm Petersen: Zu seinem hundertjährigen Geburtstag (1930), Privatdruck (Exemplar im Storm-Archiv), S. 124.
2) Vgl. Storm an W. Petersen am 20. 11. 1883, Storm an Heyse am 8. 11. 1884 und im Tagebuch 14.–29. Oktober (LL IV, 540).
3) Storm in seinem Brief am Karl am 19. 11. 1874.
4) Vgl. dazu die Briefe bzw. die Postkarten Storms an Petersen (z. B. am 19. 11. 1884) sowie an die Bürgermeisterin Feldberg (ohne Datum) und an Apotheker Hennings (10. 9. 1875; beide ungedruckt, Originale im Storm-Archiv, Husum).
5) Im Tagebuch (blaues Oktavheft): im Storm-Mörike-Briefwechsel, S. 160, und in: STSG 25 (1976), S. 75 f.
6) So Storm an seine Frau Do am 4. 8. 1887.
7) Postkarte Storms an Apotheker Hennings vom 29. 7. 1886 (ungedruckt, Original im Storm-Archiv in Husum).
8) Vgl. dazu Gerd Eversberg: Theodor Storms Weihnachten, Husum 1993.
9) Angabe und Zitate aus Briefen Storms an Brinkmann (Dezember 1851), an die Eltern (15. 1. 1859), Friedrich Eggers (20. 12. 1856) und Gertrud Storm in den „Vergilbten Blättern" (Leipzig 1922), S. 107–120, bes. S. 117.
10) Zitate nach Ludwig Pietsch: Wie ich Schriftsteller geworden bin, Berlin 1893, S. 248.
11) Zitate aus dem Brief Storms an Mörike von Anfang Oktober 1854. Vgl. auch die Briefe an seine Braut, Vorwort, S. III f. und „Am Kamin": LL IV, 63 u. 71 sowie „Unter dem Tannenbaum": LL I, 609 f.
12) Theodor Fontane: Theodor Storm, in: Von Zwanzig bis Dreißig (N. XV, S. 208).

Anmerkungen zum Kapitel
„Storm auf Reisen" (S. 130–S. 143)

1) Rekonstruktion des Reisewegs nach Angaben in den Briefen Storms an seine Braut (u. a. 30. 5. 44 ff.) und an Esmarch (17. 10. 1845, 18. 8. und 19. 9. 1846, 26. 6. und 5. 7. 1848).
2) Angaben nach den Untersuchungen von M. Lowsky in „Mitteilungen aus dem Storm-Haus" 1995, S. 25–28.
3) Zu den Angaben und Zitaten vgl. die Briefe aus dem Briefwechsel Storm-Mörike vom 5. 8. bis 7. 10. 1855 sowie die „Erinnerungen an Eduard Mörike" (im Briefwechsel und LL IV, 470–487).
4) Vgl. Storms „Rundschreiben an die Familie" aus Baden-Baden, 11. 9. 1865 (abgedruckt bei Gertrud Storm II, S. 118 f.; z. T. abgedruckt in STSG 16 [1967] S. 128 f.).
5) Diese und folgende Angaben und Zitate nach dem „Rundschreiben" (Anm. 4).
6) Vgl. dazu besonders meinen Aufsatz: Zwei Strophen zu einem russischen Lied, in: STSG 43 (1994), S. 65–74.
7) Angaben und Zitate nach den in Anm. 4 genannten Briefen und dem Brief Storms an Sohn Ernst vom 18. 9. 1865 (bei Gertrud Storm II, S. 122 ff.).
8) Vgl. dazu zusätzlich noch den Brief Storms an Turgenjew vom 9. 12. 1866, abgedruckt in meinen „Studien" (1988), S. 90–96.
9) Alfred Biese in seinen „Erinnerungen an Theodor Storm", in: STSG 30 (1981): S. 79.

10) Alle Angaben und Zitate zur Reise nach Leopoldskron entstammen den Briefen Storms an Esmarch (19. 10. 72), an Sohn Ernst (16. 8. 72), an E. Kuh (1. 9. 72) und Gertrud Storm II, S. 148 ff.
11) Vgl. die Briefe an Heyse vom 17. 11. 1876 und an Pietsch vom 24. 9. 1876.
12) Vgl. zum zweiten Würzburg-Aufenthalt den Briefwechsel Storm-Erich Schmidt, Bd. I, besonders die Einführung und die ersten 13 Briefe. Vgl. auch Storm an Karl am 25. 3. 1877, wo es heißt, daß Hans „nicht wegen Mangel an Kenntnissen, sondern weil er betrunken gewesen" sei, das Schlußexamen nicht bestanden habe (ungedruckt, SHLB-Kiel).

Anmerkungen zum Kapitel *„In den Regalen: Welt-Literatur"* (S. 144–S. 155)

1) Die Darstellung gründet sich vornehmlich auf den im Storm-Archiv vorhandenen Materialien: Auf Bücher aus Storms Bibliothek, die noch erhalten sind; auf Büchernachlaßlisten der Storm-Familie und auf Angaben von Zeitgenossen. Auch Mitteilungen über Bücher, die sich in Storms Briefen befinden, wurden ausgewertet.
2) Storm in seinem „Rundschreiben" an die Familie, Baden-Baden, 11. 9. 1865 (vgl. in: STSG 16/1967, S. 128).
3) Erich Schmidt: „Aufzeichnungen", im Briefwechsel, Bd. I, S. 18.
4) Die frühe Lektüre von Robert Burns wird bestätigt durch Briefe an seine Braut (Mai 1844) und an Groth (6. 4. 53).
5) Vgl. den Brief Storms an Turgenjew vom 9. 12. 1866, zuerst abgedruckt und kommentiert in meinen „Studien" S. 90–96.
6) Vgl. dazu mein Storm-Turgenjew-Buch bzw. in STSG 16 (1967), S. 18 ff. sowie den Aufsatz: Der Turgenjew-Übersetzer August von Viedert und Theodor Storm, in meinen „Studien", S. 97–103.
7) Vgl. hierzu und zum folgenden Anm. 6.
8) Vgl. dazu den Brief Storms an Tycho Mommsen vom 11. 4. 1869 und den Brief Tycho Mommsens an Theodor Mommsen vom 7. 11. 1849 (letzterer abgedruckt im Storm-Mommsen-Briefwechsel S. 24) sowie die „Aufzeichnungen" E. Schmidts (im Briefwechsel, Bd. I, S. 18).
9) Vgl. Erich Schmidts „Aufzeichnungen", im Briefwechsel, Bd. I, S. 18.
10) Vgl. dazu Cl. A. Bernd: Poetic Realism in Scandinavia and Central Europe 1820–1895, Columbia/USA, 1995, bes. S. 30 ff. und S. 144 ff.
11) Nach D. Lohmeier: Storm und sein dänischer Übersetzer Johannes Magnussen. Mit unveröffentlichten Briefen, in: STSG 33 (1984), S. 53–70.
12) Storms Lesezeichen liegen zwischen den Seiten 68 und 69 (Platons „Phädrus", Kap. 59/60: über die Bedeutung der Malerei und der Schrift) und zwischen den Seiten 90 und 91 (Platons „Gastmahl", Kap. 9/10: über den Eros).

Anmerkungen zum Kapitel *„Zwischen ‚Husumerei‘ und ‚Weltwürde der Dichtung‘“* *(S. 156–S. 172)*

1) In Bd. XV der Nymphenburger Fontane-Ausgabe (N) „Von Zwanzig bis Dreißig“, München 1967; Viertes Kapitel „Theodor Storm“, S. 192–215. Nach dieser Ausgabe wird im folgenden zitiert (mit Seitenzahlen).
2) Vgl. Anm. 15.
3) Fontane in „Erinnerungen an Theodor Storm“ (Vor-Fassung des in Anm. 1 genannten Storm-Kapitels); abgedruckt in Bd. XX, 1, 2 der oben genannten Ausgabe, S. 93.
4) Zitate aus den Briefen Storms an Pietsch vom 27. 12. 1864 und z. B. an Ada Christen vom Oktober 1870 (Nr. 14).
5) Zitat aus dem Brief Storms an die Eltern vom 7. 5. 1854. Zur Sache vgl. hier das Kapitel „Storm – ‚ein unpolitisches Tier?‘“ (s. o.) und meinen Aufsatz in den „Fontane-Blättern“ 54 (1992), S. 48–61: „Die politischen Dissonanzen zwischen Theodor Storm und Theodor Fontane“.
6) Storm in einem Brief an Ada Christen vom Oktober 1870 (Nr. 14).
7) Vgl. z. B. Fontane an Georg Friedländer am 1. 2. und 14. 5. 1894 oder an Friedrich Paulsen am 13. 7. 1898 sowie in meinem Aufsatz (Anm. 5) S. 58 f.
8) Zitate nach Fontane (S. 199: „große Militärkasino“), der seinerseits aus Paul Schützes Storm-Biographie (Berlin: Paetel 1887, S. 133) zitiert. Vgl. auch den Brief Storms an Brinkmann vom 18. 12. 1854.
9) Ludwig Pietsch: Wie ich Schriftsteller geworden bin, I. Bd., Berlin 1893, S. 279.
10) Vgl. z. B. Storm an die Eltern am 7. 5. 1854: „In Sanssouci war es übrigens köstlich, alle Wasser sprangen und alle Nachtigallen schlugen (...)“ oder am 10. 5. 1854: „Gestern abend verlor ich mich in die einsamsten, feuchtesten und grünsten Partien des Parks von Sanssouci. Die Eichhörnchen saßen am Wege und guckten mich an (...)“. Und an Fontane am 5. 8. 1854, wo Storm zu einer „kleinen Bootspartie“ einlädt, oder an Brinkmann am 22. 8. 1854, wo Storm von den „schönsten Bootspartien auf der sich seenartig hier erweiternden Havel“ berichtet.
11) Storm an die Eltern am 17. 12. 1854.
12) Die Schilderung des romantischen Parks in der Novelle „Von Jenseit des Meeres“ fußt auf Erinnerungen an den Park von Sanssouci; vgl. dazu Storms Brief an Pietsch, 11. 12. 1863.
13) Vgl. H. O. Burger: Annalen der deutschen Literatur, Stuttgart 1952, S. 670, der davon spricht, daß man Turgenjew „gern als den ersten Dichter der ‚Stimmung‘ in Europa bezeichnet“. Vgl. Storm selbst in einem Brief an Pietsch vom 15. 9. 1863 (nach der Lektüre von Turgenjews Erzählung „Die drei Begegnungen“): „der Schwerpunkt liegt nicht in dem erzählten Erlebnis, sondern in der Wirkung, die es auf den Erzähler macht; die Stimmung, in welche er dadurch versetzt wird, ist das eigentliche Thema (wie auch meist bei mir) (...)“.
14) Mit der Novelle „Draußen im Heidedorf“ hat Storm „bewiesen“, daß er „eine Novelle ohne den Dunstkreis einer bestimmten ‚Stimmung‘“ schreiben kann (so Storm in seinem Brief an E. Kuh, 24. 2. 1873).
15) Fontane liebte solche Wörter mit dem Suffix-ei in Verbindung mit Eigennamen. Er bezeichnete damit offenbar enge Verhältnisse, in denen sich alles um eine Person oder Familie dreht (so in seinem Roman „Frau Jenny Treibel“ außer den zitierten Wörtern noch „Felgentreuerei“) oder in Fontanes Brief an Karl Zöllner vom 19. 8. 1889: „Menzelei“.

16) Die Novellen „Immensee“, „Pole Poppenspäler“ und „Eine Malerarbeit“ spielen zum Teil in Mitteldeutschland, „Von Jenseit des Meeres“. z. T. in Übersee, große Teile von „John Riew’“ in Hamburg, die Rahmenhandlung von „Ein Doppelgänger“ in Jena, von „Ein Bekenntnis“ in Bad Reichenhall.
17) Zur Frage der Regionalität vgl. Norbert Mecklenburg: Wieviel Heimat braucht der Mensch?, in: Literatur in der Provinz, hg. von A. Ritter, Heide 1991, S. 11–30 (dort weitere Literatur), und Helmuth Nürnberger: ‚Region und Welt‘ in Fontanes Romanen, in: Fontane-Blätter 5 (1993) S. 33–68.
18) Vgl. dazu die Ausgabe der Novelle „Auf dem Staatshof“ von D. Lohmeier, in der Reihe „Editionen aus dem Storm-Haus“, Heide 1993.
19) Erich Schmidt an Storm, zitiert im Brief Storms an Verleger Paetel vom 6. 5. 1888.
20) Storm an Verleger Paetel Juli/August 1886 (nach A. Köster, Th. Storms sämtliche Werke, Insel-Verlag, Leipzig 1919 ff., Bd. 8, S. 288).
21) Vgl. Jost Hermand: Hauke Haien, Kritik oder Ideal des gründerzeitlichen Übermenschen?, in: Wirkendes Wort 15 (1965), S. 40–50. Zitate aus Friedrich Nietzsche: „Also sprach Zarathustra“ u. a. in: Werke, Leipzig 1905, Bd. VI, S. 476.
22) Vgl. dazu Walter Silz in: STSG 4 (1955), S. 9–30, besonders S. 13, und Ernst Loeb: Faust ohne Transzendenz in: Studies in Germanie Languages and Literatures, St. Louis/Missouri 1963, S. 121–132.
23) Thomas Mann: Theodor Storm, Essay, hg. und kommentiert von K. E. Laage, Heide 1996. Nach dieser Ausgabe wird hier zitiert (mit Seitenzahlen).
24) Vgl. die in der Anm. 23 genannten Ausgabe: S. 73–76, und den Aufsatz in meinen Studien, S. 113–123 („Theodor Storm und Iwan Turgenjew in Thomas Manns Novelle ‚Tonio Kröger‘“).
25) Vgl. Storms Brief an Heyse vom 9. 5. 1879 und an E. Schmidt vom 28. 8. 1879.
26) Wolfgang Preisendanz: Gedichtete Perspektiven in Storms Erzählkunst, in: STSG 17 (1968), S. 25–37.
27) Vgl. Thomas Mann, der Georg Lukács’ Feststellung zustimmt, daß die „Verfallsstimmung“, „welche Storms bürgerliche Welt umgibt“, in den „Buddenbrooks“ „monumental“ geworden sei (vgl. die in Anm. 23 genannte Ausgabe S. 60 f.).

Anmerkungen zum Kapitel *„Storm und die Juristerei“ (S. 174–S. 189)*

1) P. Hansen: Medizinisches bei Theodor Storm, Kiel 1912, S. 45 f. (aufgrund brieflicher Mitteilungen von Gertrud Storm). So auch Fr. Stuckert: Theodor Storm, Sein Leben und seine Welt, Bremen 1955, S. 32.
2) Nach dem Original des Gesuchs an den Dänischen König im Schleswig-Holsteinischen Landesarchiv in Schleswig.
3) Storm nannte sich als Rechtsanwalt – zur Unterscheidung von seinem Vater – „Woldsen-Storm“; sein Siegel zeigt die Initialen H (Hans) T (Theodor) W (Woldsen) S (Storm). Vgl. Abb. 53 in meiner Bildbiographie „Theodor Storms Welt in Bildern“.
4) Vgl. entsprechende Briefstellen z. B. in Storms Briefen an seine Braut, S. 93, 236, 247, und Gertrud Storms Anmerkungen zu diesem Briefwechsel S. 42 unten.
5) Das Haus Großstraße 11 wurde inzwischen abgerissen. Verschiedene Abbildungen: im Storm-Archiv und eine andere in „Theodor Storms Welt in Bildern“ Nr. 52.

6) Beim Abdruck des Briefes Storms an seinen Vater vom 21. ⟨und 28.⟩. 4. 1854 hat die Herausgeberin, Gertrud Storm, in den sog. „Briefen in die Heimat" gerade diese Stelle weggelassen. Hier: nach dem Original in der SHLB Kiel.
7) Die Beurteilung Storms durch den Potsdamer Kreisgerichtsdirektor v. Goßler ist im SHLA in Schleswig erhalten. Hier nach der Handschrift.
8) Erstdruck des Briefes an Schnee vom 8. 10. 1856 durch P. Goldammer in „Theodor Storm und Heiligenstadt", Sonderausgabe der Eichsfelder Heimathefte zur Storm-Ehrung 1988, S. 7f.
9) Nach O. v. Fisenne, Theodor Storm als Jurist" in: STSG 8 (1959), S. 23 u. 39.
10) Storm an Sohn Hans am 4. 12. 1867.
11) Hermann Heiberg: Wilhelm Jensen, Theodor Storm und Klaus Groth. Persönliche Erinnerungen, in: Der Lotse 1 (1900/01) S. 694.

Anmerkungen zum Kapitel *„Der Bildernarr" (S. 190–S. 207)*

1) Zitate aus den Briefen Storms an Georg Scherer vom 10. 10. 1868 und an Heyse vom 15. 9. 1882.
2) Vgl. z.B. in folgenden Novellen bzw. Erzählungen: „Eine Halligfahrt (LL II, 47), „Aquis submersus" (LL II, 386 und 398) und „Von heut' und ehedem" (LL IV, 199).
3) Ludwig Pietsch: Wie ich Schriftsteller geworden bin, Berlin 1893, S. 164ff. (im folgenden nur mit Seitenzahl zitiert).
4) Das Gemälde von Karl Blechen (1798–1840) mit dem Titel „Dämonische Landschaft" war lange verschollen (weil im Besitz Adolf Hitlers); es gehört jetzt der Sammlung Georg Schäfer, Schweinfurt.
5) Pietsch über Storm in der „Vossischen Zeitung" am 10. 7. 1887 (Beilage).
6) So Storm an Gustav Hoerter am 1. 4. 1878 (Gd. Br. II, 152).
7) Der Ausspruch ist überliefert von dem Maler Paul Meyerheim in: Adolf Menzel, Erinnerungen, Berlin 1906.
8) Storm an Friedrich Eggers am 14. 3. 1853: „Ich bin fanatisch auf die Chodowieckis".
9) Im Storm-Erich Schmidt-Briefwechsel, Bd. I, S. 15 (in Erich Schmidts Tagebuch-Aufzeichnungen).
10) Vgl. die 17 von Chodowiecki illustrierten Bücher, die Storm in seiner Beilage zum Brief vom 24. 9. 1877 an Erich Schmidt auflistet, sowie die Angaben im Brief vom 4. 2. 1885. – Vor dem Tode der Enkelin des Dichters, Frau Elisabeth Spethmann, konnte ich in ihrem Hause ca. 50 bis 60 von Erich Schmidt signierte und geschenkte Chodowieckis bewundern; sie sind z. Zt. verschollen.
11) Der Kupferstich hängt jetzt im Storm-Haus in Husum (Hademarschen-Zimmer, über dem großen Schreibtisch). Der Stich thematisiert das Schicksal des französischen Kaufmanns Jean Calas, der als Protestant Opfer des religiösen Fanatismus im Jahre 1762 in Toulouse hingerichtet wurde. Voltaire erreichte später durch seine Schrift „Sur la tolerance", daß der Prozeß wieder aufgenommen und Jean Calas für unschuldig erklärt wurde.
12) Ellen Kemp: Ariadne auf dem Panther, Frankfurt a. M. (Liebieghaus) o. J. (um 1990). S. 19.
13) Paul Schütze: Theodor Storm. Sein Leben und seine Dichtung, Berlin 1887, S. 192.
14) Vgl. den Briefwechsel Storm-Hans Speckter, Briefe vom 29. 3. 1875 und Anfang April 1875 (mit Beilage).

15) Max Kahlke (1892–1928): „Schimmelreiter“ (1919), „Bulemanns Haus“ (1920), abgebildet u. a. bei Schlee (Anm. 16), S. 72 f. Alex Eckener (1870–1944): „Der Schimmelreiter von Theodor Storm“ mit ⟨59⟩ Radierungen von A. Eckener (vgl. die Ausgabe von D. Lohmeier, Heide: Boyens 1990).
Otto Beckmann: „Theodor Storm ‚Der Schimmelreiter‘“, Radierungen, Witzwort: Quetsche-Verlag 1997.
16) Vgl. Ernst Schlee: Illustrationen zu den Werken Theodor Storms, Heide: Boyens 1987, bes. S. 7.

Anmerkungen zum Kapitel *„Nach Berlin und Weimar“ (S. 208–S. 215)*

1) Zitate und Angaben hier und im folgenden nach Storms Briefen an G. Keller (8./14. 6. 1884), an Schleiden (28. 4. und 18. 5. 1884). Vgl. auch Tagebuch-Eintragung vom 26. 5. 84 (LL IV, 539).
2) Vgl. D. Lohmeier: „Juden in Leben und Werk Theodor Storms“ und „Die Briefe Ludwig Loewes an Theodor Storm“ in: STSG 43 (1994), S. 7–22 und 23–41.
3) L. Pietsch hatte in der „Vossischen Zeitung“ vom 14. 5. 1884 über diesen Festabend berichtet. Wiederabgedruckt im Briefwechsel Storm-Heyse, Bd. III, S. 248–250.
4) Gemeint ist Georg Ebers. Näheres dazu im Kommentar zu Storms „Vorwort“ im Storm-Erich Schmidt-Briefwechsel, Bd. II (S. 170 f. Anm. 2 u. 3).
5) Darüber und über die Reiseroute vgl. den Storm-Tönnies-Briefwechsel zwischen dem 7. 4. und 20. 4. 1886.
6) Angaben und Zitate nach den Briefen Storms an Heyse (4. 6. 1886) und an Schleiden (27. 5. 1886).
7) Angaben und Zitate nach den Briefen Storms an Schleiden (27. 5. 1886), an Petersen (8. 6. 1886) und an Dr. Aemil Storm (28. 5. 1886: ungedruckt, Original: SHLB Kiel).
8) Angaben und Zitate nach Briefen Storms an E. Schmidt (2. 6. 1886), an Schleiden (27. 5. 1886) und an Elsabe (22. 5. 1886).

Anmerkungen zum Kapitel *„Wenn ich doch glauben könnte“ (S. 216–S. 231)*

1) Vgl. auch Carl Hunnius nach seinem Besuch bei Storm im Jahre 1886 (in: Der Wächter 10/1928, S. 206): „Storm sagte mir, daß der Geist in seinem Elternhaus ein freisinniger gewesen und das Christentum ihm nicht vorgelebt worden sei (...)“.
Speziell zu Storms Religiosität und seiner Stellung zum Christentum vgl. u. a.:
E. O. Wooley: Was Theodor Storm religious?, in: Studies in Theodor Storm, Indiana University publications 10, Bloomington 1943, S. 63–80.
D. A. Jackson: Storms Stellung zum Christentum und zur christlichen Kirche, in: Theodor Storm und das 19. Jahrhundert, Vorträge des Internationalen Storm-Symposions, hg. von B. Coghlan und K. E. Laage, Berlin 1989, S. 41–99.
W. Freund: Die natürliche Offenbarung der Liebe, Theodor Storms religiöses Erleben, in: Neue Deutsche Hefte Jg. 36, Heft 1, Berlin 1989, S. 3–33.

2) J. Roebling: Marienphantasien im Poetischen Realismus, Keller, Storm, Fontane, in: STSG 47 (1998), S. 7–24, und: W. Frühwald: Der Enthusiasmus des Lebens, in: STSG (1984), bes. S. 15 f.
3) Zitate aus den Briefen an seine Braut vom 22. 7., vom 30. 7. und 2. 8.1846 (S. 288 f. und S. 310).
4) Vgl. dazu: M. Baßler, in: STSG 36 (1987), S. 43–60: „Die ins Haus heimgeholte Transzendenz", Theodor Storms Liebesauffassung vor dem Hintergrund der Philosophie Ludwig Feuerbachs. Vgl. auch die in Anm. 1 genannten Aufsätze.
5) Zitate aus: Ludwig Feuerbach: Das Wesen des Christentums, Kap. 17 (1841).
6) Die Lektüre bestimmter Werke dieser Wissenschaftler durch Storm ist zwar nicht überliefert, aber ihre Gedankengänge waren damals Allgemeingut; auch im Werk Storms sind Nachwirkungen nachweisbar (vgl. z. B. in der Novelle „Im Schloß").
7) In einem Brief an einen ungenannten Herrn vom 28. 12. 1909 hat der „Justizrath Ernst Storm", also der Sohn des Dichters, versichert, daß sein Vater ihn noch Pfingsten 1888, also etwa einen Monat vor seinem Tode, gebeten habe, „dafür zu sorgen", daß „kein Geistlicher als Priester seinem Begräbniß beiwohne": Und Ernst hat dann in diesem Brief noch hinzugefügt: „Ich habe diesen Auftrag ausgeführt" (Kopie des Briefes in StA-Husum, ungedruckt).
8) Man kann deshalb die Aussage des Gedichts „Ein Sterbender" nicht dadurch einschränken, daß man darauf aufmerksam macht, daß es ein „Rollengedicht" sei (so: W. Freund in seinem Anm. 1 genannten Aufsatz, S. 8).
9) Die „Aufzeichnungen" des jungen Mädchens (Auguste Jebens) hat A. Köster im Kommentar seiner Ausgabe des Storm-Keller-Briefwechsels zum erstenmal veröffentlicht, in: Deutsche Rundschau 117/118 (1903/04), S. 57 f.
10) Angaben der Auguste Jebens (Anm. 9).
11) Zitate aus dem Brief Gottfried Kellers an Wilhelm Baumgartner vom 27. 3. 1851 (in: G. Keller, Gesammelte Werke, hg. von C. Helbling, 4 Bde (Bern 1950–1954), Bd. I, S. 289 ff.
12) Nach der Familienüberlieferung hatte Frau Do sich eine kirchliche Beerdigung ihres Mannes gewünscht, sich aber gegen Ernst, den ältesten Sohn (vgl. Anm. 7), nicht durchgesetzt. Auch soll sie selbst in einem mit einem Kruzifix geschmückten Sarg beigesetzt worden sein.
13) Vgl. den Brief Storms an Heyse vom 13. 7. 1879.
14) Der Brief ist abgedruckt im Storm-Heyse-Briefwechsel II, S. 183 f.
15) Vgl. dazu die Arbeit von W. Quandt: Theodor Storm und das evangelische Pfarrhaus, Heide 1955.
16) Das „Pilgerbuch" hat sich erhalten und wird im Husumer Storm-Archiv aufbewahrt. Die nachfolgenden Zitate sind dem Original entnommen.
17) So wohnte z. B. der jüngste Sohn, Karl Storm, bei Pastor Valentiner in Leipzig, und seine Tochter Elsabe hat Storm bei Frau Pastorin Ruppe in Weimar untergebracht.
18) Der Grabstein ist abgebildet in meinem Band „Theodor Storms Dichter-Welt" (Heide 1995), S. 63.
19) So Fritz Böttger in seiner Biographie „Theodor Storm in seiner Zeit" (Berlin 1959), S. 193 (im Anschluß an Worte Goethes).
20) Storm hat sich ausdrücklich zu den Thesen von Schleidens Vortrag „Christus und die Pharisäer" (Hamburg 1874) bekannt: vgl. Storms Brief an Schleiden vom 28. 11. 1883! Die folgenden Zitate finden sich in den Teilen des Vortrags, wie sie im Briefwechsel S. 109–111 abgedruckt sind.
21) Ernst Esmarch (der Pastor) in: Aus Briefen Theodor Storms (Monatsblätter für deutsche Literatur 7/1902–3), S. 63.

Anmerkungen zum Kapitel
„Theodor Storms 70. Geburtstag" (S. 232–S. 241)

1) Darstellung und Zitate nach: Gertrud Storm, Bd. II, S. 229ff., und nach den Briefen Storms an Heyse vom 27. 9. 1887, an Keller vom 9. 12. 1887 und an Erich Schmidt vom 1. 1. 1888. Kopien des Festspieltextes (hs. u. masch.schr.) von Heinrich Brandt im StA-Husum.
2) Zur „Storm-Stiftung zum Wohle der Arbeiter" vgl. den gleichnamigen Aufsatz von mir in: STSG 46 (1997), S. 99–104.
3) Zur Feier des 70. Geburtstages vgl. Wilhelm Jensen: Heimat-Erinnerungen II, Theodor Storm, in: Velhagen u. Klasings Monatshefte, 1899/1990, II. Bd., S. 510–512 (im folgenden zitiert „Jensen" und Seitenzahl). Vgl. außerdem die in Anm. 1 genannten Werke u. Briefe.
4) Vgl. Emil Nolde in: Das eigene Leben. Die Zeit meiner Jugend 1867–1902, Flensburg, 2. Aufl. 1949, S. 81. Eine Abbildung einer „tiefsinnigen Eule" in meinem Buch: Storm-Haus-Geschichte(n), Heide 1997, S. 64.
5) Paul Schütze: Theodor Storm. Sein Leben und seine Dichtung. Festgabe zum 70. Geburtstag, Berlin 1887. – Der Originalband, der Storm am Geburtstag übergeben wurde, mit der handschriftlichen Eintragung des Jubilars, ist erhalten: im StA-Husum.
6) Bericht über die Geburtstagsfeier in einem Brief von Gertrud Micheels, einer Freundin von Storms Tochter Gertrud, an ihre Mutter, vom 18. 9. 1887 (ungedruckt StA-Husum).
7) Schon früher, z. B. in Briefen an Erich Schmidt (13. 7. u. 24. 8. 1884), hatte Storm sich über die Zurücksetzung seiner Lyrik gegenüber der Geibelschen beklagt: „Geibel (ist) kein Lyriker ersten Ranges" und „Geibels ‚strenges Maß' taugt nichts, weil es kein Leben hat".
8) P. Heyses langes Gedicht „An Theodor Storm zum 14. September 1887" ist abgedruckt in ihrem Briefwechsel, Bd. III, S. 359–360.
9) Das Original der „schönen großen Kupferätzung" „Herbst" hängt jetzt im Storm-Haus, mit der handschriftlichen Widmung auf der Rückseite: „Meinem theueren Th. Storm zum 14. Sept. 87. Ludwig Pietsch".
10) Das Original des Kellerschen Geburtstagstelegramms wird im Storm-Archiv in Husum aufbewahrt.

Anmerkungen zum Kapitel
„Ein Kampf auf Leben und Tod: ‚Der Schimmelreiter'"
(S. 244–S. 258)

1) Grundtatsachen der Entstehung der „Schimmelreiter"-Novelle nach meiner Ausgabe „Der Schimmelreiter" im Kommentarteil und im Anhang der 8. durchgesehenen und erweiterten Auflage: Boyens-Verlag, Heide (1998) in der Reihe: „Editionen aus dem Storm-Haus", und in LL III, 1049–1124; hier erweitert durch neue Dokumente und Erkenntnisse. – Zitat: aus dem Brief an K. G. von Leitner vom 25. 4. 1881.

2) Danziger Dampfboot, Nr. 45 (Danzig. 14. 4. 1838) S. 344 f.: „Der gespenstige Reiter – Ein Reiseabentheuer". Wiederabgedruckt in: Lesefrüchte vom Felde der neuesten Literatur des In- und Auslandes, 2. Bd., Hamburg 1838, S. 125–128. Texte heute in den Anm. 1 genannten Ausgaben.
3) Brief z. Zt. nicht auffindbar, aber abgedruckt in der Storm-Ausgabe von A. Köster (Insel-Verlag 1919 ff.), Bd. 8, S. 288.
4) Zitat aus Storms „Vorwort" bzw. aus der „Zurückgezogenen Vorrede" (Beilage zum Brief Storms an E. Schmidt vom 6. 7. 1881; abgedruckt auch in: LL IV, 408 ff).
5) Dr. Aemil Storm an Petersen (im Storm-Petersen-Briefwechsel Nr. 190).
6) Storm an seinen Bruder, Dr. Aemil Storm, am 30. 5. 1887 (ungedruckt, Original SHLB Kiel).
7) Zitat aus dem Brief des Dichters an Dr. Aemil Storm (Anm. 6). Vgl. auch die Mitteilungen über seine Krebserkrankung an Schleiden (10. 5. 1887) und an E. Schmidt (24. 5. 1887).
8) Als „tödliche" Krankheit bezeichnet er seine Krebserkrankung in dem Brief an seinen Bruder vom 30. 5. 1887 (Anm. 6).
9) Gertrud Storm, II, S. 228.
10) Zitat aus Storms Brief an Karl vom 5. 6. 1887.
11) Angaben und Zitate aus den Briefen Storms an Sohn Karl (5. 6. 1887) und aus den Briefen an seinen Verleger Paetel (8. 6., 22. 6. und 20. 7. 1887; alle ungedruckt, Originale: SHLB Kiel).
12) Vgl. dazu den Brief Storms an Heyse vom 20. 10. 1887.
13) Storm an Paetel am 16. 12. 1887 (ungedruckt, Original: SHLB Kiel).
14) Vgl. Storm an Tochter Lisbeth (1. 11. 1887) und an Petersen (3. 12. 1887).
15) Zitate aus dem Brief Storms an Biese vom 26. 12. 1887 (vgl. Anm. 16) und aus einem sonst unbekannten Brief Storms an Wilhelm Jensen (Jensen: Heimat-Erinnerungen, S. 510).
16) Zitat aus einem Brief Storms an Alfred Biese vom 26. 12. 1887, abgedruckt in Bieses Buch: Theodor Storm. Zur Einführung in Welt und Herz des Dichters, 3. Aufl. Leipzig 1921, S. 207.
17) Storm an seinen Bruder Dr. Aemil Storm am 13. 2. 1888 (ungedruckt, Original: SHLB Kiel).
18) Storm an seinen Bruder Dr. Aemil Storm am 12. 3. 1888 (ungedruckt, Original: SHLB Kiel).
19) Vgl. K. E. Laage: Der ursprüngliche Schluß der Stormschen „Schimmelreiter-Novelle", in: Euphorion 73 (1979), S. 451–457, und in STSG 30 (1981), S. 57–67.
20) Vgl. dazu K. E. Laage: Zur ersten Buchausgabe von Storms „Schimmelreiter" in: In Search of the Poetic Real. Essays Honor of Cl. A. Bernd, Stuttgart 1989, S. 169–175 (Original-Korrekturbögen jetzt im StA-Husum).
21) Thomas Mann in seinem Storm-Essay: Vgl. dazu meine kommentierte Ausgabe des Essays: Boyens-Verlag, Heide 1996, S. 44.

Literatur- und Abkürzungsverzeichnis

Theodor Storm: Sämtliche Werke in 4 Bänden, hg. von Karl Ernst Laage und Dieter Lohmeier, Frankfurt a. M. 1987/88 (abgekürzt: *LL* mit Band- und Seitenzahl oder nur mit Band- und Seitenzahl).
Georg Bollenbeck: Theodor Storm. Eine Biographie. Frankfurt a. M.: Insel Verlag 1988.
Fritz Böttger: Theodor Storm in seiner Zeit. Berlin: 1959
Regina Fasold: Theodor Storm, Sammlung Metzler Bd. 304, Stuttgart/Weimar 1997.
Gertrud Storm: Theodor Storm. Ein Bild seines Lebens. I. Bd. Jugendzeit. II. Bd. Mannesalter, Berlin: Curtius 1912 u. 1913 (abgekürzt: *Gertrud St.*).
Franz Stuckert: Theodor Storm. Sein Leben und seine Welt, Bremen: Schünemann 1955.
K. E. Laage: Theodor Storm, Leben und Werk. Husum. Druck- und Verlagsgesellschaft. 1. Aufl. 1979, 6. erweiterte Aufl. 1993.
K. E. Laage: Theodor Storm, Studien zu seinem Leben und Werk mit einem Handschriftenkatalog, 2. erw. Aufl., Berlin, Erich Schmidt Verlag 1988 (abgekürzt: „*Studien*").
Theodor Storms Welt in Bildern. Eine Bildbiographie, hg. von K. E. Laage. Heide: Boyens 1988 (abgekürzt: *Bildbiographie*).
Theodor Storm und das 19. Jahrhundert. Vorträge und Berichte des Internationalen Storm-Symposions aus Anlaß des 100. Todestages Theodor Storms. hg. von Br. Coghlan und K. E. Laage, Berlin: Erich Schmidt Verlag 1989.
K. E. Laage: Der kritische Storm. Heide: Boyens. 2. Aufl. 1990.
K. E. Laage: Theodor Storms Dichter-Welt, Heide: Boyens 1995.
Thomas Mann: Theodor Storm, Essay, hg. und kommentiert von K. E. Laage, Heide: Boyens 1996.
Ferdinand Tönnies: Theodor Storm. Zum 14. September 1917, Gedenkblätter, Berlin 1917 (abgekürzt: „*Gedenkblätter*").
Schriften der Theodor-Storm-Gesellschaft, Bde 1–47, Heide: Boyens 1952–1998 (abgekürzt: *STSG*).
Weitere Literaturangaben in den Anmerkungen.

Auf folgende *Briefausgaben* wird im allgemeinen nur mit Angabe der Briefschreiber, der Adressaten und des Briefdatums hingewiesen; wo das Briefdatum fehlt oder ungenau ist, wird die Seitenzahl der betreffenden Briefausgabe hinzugefügt:
Theodor Storm – Hartmuth und Laura *Brinkmann*. Briefwechsel. Kritische Ausgabe, hg. von A. Stahl, Berlin: Erich Schmidt Verlag 1986.
Theodor Storms Briefe an seine *Braut* ⟨*Constanze* Esmarch⟩, hg. von Gertrud Storm, Braunschweig 1916.
Theodor Storm. Briefe an seine Frau *(Constanze)*, hg. von Gertrud Storm. Braunschweig: Westermann 1915.
Storm als Erzieher. Seine Briefe an Ada *Christen*, hg. v. Oskar Katann, Wien 1948.
Theodor Storm. Briefe an *Dorothea* Jensen, seine zweite Frau, und Georg *Westermann*, hg. von E. Lüpke. Braunschweig: Westermann 1942.
Theodor Storm und *Dorothea*, geb. Jensen, hg. von G. Ranft, in STSG 28/1979, S. 34–97.
Theodor Storm. Briefe an Friedrich *Eggers*, hg. von H. W. Seidel. Berlin: Curtius 1911.
Theodor Storm. Briefe in die Heimat (an die *Eltern*), hg. von Gertrud Storm. Berlin: Curtius 1907.
Theodor Storm – Ernst *Esmarch*, Briefwechsel, Kritische Ausgabe, hg. von T. Alt. Berlin: Erich Schmidt Verlag 1979.
Aus Briefen Theodor Storms ⟨an Pastor Ernst Esmarch⟩. Ein Beitrag zu seinem Leben und seinen Schriften, von Ernst Esmarch ⟨Storms Neffen⟩, in: Monatsblätter für deutsche Literatur 7 (1902/03), S. 63–70.

Theodor *Fontane*: Briefe, 4 Bde. München: Carl Hanser 1976–1982 (verschiedene Herausgeber)
Theodor Storm – Theodor *Fontane*, Briefwechsel, Kritische Ausgabe, hg. von J. Steiner, Berlin: Erich Schmidt Verlag 1981.
Theodor Storm und Karl Emil *Franzos*. Ein unbekannter Briefwechsel, hg. von Peter Goldammer, in: STSG 18 (1969), S. 9–40.
Theodor Storm – Klaus *Groth*, Briefwechsel. Kritische Ausgabe, hg. von B. Hinrichs, Berlin: Erich Schmidt Verlag 1990.
Theodor Storm, Briefe an seinen Sohn *Hans* ⟨aus den Jahren 1869–1873⟩, Katalog 633, J. A. Stargardt, Marburg 1985.
Theodor Storm. Briefe an seine Kinder (an *Hans, Ernst, Karl, Lisbeth, Lucie, Elsabe, Gertrud, Dodo*), hg. von Gertrud Storm. Braunschweig: Westermann 1916.
Theodor Storm – Paul *Heyse*. Briefwechsel. Kritische Ausgabe, hg. von Cl. A. Bernd, Berlin: Erich Schmidt Verlag, I. Bd. 1969, II. Bd. 1970, III. Bd. 1974.
Theodor Storm – Gottfried *Keller*, Briefwechsel, Kritische Ausgabe, hg. von K. E. Laage, Berlin: Erich Schmidt Verlag 1992.
Theodor Storm – Emil *Kuh*, Briefwechsel, hg. von E. Streitfeld, Habilitationsschrift, Graz 1985.
Theodor Storm, Briefe an Georg *Scherer* und Detlev von *Liliencron*, hg. v. Franz Stuckert, in: STSG 3 (1954), S. 15–59.
Theodor Storms Briefe an seinen Freund Georg *Lorenzen* 1876 bis 1882, ⟨hg. v. Conrad Höfer⟩, Leipzig 1923.
Theodor Storms Briefwechsel mit Theodor *Mommsen*, hg. von H. E. Teitge, Weimar: Böhlau 1966.
Theodor Storms Briefe an Tycho *Mommsen*, hg. v. Friedrich Krüger, in: Die neue Rundschau 25 (1914), S. 366–381.
Theodor Storm – Eduard und Margarethe *Mörike*, Briefwechsel u. Erinnerungen, Kritische Ausgabe, hg. von H. u. W. Kohlschmidt, Berlin: Erich Schmidt Verlag 1978.
Theodor Storms Briefe an Albert *Nieß*, hg. von H. Mack, in: Westermanns Monatshefte 81/1936, S. 71–76.
Theodor Storm – Wilhelm *Petersen*, Briefwechsel, Kritische Ausgabe, hg. von B. Coghlan, Berlin: Erich Schmidt Verlag 1984.
Blätter der Freundschaft. Aus dem Briefwechsel zwischen Theodor Storm und Ludwig *Pietsch*, hg. von V. Pauls, Heide: Boyens, 2. Aufl. 1943.
Neue Stormbriefe ⟨an die Gebrüder *Paetel*⟩, hg. v. Wilhelm Tornette, in: Die Bücherschale 1927, H. 3, S. 3–18.
Theodor Storm und Elise *Polko.* Ein bisher unveröffentlichter Briefwechsel, hg. von G. Ranft, in: STSG 39/1990, S. 46–68.
Theodor Storms Briefe an Hermione von *Preuschen*, hg. von Gerhard Ranft, in: STSG 22 (1973), S. 55–94.
Theodor Storm und K. Th. *Pyl*, Unbekannte Briefe, hg. von K. Gassen, in: Pommersche Jahrbücher 33/1939, S. 128–152.
Theodor Storm und Julius *Rodenberg*, hg. von P. Goldammer, in STSG 22/1973, S. 32–54.
Theodor Storm – Heinrich *Schleiden*, Briefwechsel, Kritische Ausgabe, hg. von P. Goldammer. Berlin: Erich Schmidt Verlag 1995.
Theodor Storm – Erich *Schmidt*, Briefwechsel, Kritische Ausgabe, hg. von K. E. Laage, Berlin: Erich Schmidt Verlag, I. Bd. 1972, II. Bd. 1976.
Der Briefwechsel zwischen Theodor Storm und Heinrich *Seidel*, hg. von G. Eversberg, in: STSG 45/1996, S. 47–96.

Theodor Storm – Otto und Hans *Speckter*, Briefwechsel. Kritische Ausgabe, hg. von W. Hettche, Berlin: Erich Schmidt Verlag 1991.
W. Kolbe: Theodor Storm und sein Bruder *Otto* ⟨Storm⟩ (mit Briefen an Otto), in: Heimatland 7 (1910/11), S. 52–56, 65–68.
Theodor Storm und Ferdinand *Tönnies*, hg. von Heinrich Meyer, in: Monatsheft für Deutschen Unterricht, Madison, Wisconsin (USA); XXXII, Nr. 8, Dez. 1940, S. 355–380.
K. E. Laage, Theodor Storm und Iwan *Turgenjew*, persönliche und literarische Beziehungen (mit ihrem Briefwechsel), Heide 1967 (= STSG 16/1967).
Theodor Storm: Briefe, hg. von Peter Goldammer, Berlin: Weimar: Aufbau-Verlag, Bd. I u. II, 1972 (abgekürzt: *Gd. Br.*).

Bei allen Zitaten, aus literarischen Werken, aus Briefen und zeitgenössischen Berichten, werden die Auslassungen durch Punkte (...), Textergänzungen durch spitze ⟨– –⟩, Erläuterungen durch eckige Klammern [– –] gekennzeichnet, Textumstellungen durch runde Klammern (Er ist ...) deutlich gemacht. Die Rechtschreibung der zitierten Texte richtet sich grundsätzlich nach der Quelle, aus der zitiert wird.

Weitere Abkürzungen:

StA	Storm-Archiv, Husum (Wasserreihe 31)
SHLB	Schleswig-Holsteinische Landesbibliothek, Kiel
SHLA	Schleswig-Holsteinisches Landesarchiv, Schleswig
N	Fontane-Ausgabe der Nymphenburger Verlagshandlung, München
STSG	Schriften der Theodor-Storm-Gesellschaft (Band/Jahr)

DANK

Mein Dank gilt zunächst und im Besonderen dem Verlag und dem Verlagsleiter, Herrn Bernd Rachuth, die die Anregung zu diesem Buch gegeben und die Entstehung dieses Buches bis zur Fertigstellung so freundlich begleitet haben. Dank gebührt auch den Mitarbeitern des Storm-Hauses und des Storm-Archivs in Husum, der Schleswig-Holsteinischen Landesbibliothek in Kiel und des Landesarchivs in Schleswig, die bei der Beschaffung von Materialien, Büchern, Briefen, Fotos und Dokumenten behilflich waren. Ohne diese Materialien hätte ein so authentisches, detailgetreues und umfassendes Bild von Storm nicht erstellt werden können.
Für die Genehmigung der Wiedergabe der Abbildungen danke ich den in den Bildunterschriften angegebenen Institutionen und Archiven.

Übersicht: Theodor Storms Leben und Werk

1817–1835:
Kindheit und Jugend in Husum

1817 (14. Sept.): Hans Theodor Woldsen Storm in Husum, Markt 9, geboren. Vater: Rechtsanwalt Johann Casimir Storm aus Westermühlen (1790–1874). Mutter: Lucie, geb. Woldsen (1797–1879).
1818: Umzug ins Haus Neustadt 56
1821: Umzug ins Haus Hohle Gasse 3 (Großvater: 1820 gestorben)
1826–1835: Besuch der Husumer „Gelehrtenschule"
1833: Erste Verse („An Emma")
1834: Erstes Gedicht veröffentlicht (im „Husumer Wochenblatt")
1835 (1. Okt.): „Redefeierlichkeit" im Rathaus: Abschied von der Schule und von Husum (mit Versen)

1835–1837:
Schuljahre in Lübeck

1835 (Herbst): Storm geht zur Vervollständigung seiner Schulbildung für zwei Prima-Jahre nach Lübeck auf das „Katharineum". Einflußreiche Lehrer (Jacob, Classen). Verkehr im Salon des Konsuls Nölting, Freundschaft mit Ferdinand Röse, lernt Goethes „Faust", Eichendorffs „Dichter und ihre Gesellen" und Heines „Buch der Lieder" kennen. Bekanntschaft mit Emanuel Geibel.
1836: Ballade „Der Bau der Marienkirche zu Lübeck"
1837 (Ostern): Abschlußprüfung am „Katharineum" mit einer Arbeit in lateinischer Sprache über den „Verfall der Macht Spaniens unter Philipp II."

1837–1842:
Jurastudium in Kiel und Berlin

1837 (April): Beginn des Studiums an der Kieler Universität. Vom Studentenleben enttäuscht.
1837 (Weihnachten): „Hans Bär", Märchen für Bertha von Buchan.

1838 (ab Mai): Studium an der Humboldt-Universität in Berlin. August: Bildungsreise nach Dresden.
1839 (Herbst): Rückkehr an die Kieler Universität.
1839–1842: Gedichte für Bertha von Buchan.
1842 (Oktober): Juristisches Staatsexamen in Kiel. Ablehnung seines Heiratsantrags durch Bertha von Buchan.

1842–1852/53: Rechtsanwalt in Husum

1842/44: Sagensammlungen (mit Theodor Mommsen).
1842/43: In der Rechtsanwaltskanzlei des Vaters.
1843 (März): Eröffnung einer eigenen Rechtsanwaltspraxis (Husum, Großstraße 11).
1843 (November): „Liederbuch dreier Freunde" (mit Tycho und Theodor Mommsen).
1843–1848: „Neues Gespensterbuch", Spukgeschichtensammlung (zum erstenmal 1991 veröffentlicht).
1844–1850: Mitarbeit an Biernatzkis „Volksbuch" (Gedichte, kleine Prosa).
1844 (Januar): Verlobung mit Constanze Esmarch. Juni: Teilnahme am Nordfriesenfest in Bredstedt.
1845: „Schneewittchen" (Märchenszene), „Geschichten aus der Tonne" (Märchen). Umzug in das Haus Neustadt 56.
1846 (September): Eheschließung mit Costanze Esmarch in Segeberg.
1847: „Marthe und ihre Uhr".
1847/48: Affäre mit Doris Jensen.
1848–1850: Schleswig-Holsteins Erhebung gegen Dänemark. April–Dezember: Berichte Storms an die „Schleswig-Holsteinische Zeitung", das Presseorgan der „Provisorischen Regierung".
1848: „Im Saal", Gedichte: „Ostern", „Oktoberlied", „Abseits". Geburt des ersten Sohnes Hans (26. Dezember).
1849: „Immensee" (1. Fassung). „Der kleine Häwelmann" (Kindermärchen).

1850: „Hinzelmeier". Beginn des Briefwechsels mit Eduard Mörike.
1851: „Sommergeschichten und Lieder" (darin: 2. Fassung von „Immensee" sowie „Posthuma"). Sohn Ernst geboren (30. Jan.).
1852: Erster selbständiger Gedichtband: „Gedichte" (Kiel: Schwers). Mai: Londoner Protokoll (Ende des schleswig-holsteinischen Freiheitskampfes). November: Storms Bestallung als Rechtsanwalt wird vom Dänischen König aufgehoben. Suche nach einer neuen Stellung: Ende 1852 in Berlin.
1853 (März): Beginn des Briefwechsels mit Theodor Fontane; November: mit Paul Heyse. Sohn Karl geboren (7. Juni).
1853 (Oktober): Ernennung zum preußischen Gerichtsassessor.

1853–1864: Emigration nach Potsdam und Heiligenstadt

1853 (Dezember): Übersiedlung von Husum nach Potsdam.
1854: „Ein grünes Blatt" (in: „Argo", hg. von Th. Fontane und Fr. Kugler), „Im Sonnenschein", Gedicht „Für meine Söhne".
1855: „Angelica". Tochter Lisbeth geboren (10. Juni).
1856: „Gedichte" (2. Aufl., Berlin: Schindler), darin: „Meeresstrand". August: Ernennung zum Kreisrichter in Heiligenstadt.
1857: „Wenn die Äpfel reif sind" (in: „Argo").
1859: „Auf dem Staatshof" (in: „Argo").
1860: „Späte Rosen" (in: „Argo"). Tochter Lucie geboren (12. Aug.).
1861: „Drüben am Markt", „Veronica".
1862: „Im Schloß" (in: „Die Gartenlaube"), „Am Kamin" (Spukgeschichtensammlung: in „Victoria").
1862/63: „Auf der Universität", „Unter dem Tannenbaum" (darin: „Knecht Ruprecht"). Tochter Elsabe geboren (24. Jan.).
1863/64: „Abseits", „Die Regentrude", „Bulemanns Haus".
1864 (Januar): Ultimatum Preußens und Österreichs an Dänemark. Beginn des Krieges. Februar: Wahl Storms zum Landvogt im Landkreis Husum.

1864–1880: Landvogt und Amtsrichter in Husum

1864 (März): Rückkehr nach Husum. Landvogt von Husum-Land. April: Eroberung der Düppeler Schanzen. Oktober: Ende des Krieges.
1864: „Gedichte“ (4. vermehrte Aufl., Berlin: Schindler), darin: „Der Eine fragt: was kommt danach?...“
1865: „Spiegel des Cyprianus“, „Von Jenseit des Meeres“.
1865: (4. Mai): Geburt der Tochter Gertrud. 20. Mai: Tod von Frau Constanze. Gedichtzyklus „Tiefe Schatten“ (darin, aber erst posthum veröffentlich: „Größer werden die Menschen nicht...“).
1865 (September): Besuch des russischen Dichters Iwan Turgenjew in Baden-Baden.
1866 (13. Juni): Eheschließung mit Dorothea Jensen (Do, Doris). Oktober: Umzug in das Haus, Husum, Wasserreihe 31 (heute Museum).
1867/68: „In St. Jürgen“, „Eine Malerarbeit“. Schleswig-Holstein wird preußische Provinz.
1868: „Sämtliche Schriften“: Erste Gesamtausgabe, 6 Bände (Braunschweig: Westermann).
1868: Nach Aufhebung des Landvogt-Amtes wird Storm preußischer Amtsrichter. November: Geburt der Tochter Friederike (4. Nov.), Stiefmutterprobleme gelöst.
1870: „Hausbuch aus deutschen Dichtern seit Claudius. Eine kritische Anthologie“ (Hamburg: Mauke).
1870/71: Deutsch-französischer Krieg. Storm ist gegen den Krieg und hat „mehr Begeisterung für den Kampf im Staate als für den um seine Grenzen“.
1870/76: Zyklus „Zerstreute Kapitel“ (u. a. „Eine Halligfahrt“).
1872: „Draußen im Heidedorf“ (Durchbruch zu einem Realismus „ohne den Dunstkreis einer bestimmten Stimmung“). Reise nach Salzburg/Schloß Leopoldskron zu Reichsrat Schindler (Dichtername: Julius von der Traun).
1874: Ernennung zum Oberamtsrichter. „Beim Vetter Christian“, „Viola tricolor“, „Pole Poppenspäler“, „Waldwinkel“.

1875: „Ein stiller Musikant", „Psyche", „Im Nachbarhause links". „Gedichte" (5. verm. Auflage), darin u. a. „Über die Heide".
1876: „Aquis submersus", August: zu Sohn Hans nach Würzburg
1877 (Februar): Reise nach Würzburg (wegen Sohn Hans), Begegnung mit Prof. Dr. Erich Schmidt, Briefwechsel. März: Beginn des Briefwechsels mit Gottfried Keller.
1877: „Von Kindern und Katzen", „Erinnerungen an Eduard Mörike"
1878: „Carsten Curator", „Renate".
1979: Ernennung zum Amtsgerichtsrat. „Zur Wald- und Wasserfreude", „Im Brauer-Hause", „Eekenhof".
1880 (Mai): Vorzeitige Pensionierung.

1880–1888: Alterssitz in Hademarschen

1880 (Mai): Übersiedlung von Husum nach Hademarschen. Bau einer Altersvilla. „Die Söhne des Senators".
1881: „Der Herr Etatsrat".
1882: „Hans und Heinz Kirch".
1883: Verleihung des Maximilian-Ordens. „Schweigen".
1884: Reise nach Berlin, Festbankett zu Ehren Storms. „Zur Chronik von Grieshuus", „Es waren zwei Königskinder".
1885: „John Riew' ", „Ein Fest auf Haderslevhuus". Erste Vorarbeiten zum „Schimmelreiter".
1886: Reise nach Weimar, Besuch Erich Schmidts (damals Direktor des Goethe-Archivs) und der Versammlung der Goethe-Gesellschaft. „Bötjer Basch". Oktober: Fünfmonatiges Krankenlager. Tod des ältesten Sohnes Hans (5. Dez.).
1887: „Ein Doppelgänger", „Ein Bekenntnis".
1887 (Mai): Mitteilung des Arztes: Magenkrebs. August: Aufenthalt auf Sylt: Entwurf zur „Sylter Novelle". 14. September: Feiern zum 70. Geburtstag des Dichters.
1888 (April/Mai): „Der Schimmelreiter". 4. Juli in Hademarschen gestorben, 7. Juli in Husum begraben.

Register

Theodor Storms Werke

Personen

(Autoren und Personen, die in den Anmerkungen und im Literaturverzeichnis genannt werden, sind nicht berücksichtigt)